雅学堂丛书·刘进宝 主编

第二辑

史林余纪

范金民 著

读者出版传媒股份有限公司
甘肃文化出版社
甘肃·兰州

图书在版编目（CIP）数据

史林余纪 / 范金民著. -- 兰州 ：甘肃文化出版社，2024.6
　　（雅学堂丛书 / 刘进宝主编. 第二辑）
　　ISBN 978-7-5490-2983-9

　　Ⅰ. ①史… Ⅱ. ①范… Ⅲ. ①中国经济史－明清时代－文集②文化史－中国－明清时代－文集 Ⅳ.
①F129.48-53②K248.03-53

中国国家版本馆CIP数据核字(2024)第107182号

史林余纪
SHILINYUJI

范金民 | 著

策　　　划	郗军涛　周乾隆　贾　莉	
项 目 负 责	鲁小娜	
责 任 编 辑	甄惠娟　史春燕	
装 帧 设 计	石　璞	
出 版 发 行	甘肃文化出版社	
网　　　址	http://www.gswenhua.cn	
投 稿 邮 箱	gswenhuapress@163.com	
地　　　址	兰州市城关区曹家巷1号	730030(邮编)
营 销 中 心	贾　莉　　王　俊	
电　　　话	0931-2131306	
印　　　刷	兰州新华印刷厂	
开　　　本	880毫米×1230毫米　1/32	
字　　　数	240千	
印　　　张	11.125	
印　　　数	1~3000册	
版　　　次	2024年6月第1版	
印　　　次	2024年6月第1次	
书　　　号	ISBN 978-7-5490-2983-9	
定　　　价	68.00元	

学术的传承与人格的养成 (代序)

　　甘肃文化出版社2023年7月出版的"雅学堂丛书"共10本，即方志远《坐井观天》、王子今《天马来：早期丝路交通》、孙继民《邯郸学步辑存》、王学典《当代中国学术走向观察》、荣新江《三升斋三笔》、刘进宝《从陇上到吴越》、卜宪群《悦己集》、李红岩《史学的光与影》、鲁西奇《拾草》、林文勋《东陆琐谈》。由于这套丛书兼具学术性、知识性和可读性，从而得到了学界和社会的认可。2023年7月27日，在济南举办的第31届全国图书博览会上，读者出版传媒股份有限公司举行了"雅学堂丛书"新书首发暨主题分享会。全套丛书入选"2023甘版年度好书"；丛书之一的《当代中国学术走向观察》入选2023年9月《中华读书报》月度好书榜，并被评为"2023年15种学术·新知好书"。《光明日报》《中华读书报》《中国新闻出版广电报》《中国出版传媒商报》《甘肃日报》等，都发表了书评或报道，认为"雅学堂丛书""直面一个时代的历史之思"，被誉为"系统呈现了一代学人的学术精神"，"真实反映了一代学人把个人前途与国家命运紧密联系在一起严谨治学的点滴，诠释了一代学人的使命与担当"。"雅学堂丛书""既是视角新颖的学术史，也是深刻生动的思想史，更是一代学人的心灵史"。"丛书坚持'大家小书'的基本思路，将我国人文社科领域学术大家的学术史、思想史、学术交流史及其最新成果，以学术随笔形式向大众传播，让大众了解学界大家的所思、所想、所悟。"

一

鉴于"雅学堂丛书"出版后的社会影响，以及在学术界引起的关注，出版社希望能够继续编辑出版第二辑。经过仔细考虑和筛选，我们又选了十家，即樊锦诗《敦煌石窟守护杂记》、史金波《杖朝拾穗集》、刘梦溪《东塾近思录》、郑欣淼《故宫缘》、陈锋《珞珈山下》、范金民《史林余纪》、霍巍《考古拾贝》、常建华《史学鸿泥》、赵声良《瀚海杂谈》、李锦绣《半枰小草》。这些作者都是有影响的人物，他们的研究成果分别代表了各自领域学术研究的前沿。

在考虑第二辑作者的人选时，我想既要与第一辑有衔接，又要有不同。在反映一个时代的学术走向时，还要看到学术的传承，乃至人格的养成。

已经出版的"雅学堂丛书"10位作者是以"新三级"学人为主，而"新三级"学人在进入学术场域的20世纪70年代末80年代初，随着"科学的春天"到来，大学及研究生招生和教学逐渐走上正轨，加上学位制度的实施，到处洋溢着积极向上的氛围。我们的老师中既有20世纪初出生的老先生，也有30年代出生的中年教师。

老一代学者，由于从小就受到比较严格的家学熏陶或私塾教育，在民国时期完成了系统的学业，他们都有比较宽广的视野，学术基础扎实，格局比较大，因此在学术方法、理念和格局上，无意中承传了一个良好传统。"新三级"学子与他们相处，可以得到学识、做人、敬业各方面的影响。尤其是跟随他们读书的研究生，直接上承民国学术，站在了巨人的肩膀上。

为了反映学术的传承，我特别邀请了樊锦诗、史金波、刘梦溪、郑欣淼4位80岁左右的学人。他们的研究各具特色，樊锦诗先生的敦煌石窟保护与研究、史金波先生的西夏历史文化研究、刘梦溪先生以学术史和思想史为重点的文史之学、郑欣淼先生的故宫学研究，都代表了各自领域学术研究的前沿。

由于有了第一辑出版后的社会影响，第二辑约稿时，就得到了各位作者的积极响应，很快完成了第二辑的组稿编辑。

二

樊锦诗先生的《敦煌石窟守护杂记》收录了作者有关敦煌文化的价值、敦煌石窟保护研究的历程，敦煌石窟的保护、管理与开放和向前贤学习的文章26篇。作者写道："此生命定，我就是个莫高窟的守护人，故此我把这本书称为《敦煌石窟守护杂记》。希望本书能为后续文化遗产保护、研究、弘扬和管理事业起到一点参考的作用。"

刘梦溪先生的《东塾近思录》，按类型和题意，收入了4组文章：一、经学和中国文化通论；二、魏晋、唐宋、清及五四各时期的一些专题；三、对王国维、陈寅恪、马一浮的个案探讨；四、序跋之属。刘梦溪先生说："'雅学堂丛书'已出各家，著者都是时贤名素，今厕身其间，虽不敢称雅，亦有荣焉。"

郑欣淼先生是"故宫学"的倡导者，他曾任故宫博物院院长，并于2003年首倡"故宫学"。到2023年编辑本书时，恰好是整整20年。郑先生提出："故宫学是以故宫及其历史文化内涵为研究对象，集保护、整理、研究与展示为一体的综合性学问和开拓性学科。故宫学的提出有其丰厚而坚实的基础与依据。它的研究对象不仅丰富深邃，而且研究对象之间存在着不可分割的紧密关系，即故宫是一个文化整体，或者说故宫遗产的价值是完整的。正是基于对故宫是个文化整体的认识，故宫学的学术概念才有了更为丰富、厚重与特殊的内涵。这也是故宫学的要义。"又说："我与故宫有缘。因此我把这本小书起名为《故宫缘》。"

热爱考古的霍巍先生说："就像一个大山里来的孩子初见大海，充满了蔚蓝色的梦想，却始终感觉到她深不可测，难以潜入。更多的时候，只能伫立在海边听涛观海、岸边拾贝。——正因为如此，这本小书我取名为《考古拾贝》，这一方面源自我在早年曾读到过一本很深沉、很有美感的著作，叫作《艺海拾贝》，这或许给了我一个隐寓和暗示。另一方面，倒也十分妥帖——我写下的这些文字，时间跨度前后延续了几十年，就如同我在考古这瀚海边上拾起的一串串海贝一样，虽然说不上贵重，但自认为透过这些海贝，也能折射出几缕大海的色彩与光芒，让人对考古的世界浮想联翩。"

常建华先生说："我从事历史普及读物的写作，出版过《中国古代岁时节日》《中国古代女性婚姻家庭》《清朝大历史》《乾隆事典》等书。本书的首篇文章就是谈论如何认识普及历史知识的问题。我写过一些学术短文，知道此类文字写得深入浅出不易，引人入胜更难，自己不过是不断练笔，熟能生巧而已。""我的短文随笔成集，这是首次……内容多为学术信息类的书评，也有书序、笔谈、综述、时评等，题材不同，但尽量写得雅俗共赏，吸引读者。"

赵声良先生1984年大学毕业后志愿到莫高窟研究敦煌，他说："我在敦煌工作了40年，我的工作、我的生活都与敦煌石窟、敦煌艺术、敦煌学完全联系在一起了，不论是写文章还是聊天，总免不了要说敦煌，可以说'三句话不离敦煌'。"他刚到敦煌时就想写一本有关敦煌山水画史的著作，没想到30多年后的2022年，才在中华书局出版了《敦煌山水画史》。他感叹道：这本书的写作过程，"似乎也见证了：由'看山是山，看水是水'，发展到'看山不是山，看水不是水'，最后，又终于回归到'看山还是山，看水还是水'的历程。我在敦煌的40年的历程又何尝不是这样"。

"雅学堂丛书"第二辑的10位作者，年龄最大的樊锦诗先生，出生于1938年，已经是86岁的高龄；最小的李锦绣先生，出生于1965年，也接近60岁了。虽然他们已经或即将退休，但都以"时不我待"的紧迫感，仍然奋斗在学术前沿，展现了这一代学人的使命与担当。这代学人遭遇了学术上的重大转变，即20世纪80年代，是一个思想的时代。90年代初，思想淡出、学术凸显，王国维、罗振玉和傅斯年派学人、胡适派学人成为学界关注的重点，然后又提出有思想的学术与有学术的思想，还遇到了令史学界阵痛的"史学危机"。这些作者，经历了现代学术发展或转型的重要节点和机遇，既是"科学的春天"到来的学术勃兴、发展、转型和困顿的亲历者、见证者，又是身处学术一线的创造者、建设者。可以说，他们既在经历历史，又在见证历史、创造历史，还在研究历史，将经历者、创造者和研究者集于一身。这种学术现象，本身就值得我们思考和探讨。

三

从"雅学堂丛书"第二辑的内容可知，20世纪80年代初，伴随着"科学的春天"和改革开放的到来，束缚人的一些制度、规章被打破，新的或更加规范的制度、规章还没有建立。尤其是国家将知识分子从"臭老九"中解放出来，成为工人阶级的一部分。要"向科学技术进军"，实现四个现代化，就要充分发挥知识分子的作用。虽然当时经济落后，生活待遇不好，但老教授的社会地位高，有精气神，当时行政的力量还不强化，甚至强调就是服务。在这种背景下，20世纪初出生的老教授，在高校有崇高的地位。如武汉大学1977级的陈锋，1981年初预选的本科论文是《三藩之乱与清初财政》。历史系清史方面最著名的老师是彭雨新教授，陈锋想让彭先生指导论文，"不巧的是，在我之前已有两位同学选定彭先生做指导老师，据说，限于名额，彭先生已不可能再指导他人"。

陈锋经过准备后，就直接到彭先生府上请教。此前他还没有见过彭先生，到了彭先生家，"彭先生虽然很和蔼地接待我，但并没有像后来那样让我进他的书房，而是直接在不大的客厅里落座。我没有说多余的其他话，直接从当时很流行的军用黄色挎包里掏出一摞卡片，说我想写《三藩之乱与清初财政》的毕业论文，这些卡片可以说明什么问题，那些卡片可以说明什么问题，我自己一直讲，彭先生并不插话。待我讲完后，彭先生问：'这个题目和这篇论文是谁指导的？'我说没有人指导，是自己摸索的。彭先生说：'没有人指导，那我来指导你的毕业论文怎么样？'我说：'就是想让先生指导，听说您已经指导了两位同学，不敢直接提出。'彭先生说：'没有关系，就由我来指导。'再没有其他的话"。

"拜访彭先生后的第三天，系里主管学生工作的刘秀庭副书记找我谈话，问我想不想留校，我说没有考虑过，想去北京的《光明日报》或其他报社。刘书记说：'彭先生提出让你留校当他的助手，你认真考虑一下。'经过两天的考虑以及家人的意见，觉得有这么好的老师指导，留校从事历史研究也是不错的选择，于是决定留校工作"。"老师与学生之间这种基于学术的关系，对学生向学的厚爱，让我铭感终身。那时人际关系的单纯，也至今让我感叹，现在说来，似乎有点天方夜谭"。

南京大学1979级的范金民，1983年毕业时报考了洪焕椿先生的研究生。由于此前范金民还没有见过洪先生，也与他无任何联系，所以5月3日下午，是"吕作燮老师带我到达先生家"面试的。洪焕椿先生既未上过一天大学，当时又已是胃癌晚期。"如果按现在只看文凭和出身的做法，是不可能指导研究生的，又重病在身，不可能按现在的要求，在固定的时间和固定的地点上固定的课程。但先生指导研究生，一板一眼，自有一套，考题自出，面试自问，课程亲自指导，决不委诸他人。一年一个研究生，每人一本笔记本，记录相关内容。先生虽不上课，但师生常常见面，虽未定规，但学生大体上两周一次到他家请益，先生释疑解惑，随时解决问题。需查检的内容，下次再去，先生已做好准备，答案在矣。"

笔者也是1979级的甘肃师范大学学生，1983年毕业前夕，敦煌学方兴未艾，西北师范学院（甘肃师范大学1981年恢复原校名西北师范学院）成立了敦煌学研究所，我非常幸运地被留在新成立的敦煌学研究所。1985年我报考了金宝祥先生的研究生，当初试成绩过线后，有一天历史系副主任许孝德老师通知，让我去金先生家面试。由于金先生给我们上过课，平时也曾到先生家问学，先生对我有一定的了解。当我到金先生家时，先生已在一张信纸上写了半页字的评语，让我看看是否可以。我说没有问题，先生就让我将半页纸的复试意见送到研究生科，我就这样被录取为硕士研究生了。这种情况正如陈锋老师所说，在今天根本是不可能的，简直就是天方夜谭。

"雅学堂丛书"的宗旨是学术性、知识性、可读性并具。要求提供可靠的知识，如我们读书时曾听到过学界的传言，即在"批林批孔"时，毛泽东主席说小冯（冯天瑜）总比大冯（冯友兰）强，但不知真伪，更不知道出处。陈锋的书中则有明确的记述："当时盛传毛泽东主席的指示'小冯比老冯写得好'。据后来出版的正式文献，当年毛泽东主席指示原文为：'要批孔。有些人不知孔的情况，可以读冯友兰的《论孔丘》，冯天瑜的《孔丘教育思想批判》，冯天瑜的比冯友兰的好。'""我对当时冯先生在而立之年就写出《孔丘教育思想批判》（人民出版社1975年出版），感到好奇；对毛主席很快看到此书，并作出指示，更感到好奇。"

范金民老师笔下的魏良弢先生，不仅对学术之事非常认真，还活灵活现地展现了20世纪90年代中期的学术生态。"20世纪90年代中期，我们明清史方向有位硕士生论文答辩，我请他主持。临答辩时，他突然把我叫到过道对门的元史研究室，手指论文，大发雷霆道：'你看看，你看看，什么东西，你们明清史是有点名气的，可照这样下去，是要完蛋的！'我一看，原来是硕士学位论文中有几处空缺。当时论文都是交外面的誊印社用老式中文打字机打印，有些冷僻字无法打印，只能手书填补。我曾审读过某名校的博士学位论文，主题词郑鄤之'鄤'，正文中几乎全是空缺，我好像还是给了'良'的等级。答辩时，我结合论文批评了那位学生做事不求尽善尽美而是草率粗放，而且论文新意殊少，价值不大，学生居然感觉委屈，臞在那里不愿出场回答问题。本科生、研究生批评不得，至迟从那个时候就开始了，世风日下，遑论现在！"

这样知识性、可读性兼具的文字在各位作者的论著中比比皆是，自然能得到大家的喜爱。

"雅学堂丛书"的作者都是一时之选，各书所收文章兼具学术性、知识性和可读性，可谓雅俗共赏。希望第二辑的出版不辜负读者的期待。这样的话，可能还有第三辑、第四辑，乃至更多辑。

最后，感谢各位作者的信任，将他们的大著纳入"雅学堂丛书"；感谢具有出版魄力、眼光的郐军涛社长的积极筹划，感谢周乾隆、鲁小娜率领的编辑团队敬业、认真而热情的负责精神，既改正了书中的失误，还以这样精美的版式呈现给读者。

刘进宝
2024 年 4 月 24 日初稿
2024 年 5 月 9 日修改

目　录

山高水长忆师恩

——洪焕椿先生引领我进入江南社会经济史研究之门

1979年9月8日，当科学的春天真正到来的时候，我放下裤脚管，告别无锡乡下的水田，走进了南京大学的教室，从此徜徉在历史学的海洋。本科四年，我并没有确定所谓的研究方向，本欲报考隋唐史研究生，后来临时改考明清史。1983年9月，师从洪焕椿先生学习明清经济史，逐渐增加对明清历史的各种认识。入学面试是5月3日，在此之前，我从未见过洪先生，与他也无任何联系。面试那天下午，吕作燮老师带我到达先生家，见先生满头银发，伟岸清癯，略带温州口音，而谈吐儒雅，给我留下了仙风道骨的印象。

洪先生出身浙江瑞安的书香门第，外曾祖父孙衣言先生官至清代江宁布政使，外祖父孙诒让先生改走学术之路，成为一代经学大师，舅父孙延钊先生曾为浙江籀园图书馆（今温州市图书馆）馆长。先生将近初中毕业时，由舅父带至温州中学读书。日寇侵华，烽火连天，杭州的浙江大学内迁，先生失学在家。1941年，延钊先生被聘为浙江省立图书馆馆长，先生就在他身边一边读书一边工作。1946年，延钊

作者大学时光

先生出任浙江通志馆总纂，先生被聘为分纂，两人一起从事《浙江通志》的编纂工作。对此经历，先生极为看重和怀念。直到20世纪80年代初我成为先生的硕士生后，在他的家中，先生有一次特别高兴地提到他任分纂的岁月，并找出当年延钊先生给他的抬头称呼"洪分纂"的手札。

1982年春天，先生重新招收研究生（1963年先生曾招过一届研究生），但当时已是胃癌晚期。先生未上过一天大学，如果按现在只看文凭和出身的做法，是不可能指导研究生的，又重病在身，不可能像现在这样，在固定的时间和固定的地点上固定的课程。但先生指导研究生，一板一眼，自有一套，考题自出，面试自问，课程亲自指导，决不委诸他人。一年一个研究生，每人一本笔记本，记录相关内容。先生虽不上课，但师生常常见面，虽未定规，但学生大体上两周一次到他家请益，先生释疑解惑，随时解决问题。需查检的内容，下次再去，先生已做好准备，答案在矣。硕士生三年，以及毕业后的数年中，上海路148号乙楼10号，我时时叩门，进门则师母必定沏上香茗一杯，无论久坐还是稍顷即走，座位也基本是固定的，右手一把沙发，离开则先生必定出门相送，鞠躬而别。每次我怀着期盼，怀着依恋，走在前往先生家的路上，又心满意足，心旷神怡，返回学校。先生家学渊源，文献功底厚实，指导学生也从书目入手，除了开设课程"明清史史料学"（自编讲义）和"明清史籍选读"（自定书目）外，还要求我了解《四库全书总目》和张之洞《书目答问》、孙殿起《贩书偶记》等书目入门书。我较为关注文献，留心书目，应该得益于先生之教泽。

　　先生反复强调研究生的动手能力，主张一边学习专业课程，一边参加基础研究工作，如专题历史调查、专题资料整理、专题论著索引的编辑、专题综述的撰写等，把学习和研究结合起来，鼓励研究生写作读书笔记，积累心得，写成论文。早在1980年，先生就带领南京大学历史系78级的本科生，前往苏州一带调查和收集工商业碑刻，与苏州历史博物馆和江苏师范学院历史系合作选编成《明清苏州工商业碑刻集》，于1981年由江苏人民出版社出版，成为明清江南社会经济史研究必资利用的参考资料。先生反复强调，论文写作一定要夹叙夹议，讲究行文。1983年秋，原交通部部长彭德清倡议到1985年时召开纪念郑和下西洋580周年学术大会，江苏学界为此筹划于次年先开一次讨论会，为全国性大会作学术准备。先生大概认为这是锻炼研究生的好机会，遂与邱树森老师精心组织，要我们三位研究生每人撰写一篇论文。为此，我不但系统翻阅《明实录》中的太祖、成祖、仁宗、宣宗部分，而且还随师兄陈忠平和张华二位到太仓、常熟等地，寻找有关郑和下西洋的地方记载。在学习过程中，我觉得前人有关郑和下西洋的目的的说法，还不能令人满意，于是利用新查找到的李贤撰写的胡濙墓志铭，将自己的想法向先生汇报。先生大加鼓励，于是我学写了专题论文《郑和下西洋动因初探》，后来在《南京大学学报》1984年第4期发表。这是我的第一篇论文。发表后，《文摘报》《江海学刊》和《中国历史学年鉴》等先后有摘要或评述，我深受鼓舞。但这不是经济史或江南社会经济史的论文。

洪先生自1960年起，从整理顾炎武的《天下郡国利病书》入手，将该书有关苏州一府的史料，一一核对资料的来源，编了分类目录，然后进行史料的续补工作。除了续编康熙元年（1662）以后的资料外，对康熙朝以前的经济资料也作了增补，续补的苏州史料共有30多万字。《江海学刊》1964年第1期发表了先生的《续补天下郡国利病书苏州府之部序目》文章，文中提到了先生有关整理江南经济史料的意见和打算。1978年后，先生以此文为基础，继续整理和编纂相关史料。直到1988年，经将近30年不断补充修订而编成的一部地区性断代专题经济史料类编，以《明清苏州农村经济资料》为书名，由江苏古籍出版社正式出版。全书辑录史料340条，50余万字。按照苏州农村经济的特点，全书分为自然环境和人口增减、土地资源和占有形态、粮食生产和经济作物、多种经营和副业生产、农村市镇和物资交流、农业灾害和水利建设、田赋征派和南粮北运、租佃关系和农民生活八个部分。资料收录范围除地方志外，旁及官修史书、实录、政书、文集、笔记、档案、碑碣、谱牒、契约、簿册等，其中不少资料是从当地档案、文博、碑刻部门珍藏的精品中选录出来的，世人难得一见，具有极为重要的史料价值；也有不少资料是从卷帙浩繁的文集笔记中摘录出来的，前人多未引用，于研究者大有裨益。先生文献世家出身，讲究编纂体例和检索门径，《明清苏州农村经济资料》一书的编排也独具匠心。全书地域上由府而县而镇，而且前后各章顺序一致，先总后分，由近及远；时间上先明后清，按年号顺编；内容上由地理环境到作物种植，由生产条件到生产形态，由经济发展到物资交流，由社会关系到人民生活，或总述，或分编，前后照应，顺理成章。苏州农村经济史料丰富而又零散，资料集既要较为全面地反映内容，又要突出重点。先生对田地、房产买卖的契约等大量具有重要价值而又原始的材料和不易见到的碑刻等，按原来格式全文抄录，而对一些较易见到、文字烦琐的材料，凡可以表格体现者，一律制成表式，眉目既清，篇幅又省。也有的材料层见迭出，而只反映同一内容，先生或综合整理，归并同类，或取宏用精，只辑录最能显示特色说明问题的材料。为便于检索，每条资料皆冠以最能反映主要内容的标题。直到现在，这部资料集可谓仍是明清江南经济史研究不可或缺的参考文献，也是引用率极高的资料集，今人受益无穷。

硕士生就读期间，洪先生曾要我沿用他的路子，整理顾炎武《天下郡国利病书·江宁府部》所引文献，像他那样，编一部明清江宁经济资料之类的资料集。我大约集中了一个学期的时间尝试，限于底子不够，觉得有些文献一时难以找到出处，也就搁置了下来。直到现在，我都因未见有关南京的类似资料集而倍感惭愧。先生又曾要我关注浙江杭嘉湖地区的社会经济研究，为此我大约又用半年时间较为系统地搜集那些地方的方志和笔记等资料。先生是浙江人，前40年主要垂意于浙江地方文献研究，除了在上海《文汇报》副刊《史地》上发表《记乾隆时浙江进呈秘籍之七大藏书家》等

《浙江方志考》书影

文章外，1958年，科学出版社出版了他的《浙江地方志考录》一书，收录浙江各类方志包括已佚和现存的1800多种；1983年，浙江人民出版社又出版了他专论浙江文献的《浙江文献丛考》一书；次年，浙江人民出版社更出版了他的《浙江方志考》一书。这是他前后

40年考索浙江方志的集成之作，共考录浙江方志2000余种，将全书编为20目，每目自成一卷，每卷都作了校订；介绍部分纂修者的生平事迹，包括字号、里贯、生卒年、仕履和著作，作为背景资料；对部分价值较高的方志，尤其是国内收藏不是较

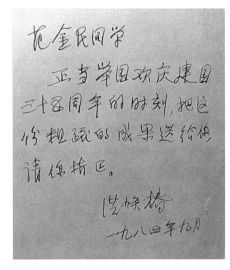

洪焕椿先生手书

多的珍贵本、旧钞本、批校本、手稿本，约略介绍其内容，摘录其序跋和后人的评论；记载各书的版刻源流、款式行格、版本优劣、藏家和藏印，使这部书兼具目录、版本、典藏和提要的功用；为了便于研究，除了流传较多的通行本外，都一一注明收藏情形，有些散见在国外的稀见方志，也根据最近的收藏情况予以注明；凡历代史志及国内外几部主要方志目录所载舛误处，略作考订；更编制了浙江省地方行政区划今昔对照表和书名索引，以便检索。这部书，不但开省域方志考录的先河，而且至今仍为省域方志研究中篇幅最大者，造福学人、贡献社会不小。先生自己也相当看重他这一浙江方志研究的心血之作，出版后，即赠送我们三个研究生每人一本，在送我的书上庄重题识："范金民同学正当举国欢庆建国三十五周年的时刻，把这份粗疏的成果送给你，

请你指正。洪焕椿一九八四年九月。"先生此书，为我检阅浙江方志提供了极大的便利。我初中毕业后即辍学在家干农活，高中毕业后又在生产队"战天斗地学大寨"整整五年，并且担任两年多时间的大队农技员，"指导"农业生产，对农事知识和农时安排相当熟悉，作为土生土长的农民，对江南农村也怀有深厚的感情。我本可以在先生地指引下，按图索骥，对杭嘉湖的地方经济社会作较为系统的研究，无奈考虑到浙江的前辈学者陈学文、林正秋等先生正源源不断推出新作，作为江苏人无地利优势，写了一篇读书报告也就中途停了下来。该文后来以《明清杭嘉湖农村经济结构的变化》为题，发表在《中国农史》1988年第2期上。

1983年11月，中国社会科学院历史研究所主办，南开大学历史系和南京大学历史系协办，在无锡召开明代经济史学术讨论会。作为办会单位，我们明清史研究室师生除了洪先生因身体原因无法赴会外，由吕作燮老师带队全部出席。这是我第一次参加全国性学术会议，倍感兴奋。那次会议，当时和后来从事江南经济史研究的两代学者几乎都出席了，作为学生的我，初次领略到了许大龄、伍丹戈、李洵、张海鹏、韦庆远、刘重日、张显清、王春瑜、郑克晟、南炳文、周绍泉、樊树志、陈学文、唐文基等老辈学者的风采，也与同代的年轻学者结下了友谊。会间陈学文先生指着与七八个年轻人的合影意味深长地说，20年后的明史研究是你们年轻人的天下，至今想起，仍无形中对我是一种动力。会议提交的论文多是关于明代社会经济的，有关江南市镇的讨论更成为会议的热点，实际上昭示着接下来持续了20多年的江南市镇研究热开始起步。大师兄陈忠平当时已确定江南市镇为学位论文内容，并作了初步研究，小师兄张华已确定江南海塘为学位论文内容，但也为会议提交了一篇有关明代太湖流域市镇的论文。

作为以经世致用为学术宗旨的学者，随着国家以经济建设为中心的步伐，当时洪先生已将研究重点由浙江文献转为江南经济。我则经过一年的涉猎，大体上均在江南经济范围内游移，先生大概看出我在南京文献和杭嘉湖经济方面进展不大，就为我确定学位论文的内容为苏州丝织业。以苏杭丝织业为主体内容的江南手工业，在20世纪50—70年代的关于中国资本主义萌芽讨论热中，是人们涉及得最多的课题。1981年5月，先生又在南京主持召开了中国资本主义萌芽问题学术讨论会，会后选编了《中国资本主义萌芽问题论文集》（江苏人民出版社，1983年）。在先生之意，大约希望我乘此东风，进一步展开探讨，以丝织业为突破口，在资本主义萌芽探讨上有所贡献。我则丝毫未加考虑，以不违师命的心态，一头扎进了史料的收集过程中。等到实录、政书、史著、方志、笔记中的丝绸材料感觉收集得差不多了，我很想到北京开阔眼界，于是向洪先生请示，希望到北京进一步查找资料，先生爽快地同意了。

1985年4月初，我首次到了北京。通过周绍泉先生的介绍，住在中国社会科学院在崇文门的招待所。为了到中国第一历史档案馆（以下简称一史馆）和北京图书馆（以下简称北图）善本部查资料，先摸索到了中关园北京大学许大龄先生家，许先生和许师母特别热心，慎重给一史馆编研部的朱金甫先生和当时在北图工作的万明女士写信，并要我口头带讯万明，她已被许先生录取为研究生。当时的一史馆，开放阅览没几年，有关清代丝绸的档案原件还很少有人利用过。以后直到1988年，我连续四年到一史馆查档，短则十数天，长则40多天，比较系统地查阅摘抄了户科题本、奏销档、三织造档、内务府档等档案中的丝绸材料。一史馆规定一天提档两次，上午10时左右一次，下午2时后一次，每次可提10包。有时提了10包，相关内容多，足够看，有时无相关内容，就会歇空。利用组组长邹爱莲女士，宅心仁厚，常常予以方便，对我基本上随时提档，盛情感人。北图则一次持一张介绍信可看4种善本，工作人员通融，看了4种，还可再看几种。在那里看了周孔教《江南疏稿》《丝绢全书》等善本，隆庆《长洲县志》、崇祯《吴县志》等胶卷，特别是周孔教的奏疏，保留了较多江南丝绸和江南水利的材料，看后感觉特别开心。又到北图柏龄寺分馆查近代丝绸资料，也有收获。更利用到中国社会科学院经济所查资料的机会，前往三里河拜见著名的中国经济史家彭泽益先生，向他请教明清官营织造问题。就这样，奔波于几个图书学术机构，查档看书，时有收获。虽然招待所一元钱的伙食只能勉强充饥，餐厅服务员的脸自始至终拉得长长的，北海餐馆一过12点半连饭菜也不卖，北京春天夹杂着沙尘的干燥闷热天气，不少部门懒洋洋的工作状态（一史馆和北图善本部均在下午4时半即停止阅览，时间未到即催赶读者），我都很不适应，但资料收集每天有收获，心情特别愉悦，往返虽是火车硬座，感觉却十分满足。特别是在一史馆查档，由西华门进馆，中午到故宫博物院用餐，餐后时不时到历代珍品陈列馆赏宝，历代工艺结晶尽收眼底，大长见识。

前后连续几次北京之行的资料查阅，对我来说收获堪称巨大。一史馆中的档案，有关江南三织造的产量、绸缎销银数存留较为系统，而前人的相关研究几乎未曾涉及。利用这些档案，我自以为大致厘清了清代前期江南织造正常生产时期的历年生产量、绸缎报销实际数量和运往新疆的"贸易绸缎"的实质，以及具体数量、价格、品种、色彩等，并对清代江南三织造的前后演变有了较为清晰的认识，对于清代江南织造的生产形式、内容以及生产格局等前人讨论得较多而又未能说清楚的问题，也有了自己较为明确的看法。利用档案和文集，后来二三年中，我先后撰写了有关江南织造生产形式、生产量、贸易绸缎等内容的数篇论文，分别发表在《中国经济史研究》《历史档案》《新疆大学学报》和《西北民族研究》等刊物上。其中贸易绸缎一文，将从乾隆二十五年（1760）到咸丰三年（1853）前后93年间贸易绸缎的来源、历年数量、销银数、新疆6个贸易点的具体分配数等基本问题，都以表格的形式详细罗列了出来，并在此基础上进一步讨论贸易绸缎的性质、作用和意义等。投稿后，因原文过长，《新疆大学学报》破例以上下期形式连载。一史馆的丝绸原始档案，直到现在，好像很少再有人去系统利用过。当时，我还将《明实录》中有关丝绸的材料差不多全部抄录出来，结合运用《江南疏稿》、周起元的《周忠愍奏疏》、董其昌辑的《神庙留中奏疏汇要》、贾三近辑的《皇明两朝疏抄》等明人奏疏，撰写了《明代丝织品加派述论》一文，发表在《中国社会经济史研究》1986年第4期上。这些论文，都无人推荐（洪先生虽然偶尔也愿推荐学生的论文，但曾不止一次地对我们研究生强调，好的文章，不推荐照样会用，不好的文章，推荐了也没用），直接投稿，都得以录用，没有退稿。当时的用稿环境似乎反比现在好得多，杂志社并不以我是硕士生或初、中级职称而影响采录，现在想想，实在也是值得庆幸的。至今记忆犹新的是，1987年，我将《清代前期江南织造缎匹产量考》一文投给一史馆的《历史档案》，当年12月初，在深圳清代区域经济史讨论会上，与我从未有任何联系的责任编辑吕小鲜告诉我，论文已被录用，录用通知已经发出。而且后来为一个字，小鲜还发个电报来予以确认，其认真负责的精神着实令人感动。类似的情形还有，1985年秋，我为在黄山举办的全国明史会提交了一篇有关明代南京经济的论文，次年春天，将该文投向江苏省社会科学院的《江海学刊》。十几天后，责任编辑徐友春先生即约我面谈，说论文有优点，也有缺点，就是太长，全文15000字，必须删到一万字以内，因为即使是我的导师洪先生的稿子，也只能控制在12000字内。对我来说，能发已经是喜出望外了，删掉一些，也就根本无所谓了。可以说，因为撰写硕士学位论文，到北京查阅了大量资料特别是档案资料，我在明清丝绸史研究方面迈出了第一步。直到1989年，当时刚刚实行国家社会科学基金课题制度，我申请了青年基金课题"宋元明清江南丝绸史研究"，请陈得芝老师和中国社会科学院王戎笙先生推荐，竟然获得通过，对我鼓励不小。1993年10月，课题的结项成果《江南丝绸史研究》一书，由农业出版社出版，前后将近10年的努力，结出了令自己较为欣慰的果实。

1986年7月，我硕士毕业，留系任教。洪先生一如既往，继续指导我从事江南社会经济史研究，并传授教学经验。先生曾于1986年获得国家教委颁发的全国教育系统劳动模范的称号和人民教师奖章。对于本科生教学，先生是非常重视的。为了提高学生的阅读和思考能力，先生专门主编了《大学中国史论文选读》（江苏古籍出版社，1987年）二册本。对于上课，先生也极为讲究。据高年级同学讲，洪先生上课，条理相当清楚，内容极为丰富，引人入胜。先生指导我，每次讲课，一定要认真备课，大体上一节课的内容，要准备五千字。每次上两节课，中间休息时，最好不要留在教室，而要到教师休息室，一方面适当休息，同时细细思考前一节课所讲内容，有无遗漏，是否讲错，如有不足，要在下一节课补充或纠正过来。至于讲稿，先生交代，要不断补充新内容，及时吸收学界的新成果。先生的这些经验之谈，我一直牢记在心，尽量身体力行。刚毕业，我为本系本科生开设了"江南经济史研究"选修课程，后来一直作为硕士生课程开设至今，当时还为全校本科生开设了"中国政治制度史"选修课，讲课时，我力图学习实践先生的讲课风格。当年10月，我参加在杭州的中国丝绸史学术讨论会后，向他汇报会议情形，实际上医院已要他立即住院做第二次手术，他却还勉励一番。

当时先生病情加重，第二次手术后，身体每况愈下，但是先生研究江南经济史的步伐反而迈得更快了。早在五六十年代，洪先生即已有意于江南经济史研究。1959年5月，生活·读书·新知三联书店出版了江苏省博物馆编的《江苏省明清以来碑刻资料选集》，收录了江苏碑文253件，52万余字，书价3元，大约相当于每月生活费的三分之一。先生当年7月在北京买到了此书，兴高采烈，题识于扉页："一九五九年七月初随南大参观团往北京大学访问时，购于北京新华书店。洪焕椿7月12日于西苑旅社。"后来先生整理明清苏州农村经济资料，将近30年间时作时辍。1986年10月29日至11月4日，全国哲学社会科学"七五"规划会在北京举行，会上确定了12项中国古代史"七五"国家重点研究项目，其中一项"明清苏松杭嘉湖地区经济史"，由洪焕椿、方诗铭（上海市社会科学院）和蒋兆成（杭州大学）负责，南京、上海、杭州十几位学者参与协作（参见久华《中国古代史"七五"国家重点研究项目简介》，《中国史研究动态》1987年第4期，第1页）。为此，先生作为课题的总负责人，不但精心规划明清苏州地区经济史的研究，而且与上海、杭州方面的专家通力协调合作研究事宜。先生一再强调，学术研究是需要合作，互相支持的。经过近两年的研究，先生初步选定了《长江三角洲地区社会经济史研究》一书的篇目，并且亲自提交了《长江三角洲经济区的历史变迁和历史问题》《明代治理苏松农田水利的基本经验》两篇长文，更撰写好了该书的前言。后来该书在罗仑老师的主编下定稿，于1989年10月由南京大学出版社出版。

先生也重视对外学术交流，注力于江南市镇的研究。时为日本名古屋大学文学部主任的森正夫教授，80年代初在中国访学，我读研究生时，常能在南大古籍部阅览室遇见他，他是南大明清史研究室的老朋友了。1987年秋天，森先生带领名古屋大学文学部和教养部高桥芳郎、稻田清一、海津正伦、林上、石原润共6位学者前来南京大学，商谈合作研究江南市镇事宜。洪先生出面，召集了南大历史系罗仑、张华、范金民和地理系地理学家宋家泰、庄林德等人与他们会谈，商定在1988年、1989年两年中选择江苏、浙江若干典型市镇作历史学和地理学方面的实地调查研究。当年底，罗仑老师带领我和夏维中师弟前往吴县和常熟等地，获得地方政府接纳中日学者实地考察的承诺。后来因为项目未获江苏省政府批准，未能按原计划展开，但双方学者各自对江南市镇的研究仍持续进行。大师兄陈忠平的硕士学位论文专门研究江南市镇的类型，1985年初毕业后，发表了市镇研究的系列论文。小师兄张华，1983年就撰写了《明代太湖流域农村专业市镇兴起的原因及其作用》一文。大师弟邱禹，以明清时代的乡镇志为毕业论文内容，两位小师弟夏维中和周志斌，分别以《明清江南流通型市镇研究》和《明清常熟市镇研究》为题撰写毕业论文。当时台湾"中央研究院"三民主义研究所的刘石吉研究员、复旦大学历史系的樊树志教授、浙江社会科学院历史研究所的陈学文研究员、华东师范大学历史系的王家范教授和杭州大学历史系的蒋兆成教授等人，都致力于江南市镇研究，专门著述源源推出。南大中日合作课题组作为合作项目，于《南京大学学报》1990年第4期发表了罗仑、宋家泰、庄林德、夏维中、张华、范金民的有关江南市镇的一组4篇论文，在江南市镇研究领域添砖加瓦。先生本人，则在与疾病作生死斗争的同时，与生命的时间赛跑，甚至在江苏省人民医院和南京鼓楼医院的病房里，先后撰写出了《东林学派与江南经济》《明清时期长江三角洲城乡经济的发展及特点》《明清江南农村的综合型产业结构和市镇经济的兴盛》《明代治理苏松农田水利的基本经验》《明代后期江南城镇手工业部门的资本主义萌芽》《明清江南地区资本主义萌芽发展缓慢的原因》《明清苏州城镇手工业作坊和劳动力市场》《清代前期苏州手工业工匠的货币工资和罢工斗争》《明清苏州地区商品经济的繁荣及其阻力》《明清苏州地区的会馆公所在商品经济发展中的作用》和《评刘石吉先生的明清时代江南市镇研究》等论文，分别发表在香港《九州学刊》、上海《学术月刊》，后都收录在他手定的论文集《明清史偶存》（南京大学出版社，1992年）中。

先生年轻时任过浙江通志馆的分纂，晚年兼职编辑过《南京大学学报》，深切体会编辑的甘苦，做事又极为认真细致，为人宗旨则常为他人着想。平时要求学生，文字要工整清楚，标点符号也要点得明显醒目，句号不能成一实心点，逗号不要像顿号，还现身说法，示范将逗号撇得清一点，免得读者或编辑多花费辨认心思。直到临去世前几个月，先生还亲自选定自己的论文集，50余万字，全部亲笔工整抄录一遍，重病之时，还如此认真，真令人感慨。

1989年2月9日，家父溘然病逝。4月5日，清明节，等我在先父的坟前洒扫后赶回南京，一个时辰前，先生已遽归道山，不孝之我，竟未能送他最后一程。在南大医院先生的遗体前，我不禁痛哭失声。短短一个多月中，我先后痛失慈父和良师，真正失怙，从此无所倚靠，父亲再也不会念叨我在南京的求学情形，业师再也不会悉心指导我的学业了。当天晚上，在六舍，我一个人默默地坐着，静静地回想六年来先生一步步引领我进入明清史学之门的情景，缅怀先生指导我们学生时呕心沥血的场景，脑海中一直浮现着先生慈祥而又儒雅的音容笑貌。洪先生过早地离开了我们，离开了他醉心半个世纪的江南文化和经济研究，离开了他艰难开创的南京大学明清史研究事业。从今往后，在明清史研究领域，在江南社会经济史研究领域，我刚蹒跚学步就得独立走路了。

导师去了，好在还有罗仑老师，一个本科毕业就以其合著《清代山东经营地主底社会性质》（该书由山东人民出版社1959年9月出版，1973年10月由英国伦敦大学威尔金森教授译成英文，1978年由美国哈佛大学东亚研究中心出版，在美国和英国同时发行，1985年7月又以《清代山东经营地主经济研究》为书名由齐鲁书社出版增订本）奠定了在清代山东地主经济和农业资本主义萌芽研究地位的宽厚长者，以亦师亦友的大度胸怀不断指导我、鼓励我、帮助我。罗老师1980年由山东大学调到南京大学，发挥他以十年之力全力协助黄云眉先生整理《明史考证》熟稔明代史籍和史实之长，为本科生开设"明史研究专题"选修课，为我们系统讲授明史；又发挥他在农业经济和地主经济研究方面的专长，转而从事明清江南农业经营研究。罗老师平时言语不多，但深思熟虑，如有问题，一定在要害处，文章也不多，但若写，一定是蓄谋成熟，发覆创新。他的《论清代苏、松、嘉、湖地区农业计量研究的发展趋势》（《中国社会经济史研究》1989

年第1期）和《乾隆盛世江南坐商经营内幕初探》（《南京大学学报》1989年第4期）等论文，就是富有创意的佳作。正因为靠了罗老师的撑持，借了洪先生、吕作燮老师等的余荫，也因为有国内外师友各种有形无形的扶持，南京大学的明清史研究才能够香火不绝，甚至基业不坠，并能够在江南社会经济史这块肥沃的土地上不停耕耘。

（作者附记：今年是先师洪焕椿先生辞世20周年，20年来，他的音容笑貌不时萦回于脑际，借此回顾江南经济史研究之机，谨以此文，聊志纪念。）

[原载王家范主编《明清江南史研究三十年（1978—2008）》，上海古籍出版社，2010年]

迢迢旧梦感深情

——追忆韦庆远先生

2009年7月23日上午，我看到《中华读书报》上学生刘舒曼博士的书评，感觉可以向韦庆远先生汇报了，立即往他家打电话。可是一连几次，都说是空号。心中有预感，先生年龄大，因夫人去世身体不好，会否有异常。次日打电话给中山大学陈春声教授，方知先生早已去世（后从柏桦兄处得知是5月11日），真如晴天霹雳！我愧悔交加，我这么懒，这么晚才知道！春声兄说，韦先生很低调，他也是事后才知道的，去世当天就火化了，悼念仪式也不要，事后其哲嗣才告诉他。韦先生，一位待人特别宽厚，言谈举止特别儒雅，对史学晚辈特别提携鼓励，于明清史学研究成就卓著而特别执着，直到晚年撰论，仍自励须有三分之一以上新材料的饱学之士，就这么悄悄地走了，没有惊动任何人，没有让他的亲友、同行、学生去看他送他。

年前冬日，已记不清是哪一天了，打电话给先生，感谢他又寄来一套亲自题签的《正德风云：荡子皇帝朱厚照别传》（书刚出版，先生即安排由出版社直接寄来一套）。先生气喘吁吁地说："听毛佩琦教授说，你准备写书评，那就写吧，我很想听听同行的意见。"没想到，这竟是我听到的先生最后的声音！余音绕梁，言犹在耳。2007年8月大连明史会期间，大概21日晚上，我去拜访先生，又一次聆听先生教诲，其时师母辞世不久，先生神情不如以前爽朗，但持重大气仍如往常。告别时，先生嘱咐有空再来坐坐。没想到，那次竟是与先生的永别。其情其景，恍如昨日。

抚摩着先生的封笔之作洋洋80万字的《正德风云：荡子皇帝朱厚照别传》，谛视着扉页上的手书"金民教授雅正"的题词，回想着当年先生撰稿第一章即寄来"征求意见"的情景，凝望着先生赠送的《明清史辨析》《明清史续析》《明清史新析》和《张居正和明代中后期政局》等杰作，翻检出先生饱含期许的多次复信，我的眼泪夺眶而出，思绪滚滚如

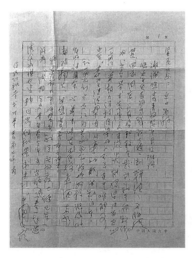

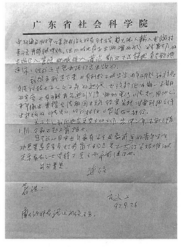

韦庆远先生手札之一　　　　　韦庆远先生手札之二

潮，先生对我这个后辈的关爱、教导和提携历历如在目前。

初次拜见先生是在1983年11月无锡的明代经济史讨论会上。其时先生好像刚从日本访学归来，大家听他畅谈出国见闻。先生面色红润，头发稀疏，温文尔雅，谈吐慢条斯理，给我留下了博学通达、平易近人的深刻印象。

再次见到先生，已是1987年12月上旬深圳的清代区域史国际学术讨论会。会议规模盛大，中外学者云集，未能有机会专门向先生请益，但先生在大会开幕式上关于清代区域社会经济史研究的学术综述性发言，令人印象深刻。先生在介绍清代区域史研究的内容、范围、阶段后，着重就学风和方法评论同行学者的既有研究成就，认为自二三十年代开始，老一辈学者就在本研究领域中初步奠定了一些优良的学风，那就是尊重史实材料，尊重证据，不惜下大功夫搜集和整理原始资料，审慎作论断。这种优良学风大体上被后学继承下来了，并且在近十年的工作实践中得到了较普遍的认可和发扬。他认为，老一辈学者在当时的条件下，已经力图运用历史学、社会学、经济学、统计学和人类学的知识，既对区域社会经济进行典型的个案分析、量化统计，又做出综合性的论断。这样的工作方法，在近年各学科新的理论发展和科学技术发展的条件下，又得到了发扬，在这些方面，我们可以举出若干为国内外同行公认的范例。先生依次列举了傅衣凌教授、邓拓同志、洪焕椿教授、叶显恩研究员、章有义研究员、从翰香研究员、吴天颖教授、冉光荣教授、罗仑教授等人的研究成就，说他们所取得的卓越成果都是寸积缕聚，都是经过辛勤刻苦的劳动而获得的。其中他提到洪焕椿

韦庆远先生与作者在第七届清史会上

教授"从40年代迄今，一直从事浙江地方史，尤其是社会经济史的研究"，罗仑教授"为研究山东的经营地主经济结构，亦进行过长时期的调查和考察"（参见韦庆远《清代区域社会经济史研究概况》，《学术研究》1988年第2期）。洪先生是本人的业师，罗老师是本人的老师，韦先生对他们的学术予以肯定和颂扬，我也倍感荣光，格外亲切。先生的发言高屋建瓴，评点肯綮，作为晚辈和后学，我深受鼓舞和激励。先生发言后对我说，相信他的发言同行也是认可的，足见先生对明清区域经济史研究的评述是深思熟虑的。

1989年11月，我们南京大学历史系明清史研究室承办国际清史学术讨论会暨全国第五届清史学术讨论会，先生应邀赴会。其时办会条件差，吃住都较简陋，先生提前报到，会后继续开中国政治制度史书稿会议，均住在南京大学招待所，毫不计较。大会开幕式设有主席台，按先生的资历和声望，自然应该就座，然而他非代表参会单位，就座似不合惯例，只能屈坐台下，似乎有人为其鸣不平，先生却毫不介意，会间始终心情舒畅。

1990年3月，中国社会科学院经济研究所方行先生召集开清代经济史研讨会，先生出席会议。会间，先生回忆起"文革"期间他如何利用工宣队的无知，在故宫博物院明清档案部，表面上应付差事整理档案，实际上抓紧时间搜集自己所需要的档案材料，其时先生即已敏感地认识到档案对于清史研究的重要性。会上讨论到康熙盛世与嘉道衰落问题，先生又提及三年困难时期及稍后时期的生活状况，以探讨清代的农民生活水平。一个熟悉清代材料，又有民国到中华人民共和国成立初期生活切身经历的人，所持观点在在体现出历史的厚重感。会后，先生邀请厦门大学陈支平兄、中山大学刘志伟兄与我等数人，到其张自忠路三号府上做客。师母精心准备了丰盛的饭菜，先生招待我等后学时，不时夸奖师母的厨艺，语言出于至诚，又不失幽默。与席者还有他带的一位邓姓女生和来自香港的女研究生，先生向人介绍我等，说支平是傅衣凌先生的高足，我是洪焕椿先生的弟子，志伟是梁方仲先生的再传弟子，相当客观到位，却令我受宠若惊。

1991年1月8日，大概是我年前向先生寄了新年贺卡，先生特意回复，稿纸二帧。信中奖掖一番后说："当今学术荒漠，人才流失，能够坚决留在此一岗位上并极力保持质量的人不多，更是难能可贵。希望继续努力，人弃我取，共勉自重。"接下来更较详细地列举他近期完工的著述和今后的研究打算,谓:"今后或可集中时间精力于自己的专题,教材性东西当坚决不承担。"先生手书,说不上飘逸雄健,但自有章法,别具一格,用语诚挚,殷殷教导后学的同时,真正以身作则,不时勉励鼓舞。

同年,我承担的国家社会科学基金课题成果《江南丝绸史研究》完稿,由农业出版社出版,不想惊动任何人,然而校样出来,出版社说最好还是请名人写一序言,于是匆忙之间求请先生施以援手。先生说一周后他即去日本访学,不过还是可将书稿寄去。10月,如期收到先生高度肯定、热情洋溢的序言,捧读之下,我既感惭愧,又有一种负罪感。如今的我,偶尔为人作序或被人约写书评,通常很不情愿,更何况临行忙杂之际,对比先生所为,不禁汗颜。

1993年,我访学美国郡礼大学半年后回国,致信先生请安,汇报访学经过。先生不久即回信,先通报他的研究撰作情形道:"我已经办了退休的手续,其所以亟于办理,无非是为了更好地掌握有限的时间和精力,用以完成自己计划中的功课。目前集中于两个题目:一为明代张居正的传记,取名《人与巨人——张居正全传》,其所以谓全,是指全面评述而言,张为不世出之人,但亦有私心私欲,亦有失误,亦有弄权用术之处,将之作为一个伟大的、但又是常人行为心态来研究,似亦有益于纠偏,或亦有益于世道;二为《清代官僚政治研究》。前题正在集中精力撰写,已得二十余万字,后者则只限于历年收集来的资料和思考,尚未动笔也。如以五六年的时间完成此两部大书,我算是勉强可以交卷了。"

先生所言，如实反映出他不停思考、勤奋著述的学者风貌。接下来，先生又告以起居状况道："目前我居住在故乡广州寒寓，因无会议、无教学任务，除偶尔与粤中师友晤谈讨论外，工作时间比较有保证，效率似高于在京时。京寓仍保留，每年夏天会回京小住。"先生口吻，似在向友人通报近况，而不以我之微末稍有轻视之意。大概是我在去信中感慨了国内学者居住工作条件之差（我当时一家三口住在筒子楼一层朝北的一间房内，终年不见阳光），先生在最后勉励告诫道："劝君莫羡黄金屋，灯前窗下亦自足。当此治学艰难之时，更需有志之士坚持不舍，立志承前继后也。"如今在宽敞明亮的书房里，读此文字，既感佩先生的远见，更感谢先生的针灸。我等学人，能够始终坚持在史学研究与教学一线，未尝不是先生教导鞭策之所成。

韦庆远先生（中）在1998年清史会间

韦庆远先生与作者在明代邮驿史会上

1994年8月底，第七届全国暨国际清史学术讨论会在沈阳举行，先生出席大会，我也躬逢其盛。先生刚退职，专项研究日有所进，心情舒畅，与他合影，神采飞扬，听他传授治学经验，他说他力求撰文每篇有三分之一以上新材料，尤其是关键性材料。仅此一点，即使在资讯发达的今天，对于一个退职高龄的研究者来说，恐怕也甚为不易吧。

1995年8月，第六届明史国际学术讨论会在安徽凤阳召开，会后紧接着又在江苏高邮召开邮驿文化国际学术讨论会，我紧随先生参观刚刚修复的盂城驿，听先生谈明代驿送史事，大长见识。

1997年8月，第七届明史国际学术讨论会在长春举行，我随先生游览伪满皇宫。记得时为东北师范大学副校长的赵毅兄说，像韦先生这样德高望重的老先生，一定要设法解决费用参加明史讨论会。

1998年5月，第八届清史学术讨论会在武夷山召开，先生与王锺翰先生、叶显恩先生、杨国桢先生、罗仑老师及台湾的李学智先生，未攀一线天，在山下歇息，纵谈史林掌故，何乐如之。

2001年3月，我应香港城市大学中国文化中心主任郑培凯教授邀请，去彼作学术讲座。其时先生正偕师母客座香港，我们一起应张瑞威和卜永坚两位博士之邀到中环的宁波会馆晚餐，席间有广东谭棣华先生，听他们谈老辈逸闻，颇长见识。

同年8月，第九届明史学术讨论会在武夷山召开，再次见到先生。

2002年8月，清史讨论会在大连召开，会间，先生与我们一起游览旅顺等地，参观辽宁省博物馆，步履稳健，谈笑

韦庆远先生与作者、王澈在中国第一历史档案馆
馆庆八十周年会间

风生。

就这样前后 25 年间，我有幸平均两年能在学术会议期间见到先生一次，间或通通电话，感觉先生总是乐观通达。大会发言，先生总是要言不烦，无论时间长短，把握得恰到好处，从不发过激之言辞，平时所谈，不出学术或专业范围，背后则从不道人之不是。谈到个别学者人所共知的小毛病或突出的个性，先生顶多说某某是有个性的，或某某是有特点的。对待晚辈，先生满腔热忱，总是予以鼓励，若有尺寸之长，即褒扬表彰不已。长者忠厚，在先生身上体现得十分突出。可以说，从为人到学问，先生于我虽无授业名分，而所见所知所悟，我得之于先生者难以量算。现在又是 8 月，先生早已永逝含笑于九泉，暑期的学术会议再也不会有他健壮伟岸的身影，我等后学再也听不到他抑扬顿挫、思维绵密的高论，但我等受其教诲，承其余泽，还会不停地出没于明清史学界，不停地参加各种学术会议，只是能否绍承其明清史事业，实难预料。

（原载《江苏文史研究》2012 年第 2 期）

翰墨清香映儒雅

——张海鹏先生忆记

著名的明清史专家、徽学研究的奠基者和带头人、安徽师范大学张海鹏先生，以博学、谦和、儒雅闻名国际学坛。余生既晚，又无缘忝列先生门墙，于先生之学问，不能稍窥门径，然蒙先生不弃，自1983年拜谒后（当年11月初，南京大学明清史研究室协同中国社会科学院历史研究所明史研究室和南开大学历史研究所在无锡召开明代经济史讨论会，会间得以见到至今多负盛名而当年风头正健的学者，其中就有早已仰闻其名的张海鹏先生），18年间，垂爱有加，时予奖勉教导，或可自诩为私淑弟子，谅也不算过分。先生身形挺拔，面庞清秀，略带桐城口音，浑身透出一股儒雅之气，至今已记不起最初如何向他请教的，但其光辉形象一直深留在我的记忆中。

近日整理书信，居然理出先生来札18封，一律"同志"相称，一笔行楷，书写在安徽师范大学信笺用纸上，封装在安徽师范大学信封中，不禁让我串联起一条长达十年的记忆之路，鼓舞着我今后的学术生涯。如今文化快餐，通信业已与时俱进，绝大部分均已电邮，要想保留只字片言，已属奢求，先生的这些书函，在我看来，不啻是天壤间难得之重物，理当沐浴焚香，宝之珍之拱璧之。今选择其中部分，用以缅怀先生的恩德，兼以与先生的学生与同仁分享先生留给我们的遗产。

一、《中国十大商帮》出书琐忆

1988年10月，秋高气爽，稻香蟹肥，身为安徽师大校长的张先生在校内主持中国商业史讨论会。会议之前的18—19日，先举行小范围的明清商帮编写会，由张先生和山西社会科学院张海瀛先生主持。会议整整讨论了两天，确定了商帮一书的内容、分工、写作要求和文字表达形式。会上，大家畅所欲言，着重就商帮的内涵和地域范围展开了充分的讨论。我对山西、陕西、广东、福建、江西、山东等省以省域为范围称为一个"商帮"，同时将宁波、龙游、洞庭等地较小地域范围的商人各称为一个商帮，而并称为"十大商帮"杂糅于一书持有不同看法，而且年少气盛，倡言这样安排似不科学。先生耐心地听取每个人的意见，极有风度，不以我之放言无忌为忤，只说金民同志所说有道理，但大家先按讨论设想写作，有具体问题再商量。最后先生作总结性部署，希望大家集中精力，按时交稿。此次商帮编写会，我初次体会到了先生的大度和学术带头人的水平与气魄。

会后先生安排在专家楼招待大家，知道我喜欢吃鱼，一定要我将大半条鳜鱼吃掉，并说吃了鱼后有任务。原来次日的中国商业史讨论会，先生要致开幕辞，大概因为忙于会议和校务，无暇亲自撰稿，要我起草。我仗着酒力和鳜鱼的营养，连夜赶稿。次日先生会上所作致辞，改动较多，但先生在此前后多次表示感谢，一再鼓励晚生努力学业。

说起《中国十大商帮》的编写，回顾先生与我的"交往"，感慨难免多了。至今保存的先

张海鹏先生手札之一

生的亲笔信，年头早的就是1990年10月25日关于书稿的那一封。先生说："书稿早已收到，因杂事冗繁，未暇及时函复，请原谅。"先生这封信，主要是给我发来该年11月初在芜湖召开的徽学讨论会的邀请，不知何故我没有应邀忝列会议。如果出席会议，或许我就能从此进入徽学研究之门，实在遗憾。

次年6月，又收到先生于6月8日寄出的两封信，其中的一封打印件，是告知《中国十大商帮》一书出版事宜的，寄给全体作者。信中具体说明道："目前，书稿已全部交至黄山书社，责任编辑正在审稿。五月末，我因事去合肥，约责任编辑作一次面叙……对于这部书稿的出路，我想您们一定

很关心，故在付梓之前，特先函告。"

到了 1992 年 4 月末，又收到先生告知《中国十大商帮》一书出版进展的打印信，信中称："《中国十大商帮》原拟去秋付梓，因责任编辑临时派往它任，故发稿计划推迟。但安徽出版总社仍将这部书稿列为 1992 年重点出书计划中，黄山书社已于四月初将稿件发至芜湖新华印刷厂。经联系，印刷厂拟于五月初发排（民按：此句为先生手书）……这部书稿拖至现在才发排，深表歉意！"

次年 5 月上旬，收到先生整整两页的手书，主要告诉《中国十大商帮》一书的出版和署名问题，信谓："上月中，我和徐力同志合作校对了《中国十大商帮》的三校，由于有几章改动得较多，所以，最后的'对红'，到昨天才将清校送到我手里。估计六月份可望出书。我在和徐力同志通校三校中，共同的看法是：'洞庭商帮'一章属上乘之作。无论材料的征引，结构的安排，文字的表述，都是令我们钦佩的。这决非故意的恭维，我们的共同评价就是如此。为此，我和出版社都应向你和罗老师表示谢意！……关于这本书的署名，我和出版社遵照中山大学黄启臣教授来函的意见，一律放在前面的扉页上，以姓氏笔划为序。另外，我在'前言'里，又按章分别提出了作者姓名。这样，整体的作者、分章的作者姓名都有了。因为事先未能普遍征求作者的意见，我想，大家是会同意的。并请转告罗老师。"读罢先生的来信，深感先生考虑周全，决不掠人之美，而奖掖后进晚辈，不遗余力。

在当时，书正式出版不易，销路更是大问题，出版社为转让负担，一般是由作者包销，《中国十大商帮》最为典型。1993年11月9日，先生来信，不厌其烦地交代出书销书的曲折过程。信中说："《中国十大商帮》已赶在扬州会议前印出发行，我带去一百本，无疑等于席上添了'一碗菜'。吴慧会长高兴不已，称它是拿出来的'拳头产品'，并颁发了'荣誉证书'。我想，这也是对这本书的作者们的一点精神鼓励。这本书的问世，黄山书社出了大力。一个多月前，编辑室和发行科告知收回来的征订单，数字很小，大概只有500本左右。为了给他们分担困难，我即答应推销1000册。经联系，已落实并发出的有：张海瀛先生处100册，方志远同志处800册（他是出了大力的）、黄启臣、陈支平、林树建三位先生处各55册（每包11本，5包55本）。也想请你代销55册。另有李华先生、田培栋先生处我不好意思请他们来帮助销售了，陈学文同志（民按：先生所提各位，均是《中国十大商帮》的作者）已出国，就算免了这次做'书贾'交易了。我已销掉了三百余册，估计压在我身上的

《中国十大商帮》书影

一千本销售任务可以完成。说实在的话，我当书商这还是第一回，但学术已走向低谷，又有什么法子呢？前天，一份报纸上刊载了一幅漫画，是反映撰书的作者背了一大摞书抵作稿费，看后，不禁感慨系之。我之所以这样做，也是想让出版社把稿费能付出来。出版社也有这个意思。不过，我已和他们讲清楚了，到时桥归桥，路归路。即应付作者稿费多少？书价多少？算清后多退少补。《洞庭商帮》的稿酬也是按规定开出后，不足数再补寄来（由黄山寄或由我寄，但他们要开出通知单）。我与黄山交涉，他们还给我们一些发行费，扣除搬运、邮寄费用（还有其它杂费），可给推销的同志，发行费每本2元，这样，你处55册书，原价计687.5元，除去110元发行费，实际为577.5元。你推出后，书款不必寄来，以后，在稿费里冲掉。你在销售时，购买单位是要发票的，你可在附近书摊上或书店买一些发票，给他们一点费用就是，我们在芜湖也是这么做的。……在销售时，还可请维中同志帮一下忙。无论是卖给谁，不能减价卖，但可以给经办人一点好处。新书一开始就减价，有失它的声誉的。你说可是？"

过些时日，出版社计算稿费了。1994年1月20日，先生给各位作者发打印了的信，并附上了出版社的稿费结算单，信谓："《中国十大商帮》已于去年十月出版，黄山书社虽然亏本，仍付给作者较为优厚的稿酬（在该社是如此）。您撰写的洞庭（民按：'洞庭'二字为先生手书）商帮，稿酬是662元，扣除您代售的书55本计577元，应付给您85元，现由邮寄上（附黄山书社稿酬通知复印件）。收到款后，务请回函，以免释念。"先生另在打印件上手书："金民同志：近好！现将《中国十大商帮》稿酬寄来，请查收。我实在无奈，请你代销55册书，实际上是减少了你的稿酬收入，于心深感不安。今后，如有机会，我还愿意与你和罗先生合作，未审以为然否？"揣度先生意思，该书费尽周折，终于如愿以偿，正式出版，也如约结算清稿酬，确保了作者的利益，作为主编的他对得起各位作者了。

如今读先生的来信，免不了一阵阵心酸。在那年头，一个堂堂的专家型大学校长，以其学术地位和声望，组织了全国研究商帮的专家，撰写出第一部商帮研究著作，却还要通过人脉，凭了人情，延时两年多才出书，出得书来，还要费尽心思，包销印数，以至交代每位作者如何销书，如何计费。此事要是放在今日，书稿恐怕首先是个项目，作者有研究经费不说，出版社要出这样的书，或许还得先付部分稿费，出书后自然还得按印数计酬，断不至于后来该书一再重印却对作者连个招呼也不打。后来个别书稿作者提起此事，免不了愤愤不平，先生却往往一笑了之。

《中国十大商帮》后来市场看好，中华书局香港公司和台湾某出版社都买了版权，要原作者改写，以一套书系列分出小册子。先生在作者和原出版社之间反复协调，使作者从出版社获得了据说是一半的版权转让费。

二、撰写《徽商研究》书评琐忆

20世纪80年代起，先生即组织安徽师大的同仁，倾力于

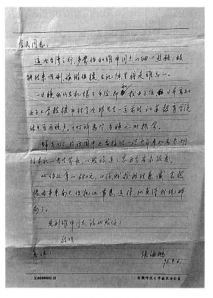

张海鹏先生手札之二

搜集和编集《明清徽商资料选编》，并在资料积累的基础上，着手研究徽商并撰写《徽商研究》，安徽师大徽商研究团队花了十来年的努力，终于撰著了《徽商研究》一书。1995年11月29日，先生来信，正式嘱咐我为该书草写书评。先生在信中说："《徽商研究》下月可以发行，兹将三校托我校张传开副教授带来，请以您的生花之笔为它写一篇书评，不能拔高，重平实，反而好些。劳神之处，至为感谢！文稿写成后，可托人或由邮寄给我，我设法找一家有影响的刊物采用。"

不知何故，我似乎迟迟未能动笔，或许是相关知识的汲取，需要时间。次年3月10日，先生再次来信，专提书评之事，信中云："金民同志：春节后寄来一本《徽商研究》，想已收到，那是商业史学会购买的。现寄赠两本，因为你要送人，所以没有落款。烦请你写的书评，脱手后即寄给我。这是一项苦任务，待见面时再为感谢！"说实话，我专业学习和研究的重点，局限在江南的手工业，于徽商研究殊少关注，完全外行，要对先生主持并亲自撰写相当篇幅的《徽商研究》发表看法是有难度的。承他厚爱与信任，考虑到此前一年曾为唐力行老师的《商人与中国近世社会》写过书评，似有一些基础，是以愿意试一试，借此也可以获取关于徽商的知识，因此领受任务后一直在努力。

3月19日，先生第三次寄来有关书评的手札。札谓："金民同志：今天下午收到您寄来的《徽商研究》书评，至为高兴！其时，由于夕阳快西下，来不及拜读。晚饭后，我细心地通读了全文，觉得这篇书评出之您这位行家里手之笔，真是味醇如酒。书稿写得平平，书评却写得火花四溅。我既感到欣然，又感到赧然！倒是出版社就希望书评能够拔高评述，他们想以这本书来申报国家图书奖，如能在刊物上发出来，他们那是高兴无比的。……对于您煞费苦心写成这篇书评，我谨代表同人们向您致以由衷的谢意！"

后来书评在《中国社会科学》上发表，我松了口气，先生也甚感满意。1997年4月8日，先生来信（民按：这是手头保留的先生的最后一封来信）说："《徽商研究》书评已在《中国社会科学》今年第二期刊出，经过您的神来之笔作了渲染，这本书和它的作者均为之增辉，出版社更为之欢欣鼓舞。上周，我寄了一份复印件给责任编辑曹文益，他来电话云，他又再次复印多份，分送社里和局里领导，足见其快慰之忱。"

《徽商研究》是安徽师大徽商研究团队的集成之作，融入了集体的研究成果，更倾注了先生的心血，我在拜读之时，常常因其深入的探讨、涉及的层面和流畅的文笔而感叹，因而撰写书评时，自然地流淌出这样的文字："《徽商研究》……既是徽商研究的集大成之作，也是迄今为止国内传统商人研究篇幅最为宏大之作，在林林总总的商人研究成果中，恰如根深叶茂的老树，又当融融春日开出了绚丽的花朵。"这是我的真实感受，我至今以为，这样的表述绝非溢美之词，是经得起时间检验的。此书后来据说获得安徽省哲学社会科学优秀成果一等奖、教育部人文社会科学研究成果二等奖和首届国家社科基金项目优秀成果三等奖，"竖起了徽商研究史上的第二座丰碑"（余同元：《醍醐海阔　德性山高——张海鹏教授与明清史研究侧记》，《明代史研究》第30号，2002年4月，第6页），文章如精金美玉，市有定价，非人徒以口舌定贵贱，《徽商研究》连续获得殊荣，正是学界共同看法的反映。

三、出席两岸明史会琐忆

自1994年起，本人有幸每年利用参加学术会议的机会拜见先生。1996年7月，台湾中国明代学会吕士朋、张哲郎、徐泓先生等主持，举办第一届两岸明史学术研讨会，邀请大陆明史研究同行25人赴台与会，先生、我与师弟夏维中等在列，从此三人往返均同行。先生时年66岁，腿脚不便，眼睛又刚动小手术，似乎对赴会有畏难情绪，我和师弟维中不时敦促他，恳请他与我们同行。因而确定行程前，先生两次来信，相约与我们同行。3月19日来信说："台大徐泓教授又寄来新邀请函，也许就是您提出要求的缘故（民按：台湾方面先发来的邀请信，不合要求，我们不能申报赴台手续）。我

张海鹏先生（中拄拐杖者）在两岸明史会间

的赴台手续正在办，到时，我一定和您、维中同志同机赴港，这样，我在旅途中有您们两位照顾，我的胆子也大些。"7月3日来信说："前天，接到徐泓先生的电话，云及廿二号我们聚首香港，想你亦已知道。你和维中同志是坐飞机去还是坐火车去？反正我是离不开你们的，你们怎么走我就怎么走。买飞机票要身份证，买火车票要工作证，我将两证各复印一份放在信里寄来，请在购票时使用。票价款请设法先垫一下，待我们见面时再为归付。"

21日7时许，先生由芜湖坐小车来宁，在机场汇齐，我们开始了较为艰难的旅程。飞机降落广州，由广州坐火车去深圳。广州火车站仍如十年前光景，杂乱无章，候车大厅基本由小车堵塞，左冲右突方进入候车室。工作人员漫不经心，问深圳在何处候车，说法均不一。楼上楼下往返两趟，三人手提行李箱，大汗淋漓，手酸脚颤，终于登上火车。先生跟着我们上下奔波，十分吃力。次日一早，由罗湖入九龙，手续繁，人又多，直到下午一点半左右才上了去九龙的火车。又要到地处金钟的台湾中华旅行社取入台通行证正本，前后近两个小时，近五点才登机飞往台湾桃园机场。

大陆明史学者绝大部分为第一次赴台，处事出言格外谨慎小心。研讨会整整两天，按部就班，先发言，后点评，然后自由发言。大陆学者发言大多拘谨，较为内敛，而台湾同行却大多言辞激烈，不留情面。有人评先生的会议论文，好像措辞过甚，我看先生不动声色，未予回应。事后我问先生何以不反驳，先生莞尔一笑，说小唐（民按：唐力行教授）不是回应了吗？老辈忠厚，一至于此！后来南下考察旅游，张哲郎、徐泓、刘石吉先生等精心安排，随车领队。无奈天公不作美，葛乐礼台风无礼，车抵高雄，豪雨如注，一夜未停。

回程时自然仍然取道香港，线路不熟，先生与我等三人，加上郑克晟、杜婉言先生五人往深圳。后来我们三人在深圳过夜，到赵洪保（安徽师大本科毕业，南京大学硕士毕业，于先生有师生之谊）家吃晚饭，次日飞返南京。

此番赴台，先生是大陆一行中年纪最长者，又时值炎夏，台风肆虐，日程安排又紧，出入境手续烦琐，一路可谓颠簸。先生一定吃了不少苦头，但始终乐观开朗，一路上给我们讲史林掌故，讲老人家安徽大学校名题写对象之误，讲他如何忙中偷闲抓紧徽商研究，语气沧桑而不乏幽默。在台期间，先生还不时买些小件礼物，回程在深圳时一一整理，说这个给孙女，那个给同事，每人都有了，他回去可以交代了。先生真周到心细，我和师弟直感到惭愧。更有意思的是，一路乘车吃饭时，先生总是争着付钱，而早在广州机场，他争着买票，一把钱被"三只眼"光顾，以后就不见了。先生执意向我"借"钱，付款时仍然抢先。

回宁后，还在我担心先生的身体时，8月6日先生即来函称："金民同志：这次台湾之行，多蒙你和维中同志的细心照顾，故能往来顺利，旅游便捷，在记忆里将是难忘的。一日晚我们在机场分手后，即和校办主任、日本高知女子大学教授市村金次郎先生一道前往江苏教育学院休息并用晚餐。十时许离宁，当晚十二时抵家。归来几日，于疲困中还要接待一些今年高考期待录取的考生家长，以致旅途之累至今尚未恢复。从你处拿的680元，正好，我校政经系臧宏教授因事来南大，便托他带来，这样，就免得我跑邮局了。见到维中同志请代致候！"

如今再读先生的这些手札，摩挲着我们在台湾的旅游照片，时刻感受着亲切温暖的同时，赴台场景历历在目，前后整整十天，与其说是我和师弟维中两人照顾先生，还不如说是先生在待人接物、治

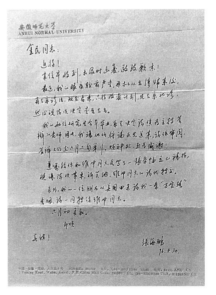

张海鹏先生手札之三

学授业方面时时指导、开导和熏染我们。能够与先生这样的饱学老辈朝夕相处十日，实在是我等后生的福气，这样的机会，既从来未曾有过，今后恐怕也不会再有，敢不珍念！

四、出席研究生答辩琐忆

先生谦和，待人礼数周到，即使与我等晚辈往来，也绝无半点架子，而总是倍加鼓励。1996年6月上旬，我应先生之命往芜湖主持安徽师范大学历史系的硕士生论文答辩。一个多月前的4月30日，先生即由其学生陈欢带来手书，书谓："我的两位研究生今年毕业，系里决定请您为主持答辩的老师，因此，我让他们将论文先送来，请你审阅，答辩大约在六月上旬举行。烦神处至为感谢！"至今我每读到此信，

张海鹏先生指导的硕士学位论文答辩

总感觉惭愧。我辈如今每年举行研究生论文答辩，人多往往提前若干天，一个电话，即要人家出席答辩，甚者连招呼都不打，径由研究生"通知"一声而已。回想老辈做同样的事，何其慎重，何其认真！张海鹏先生如此，许大龄先生等无不如此。

也就是那次答辩前后，先生托研究生陈欢送来他的字。先生的字，娟秀俊逸，一如其人，作为文人字，别有一番韵味，人见人爱。我也很想得到先生的墨宝，但是从不敢开口。不知何时先生知道了我的愿望，不待求索，即慷慨挥毫。1996年2月，先生将条幅写好，3月19日即来信告知："给您和维中同志写的条幅已送去装裱，裱成后再托人带来。"我即恳请先生不必装裱，应由我自己去裱。先生却说："芜湖有一家裱店，我常在那里裱，裱得很好，你在南京裱，恐怕裱不好。"4月30日，先生的研究生陈欢为论文答辩事来宁，带来先生手札和条幅。条幅纵64.5厘米、宽31厘米，录唐代诗人李白七绝《早发白帝城》："朝辞白帝彩云间，千里江陵一日还。两岸猿声啼不住，轻舟已过万重山。"左书"金民同志雅正　张海鹏　九六　二月"。尺幅笔力刚健，而又飘逸，墨色浓重，疏朗有致，已用绢纸裱成立轴。挂在我斗室的书房中，顿时映出光辉。当时我激动得说不出话来，陈欢又出示先生为维中写的尺幅，录南宋朱熹《观书有感》："半亩方塘一鉴开，天光云影共徘徊；问渠那得清如许，为有源头活水来。"先生手札则云："遵嘱给你和维中同志各写了一张条幅并已裱好，现让陈欢带来，祈笑纳，维中同志的请代转交。"我无以为报，又不能送"润笔"，后来赴芜湖答辩时买了些宣纸以示感谢。7月3日先生来信却说："金民同志：近好！上次你来芜湖时，还给我带来了宣纸，真不应该！何必花这笔钱呢！但既已收下来，还当表示感谢！"先生如此厚爱，真令我等晚辈感念不已。

我自1995年起，1996、1998、1999年数次出席安徽师大历史系的硕士生论文答辩，多次随先生行走在美丽的师大校园。其时先生已从校长岗位上退下来，但路遇同事或曾经的下属，对方都远远与先生亲热地打招呼。一次饭后，眼见校纪委的几位同事，他们见到当年的校长，招呼过后，转身驻足，目送着先生渐渐走远。可见先生不当校长已数年，而安徽师大的同事仍然在心中纪念着他，崇敬着他！如今先生虽然已辞世十个年头，其儒雅形象却树立在我们的心中。

（原载《明史研究》第12辑，2012年5月，又载《"纪念张海鹏先生诞辰八十周年暨徽学学术讨论会"文集》，安徽师范大学出版社，2013年）

在李洵先生百年诞辰暨《李洵全集》庆典上的发言

恭逢著名中国史学家李洵先生百年诞辰之际，我与李洵先生的众多弟子一样，深切缅怀李洵先生，对他为明清史学作出的重大贡献致以深深的敬意。

余生也晚，出道更晚，但幸运的是，能够有机会较早拜见李洵先生。1983年初冬，南京大学历史系明清史研究室协同中国社会科学院历史研究所在无锡举办了明代经济史讨论会，全国著名的明清史学家云集莅会，东北师范大学的李洵先生、赵德贵先生和姜守鹏先生也都与会，李洵先生的风采和学问深深地印在了我的心中。直到1994年夏秋之交，清史学界在沈阳举办清史学术讨论会，我第一次出关，会议期间特意拜见李先生，以为他不会记得我，自我介绍我是某某，没想到李先生爽朗地说，范某某，我认识你，记得你。一个长辈，十多年后还能记得一个特别不起眼的一个晚辈的名字，闻言之际，我真有点受宠若惊。

我之报考明清史专业，所用教材就是李先生的名著《明清史》，这大概也是当时报考明清史专业的必读书。入学后，重点学习的明清史代表性著述，就是李先生的《明史食货志

明代经济史讨论会（无锡，1983年11月）合影
（二排左十即李洵先生）

校注》，直到现在，我不但自己不时研读核查，还让学生必读此书，真正受益无穷。在我看来，现有的适合本科生的明清史教材，李先生的《明清史》仍然不失为少数几种最佳教材，而现有的几种明史食货志校注，还是以李先生的著作最为精慎，有体有要，该注处注，该校处校，详略得当。

　　当时，先师洪焕椿先生和北京大学的许大龄先生、东北师大的李洵先生学术联系尤为密切，许先生和李先生基本上每年安排研究生一路南下，游学到南京大学，但较长时期我无缘见到李先生。因为李先生和先师洪先生的开拓奠基，我也有幸结识李先生的一众弟子赵毅、赵轶峰、罗冬阳、赵中男等人，几十年来保持着学术联系和私情厚谊，我们南京大学明清史群体能够长年得到东北师范大学明清史群体的关爱和照应，于此我深表谢意。

清初大学者孙奇逢说："学术之废兴，系世运之升降，前有创而后有承。"（孙奇逢：《夏峰先生集》卷四《北学编序》，《续修四库全书》第1392册，上海古籍出版社，2003年，第64页）学问首先是传承，能够传承才能创新，推陈才能出新。对老师最好的纪念，就是传承弘扬老师的学问；对老师最大的孝敬，就是全面整理老师的专业贡献和学术遗产；对老师最好的回报，就是培养出一代又一代优秀的人才。东北师范大学的明清史研究方向，李洵先生和薛虹先生、赵德贵先生、姜守鹏先生等，开创了宏业，奠定了坚实的基础。李先生等培养的众多研究生，是我国改革开放以来自主培养的卓异研究生，现在多是明清史研究领域的领军人物、世界一流学者，学兄赵毅、赵轶峰、罗冬阳等，已将李洵先生的明清史学业全面地传承，并且不断地发扬光大。轶峰兄偕同其历届研究生多年研读《明夷待访录》，真正读通了如此艰深的名著，读书的方式也是时下少见的典型读史方式。李门弟子渊源有自，学问纯正，虽不登高号召，而研究论题宏大全面，也不标新立异，但富有创新，不断推进明清史学发展。由赵毅、赵轶峰、罗冬阳教授等培养造就的第三代学人也已茁壮成长，成为当代学术的中坚。二十年来，我评审过的东北师大明清史方向的博士学位论文，堪称全国明清史博士学位点中最高学术水准的论文。从明清史学问的世代传承发扬光大来说，东北师范大学的明清史研究方向，在全国来说，毫无疑问是出类拔萃极为突出的。

谨向《李洵全集》的发行致以热烈的祝贺，向东北师范大学暨李门同行致以深深的敬意！

2023年3月19日

陈得芝老师八十寿辰祝辞

业师得芝先生座前，诸位师兄弟姐妹：

吾师今届八秩寿辰，百余弟子奉觞祝嘏，二十纪古都喜气盈溢，六百年南雍光辉满园。此时此刻，我虽羁途于台湾，不克躬逢其盛，但盘桓于胸腔挥之不去者，与所有陈门弟子的想法是一样的，就是感谢吾师长年来的悉心指导精心呵护，祝福吾师身体康强心情舒畅，祝福师母兰芳桂馨松龄鹤寿！

我们欢聚一堂，庆祝老师的寿辰，我最想说的是，我们的老师——陈得芝教授，作为我国共和国时代成长起来的第一代杰出学者，将近一个甲子以来，沉潜于不东不西的学问，虽历经风雨，路途坎坷，仍孜孜不倦，不断求索，而融会贯通，东西兼长，卓然成一代大家，这一点，为我们后学树立了典范的榜样，给我们后学以不竭的动力。我们的陈老师，学、识、才兼具，掌握多门国际和民族语言，无论国学西学，还是史学和舆地学，在中国古代史尤其是蒙元史、中国民族史、中西交通史、蒙古地区历史地理、吐蕃史和江南地域史研究等领域，均有创新成就，独树一帜，作出了突出而重要的贡献。

陈得芝老师与作者在太仓刘家港（1998年）

　　清中期江左三大家之一也是著名史评家赵翼说："千秋
自有无穷眼，岂用争名在一时。"陈老师生性恬淡，不计得
失，不求名利，但他的学术贡献和相应的学术地位，卓然自
立，流芳后世，自然不待我等无知后辈妄议褒贬。他参与的
高校教材《中国通史参考资料》古代部分，《中国历史地图
集》的编绘等工作，他担任的《中国历史大辞典》《中国大
百科全书·中国历史》等工具书的编撰工作，都凝聚着他的
心血，作出了不可或缺的重要贡献，嘉惠学林，贻福后世。
他主编的《元朝史》，堪称当代名篇，厘定有元一代，上至
典章国故，下至社会生活，面世已36年，放置于同类著述，
至今似无逾越者。他的代表性著述《蒙元史研究丛稿》（人
民出版社，2005年）和《蒙元史研究导论》（南京大学出版
社，2012年），更呈现了他的"绝学"功夫和引领学术潮流

学者的开阔眼界，极大地推动了一代蒙元史学进程，放诸海内外，恐怕也难得见到。

作为传道授业解惑的良师，我们的陈老师，开设过中国古代史、元史、北方民族史、中西交通史、蒙元史专题研究、民族史研究中的对音与勘同等课程。最为难得也是如今很为罕见的是，陈老师执教40余年，始终固守本位，敬业勤业，诲人不倦，培养了一大批优秀学者，而不是席丰履厚的官宦富贾。刘迎胜、姚大立等亦师亦友者不必说，诸如华涛、沈卫荣、达力扎布、张云、王东平、特木勒等立雪陈门的大批弟子，卓然成家，如今正是风头很健的一流学者，而他们培养的学生，即陈老师的再传弟子，瓜瓞绵绵，也已成名成家。两代人正高举着南京大学蒙元史的学术大旗，传承弘扬着一般人难以觊觎的蒙元史、民族史绝学伟业。

我们的老师，学问纯粹，学风纯正，而虚怀若谷，从不张扬，从来未见他以专家自居，即使论到他最为擅长的蒙元史，仍只谦逊地说这方面他懂一点点。这一点，我们后学当可悟出，人要有自知之

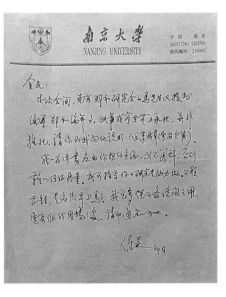

陈得芝老师手札

明，知道自己到底有几斤几两。我们的老师，学者本色，气度非凡，荣辱不惊，视名利为浮云，从不计较个人得失，从不为声名所累，从不为自己争锱铢之利、谋尺寸之光，一级教授的学问，却只得二档的津贴，也未见他有丝毫的抱怨，这一点，是要我们后学常抱淡泊之怀，简单是福，多思奉献，少虑享受，"先天下之忧而忧，后天下之乐而乐"，出入之间方能把握自持。

我们的老师，生活极为简单，不会喝酒，烟只偶尔抽抽，而且并不讲究牌子，学问上却追求完美，精益求精，钻研和讲授了几十年的中西交通史，如数家珍，却总不肯付梓公之于世，这一点，无疑要我们后学懂得学问之道永无止境，学问不是玩的，不是谋稻粱的手段，而是需要时存敬畏之心毕生为之追求的圣洁殿堂。我们的老师，几十年来在冷僻的蒙元史领域辛勤耕耘，投入虽多，回报虽少，仍远离时髦，不为时俗所动，不求闻达于世，这一点，或许是在为我们后学作表率，真学问在枯灯下，文章如精金美玉，市有定价，非人能以口舌定贵贱，前贤所言，诚然不虚。

作为陈老师的入室子弟，说来惭愧，对于老师有声于海内外的蒙元史学问，本人未能稍窥门径，但对于老师的治学之道为人为师之道，敢说略知一二。以上直抒胸臆，以为吾师添寿，愿吾师善自珍摄，身强体健，称心如意！

弟子金民拜呈于台湾暨南大学学人会馆

2012年11月3日

师长的关爱

——忆魏良弢老师二三事

魏良弢老师虽然不是我的研究生导师，但他对我的关爱、奖掖和提携，却无时不在。记得他刚由新疆大学调回南京大学历史系不久，1988年上半年，我写了一篇有关清代江南与新疆丝绸贸易的论文，担心有关维吾尔族及其他西北少数民族方面的问题把握不准，就将论文打印件呈请魏老师把关。没过几天，魏老师返回拙作，只改动了两处异体字，并且告诉我，他已将论文推荐给新疆大学学报。听他这么说，我除了感动，就是喜出望外，其实我根本没有要他推荐发表的意思。论文因为过于冗长，A4纸整整三十页，四五万字，我还是史学界的新手，要全文发表是相当困难的。新疆大学学报的主编是个高手，将文中的多张表格全部删除，但保留了结论性内容，以上下篇的形式正式发表在《新疆大学学报》1988年第4期和1989年第1期上，此即《清代江南与新疆地区的丝绸贸易》（上、下）。此后据说不少人以为我是新疆大学的教师，几年间一直有人在打听范某的情形。直到如今，我发表的论文，无论长短，连载的其实仅此一篇。魏老师对我的指导和关爱，由此开始。

　　20世纪80年代末，似乎是全国高校教师也包括南大教师的住房最困难时期。我1986年7月留系任教，还是集体户口，住在六舍，三人合一间。后来结婚，妻子厂里"借"给我们一间房。一年期满，厂方后勤时不时地光顾寒舍，催促我们"归还"房子。承蒙同学深情，同屋的梁侃和沈卫荣不住集体宿舍，我们一家三口就"非法"地占住下来。集体宿舍面积不算小，可以凑合，但没有炊事设施，烧饭是个大问题，而且每间的用电量是受控制的，烧个"热得快"之类就会跳闸。家庭生活实在不方便，而且如此这般总非长久之计，于是念兹在兹，盼望着学校能分房子，不敢奢求，一间就行。这种情形和想法，不知魏老师怎么会知道的。他当时住在南园十五舍，热心得很，居然常常关注左邻右舍，随时告诉我们，哪里有房，哪间是空房。我当时好像评上了南京大学中青年学术骨干，向学校申请特批一间房子，据说学校也有这样的"政策"，似乎有了一点理由。既然掌握了一些空关房的信息，就硬着头皮到校房产科去口头申请。房产科的主事者真是管理房子的高手，据说学校的每一间公房，举凡地段坐落、面积朝向、楼层上下等状，他都清清楚楚。我开口提出要求后，他非常客气，但一连回复没有没有。我就报出魏老师提供的空房信息，说哪里哪里就有。主事者马上由和颜悦色转为一脸严肃，训诫道："南京大学那么大，总有特殊情况嘛，有几间空房不很正常吗？"我再木讷，也能听出主事者的潜台词，房子当然有，但不是为你留着的，像你这样身份的人，还没有资格来享受这样的房子。是啊，我一个青年教师，凭什么要求学校给我特批一间住房呢！事虽不成，魏老师对晚辈的关爱也并未有什么实际效果，但直到如今我感念不已。

魏老师关心我等晚辈的生活如此，关心我在学术上的成长那就不胜枚举。他不知从哪方面看出来，我没有通读过二十四史，至少两次一本正经地说，一定要通读二十四史。惭愧的是，至今我确实尚未通读全套二十四史。与魏老师"共事"几十年，时刻感受到他不失时机地在关爱着我。1994年，江苏省社科评奖，我申报了集体之作《苏州地区社会经济史（明清卷）》和个人专著《江南丝绸史研究》。前者是先师洪焕椿先生生前拟定的篇目，由罗仑老师主持，由我和夏维中师弟撰稿完成。有天魏老师突然问我："你到底希望哪本书获奖？"我说如果只能有一本书获奖，当然是集体之作。评审结束，魏老师兴高采烈地向我透露："你们的书是三代人的心血，评了个一等奖。"后来我才知道，他与系中另一位老师是历史组的评委。结果奖项公布，我们那个集体之作只是个三等奖。后来我也当过两次省社科奖初评的历史组组长，按当时的做法，初评一等奖，一般顶多降为二等奖，降到三等奖是不太可能的。或许评奖规则后来有所变化，或许那届评委综合考量也有难处吧，应该理解，我自然没有必要和兴趣去弄清楚这种虚浮名声背后的原委，有些事不知道比知道了要好。

1999年秋，我意外获得了哈佛燕京学社访问学者的邀请，机会难得，自然作各方面的准备。没想到，魏老师极力劝说，说不要出国，因为我要评博导，他说出国不重要，博导重要。我并不这么认为，此番如果成行，至少两大收获：一是到哈佛大学那样的学术交流中心度过一年，必然眼界有所开阔，专业水平有所提高；二是资助经费相当于20万元人民币，对我这个刚刚摆脱欠债之忧的小家庭来说至关重要。至于博导，只是时间问题，早晚一两年，没有什么大的区别。魏老师当时没有钱财的压力，又看得远，可能觉得学业发展快慢比钱财多少更重要。后来事实说明我的选择也没错，感谢校系两级领导和专家的宽容大度，我虽身在大洋彼岸，未能亲自述职，但博导还是评上了。而我不听话，魏老师并不为忤，当年12月9日，我给他写信，汇报在哈佛燕京学社的研究情形，他当即回了一枚明信片，附言几句。正文谓："新年快乐，学业猛进，全家幸福。魏良弢贺拜。"附文谓："你和李昌宪的博导资格已于12月9日正式批准。学校985工程正式启动，为你申报了江南经济重点项目。你12月9日的信我已收到。朱宝琴已调浦口校区，任党委书记。朱

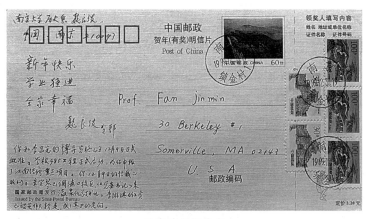

魏良弢老师手书

瀛泉任总支书记。李琳琦的工资已被安师大转走，成了真正的定向。"要言不烦，信息量大。

魏老师给我印象最深的是他对学术的严谨和严格要求。学者特别是人文科学的学者或许因为专业本能，对学术之事大多极为严谨。系中老师如业师陈得芝老师，一手漂亮的楷书；华涛老师每写一字，笔画清楚，大气端庄；系主任崔之清老师报销单上的签名往往难辨姓名，但出示的鉴定意见、专业评语乃至行政公文，都是一笔一画、严整漂亮；刘迎胜老师平时手书潦草随意，签名往往令人无法辨认，但审读论文、评人论著，明察秋毫、极为讲究。魏老师对待学术之事尤其认真。20世纪90年代中期，我们明清史方向有位硕士生论文答辩，我请他主持。临答辩时，他突然把我叫到过道对门的元史研究室，手指论文，大发雷霆道："你看看，你看看，什么东西，你们明清史是有点名气的，可照这样下去，是要完蛋的！"我一看，原来是硕士学位论文中有几处空缺。当时论文都是交外面的誊印社用老式中文打字机打印，有些冷僻字无法打印，只能手书填补。我曾审读过某名校的博士学位论文，主题词郑鄩之"鄩"，正文中几乎全是空缺，我好像还是给了"良"的等级。答辩时，我结合论文批评了那位学生做事不求尽善尽美而是草率粗放，而且论文新意殊少，价值不大，学生居然感觉委屈，犟在那里不愿出场回答问题。本科生、研究生批评不得，至迟从那个时候就开始了，世风日下，遑论现在！

魏老师对学术的严要求，更体现在他指导博士生方面。他指导的博士生，现在很多人是学界的名流、学术的中坚，

魏良弢老师指导的博士学位论文答辩

至少在历史系，培养的博士生主要是学者，他是特别出名的。他指导研究生用的什么法宝，我完全不知道，我只对他安排博士生论文答辩略知一二，隐隐感觉到他的高标准严要求。承他青眼有加，大概他指导的后十届博士生的论文答辩，总会请我参加，而且答辩委员会的决议，大多交由我起稿。据说，他那个中古史方向的博士论文，内部有个"规定"，错一个字，罚50元钱，或者发现者，得50元钱。因而我常对他们调侃，真是这样，那我参加你们的论文答辩，是会发财的。此话当然不能当真。但至少说明，魏老师指导博士生论文，字斟句酌，直至文字输录都是很讲究的。魏老师的博士生论文答辩，还要求不许迟到，他有句口头禅，"开会聚会，准时就是迟到"。细细想想，真是这样，若与会的每个人都准时到场，那会议一定不会准时开始的。

魏老师对论文答辩的讲究，还体现在安排论文答辩事宜。我们历史系的研究生论文答辩，也许因为研究方向繁夥，答辩专家基本上都是导师与学生商量后邀请的。魏老师严格遵守学校的答辩规定，外请两位专家，一位是邻校教授，一位是江苏社科院之类研究机构的专家，最好是跨学术方向的。我的印象中，南师大的于琨奇教授和江苏社科院的许辉研究员就曾多次出席过中古史方向的博士论文答辩。答辩专家由导师出面自请，意味着论文送审等琐事由导师和学生自理。魏老师每次郑重其事，礼数周到，总会事先电话邀请，然后送来的论文，扉页导师栏上必有他的签名。哪像现在，有些方向导师是不出面的，往往只是学生来个短信，告知你答辩时间，从信箱中收到的论文也很少见导师的签名。

导师自行组织答辩，也意味着答辩费由导师和学生自出。南大的做法是，每名博士生，每年下发900元，归在导师名下。如此区区小钱，仅支付博士生的论文打印、外审和答辩费就远远不够，更不要说其他如外出开会查资料的差旅费，论文打印费，答辩时的茶水费、聚餐费等。如此一来，答辩费出多少、由谁出，就是一个实笃笃的问题。历史系的研究生论文答辩，各个方向各将本事跳龙门，答辩费的支出多种多样，出款人或师或生，高下则相当悬殊，形式则明暗有异，高者每篇二三百元，低者每篇有仅五十元者。我们明清史方向，基本上是参照以往甚至外校标准，不丰不啬，由我和师弟夏维中教授与学生分担，维中师弟特别大方，每年的研究生聚餐费基本上是由他包揽的。魏老师方向的博士生论文答辩，好像是由学生出的，而且每篇多年来固定在200元（好像最后一届因为天热，未安排午餐，答辩费是300元，出席答辩的蒋广学老师以至大为感慨，说："300元，把我们都打倒了！"），这也许因为他指导的学生大多是在职生，有工资收入，底气较足。答辩费是小事，但处理不好，也会引起意想不到的麻烦。听说邻近某研究方向，就因为有位答辩专家开了句玩笑，引致龃龉不断。魏老师见多识广，毕竟老到，听说常常在答辩前一天，召集学生，当面包封答辩费，并且由他亲自开具红包名讳，做事极为细致。近日居然不经意找出了魏老师开具的一个信封，可以证明我所说一点不假，寥寥数字，但别具意蕴，颇有珍藏价值。

（原载《江苏文史研究》2023年第2期）

老树春深更著花

——评《徽商研究》

张海鹏教授主持下的安徽师范大学徽商研究中心，十数年来集中研究徽州商人。近年安徽人民出版社推出了张海鹏、王廷元先生主编的《徽商研究》（以下简称《徽商》）。全书11章，54万余言，既是徽商研究的集大成之作，也是迄今为止国内传统商人研究篇幅最为宏大之作，在林林总总的商人研究中，恰如根深叶茂的老树，又当融融春日开出了绚丽的花朵。今将其主要特色略述于此。

一、《徽商》一书系统地论述了徽商的兴衰历史

徽商是明清以来全国著名的商帮，称雄商界三百余年，系统揭示它的盛衰历史，绝非易事，此前未有专书。《徽商》开宗明义，首先探讨徽州商帮的形成与发展，认为以乡族关系为纽带所结成的徽州商人群体开始于明中叶，从成弘之际到万历中叶的一百余年是徽州商帮的发展阶段，从万历后期到康熙初年的近百年间是徽商发展遭受挫折的阶段，从康熙

国家社科基金资助项目
国家八五规划重点图书
主编／张海鹏　王廷元

安徽人民出版社

《徽商研究》书影

中叶到嘉道之际的一百数十年是徽商的兴盛阶段，从道光中叶至清末的近百年间是徽州商帮的衰落与解体阶段。这样的阶段划分，是在全书深入考察的基础上得出的，也是符合徽商的兴衰实际的。值得注意的是，《徽商》认为徽州商帮兴起的标志表现为：徽人从商风习的形成，徽人结伙经商的现象已很普遍，"徽""商"二字已经相连成词，成为特定概念被时人广泛应用，作为徽商骨干力量的徽州盐商已在两淮盐业中取得优势地位。这是今人关于商帮的完备表述，既适用于徽商，也可推之以衡量其他商帮。

　　《徽商》既从纵向厘清了徽商的发展线索，又从活动地域、行业范围以及各业的变化等横向探讨了徽商的经营状况。如果饾饤罗列、巨细毕述，则远非几十万字所能囊括。《徽商》不求面面俱到，而是高屋建瓴，抓住关键，活动地域以长江流域，又以上海、苏州、芜湖、武汉、两淮地区为主干，经营行业则以盐、茶、典、木、粮、布为重点。长江流域是徽商最为活跃、势力最大的地区，上述各业是徽商的龙头或支柱行业。因此，这样的安排是颇具匠心和眼力的。而在具体考察徽商的活动时，论一个地区必兼及与其他地区的联系，注意对当地社会经济发展和明清全国商品流通的影响；论一个行业必时时与其他行业相比较，以把握该行业在徽商全部经营行业中的地位。就这样，纵横捭阖，瞻前顾后，既对徽商的活动作了细致考索，又对徽商的影响作了全面客观的评价。尤其是《徽商与两淮盐业》一章，更写得有声有色，将徽商进入两淮及其活动与各个时期社会政治环境和盐法改革结合起来，不但指出开中折色和实行纲运制是导致明代中叶徽商涌入两淮的主要原因，清代恤商裕课政策的实施吸引了徽商再次云集两淮，而且认为徽商称雄两淮有着地缘的、文化的、政治的和宗族的种种优势。这样的论述，既与徽商在两淮的活动轨迹相吻合，也有令人耳目一新之感。

二、《徽商》一书准确地揭示了徽商的发展特征

明清时代各大商帮称雄逞能，既有共性，又有个性。目前的研究，既需全面总结其共性，更需揭示出一个商帮的特性。《徽商》在展示徽商活动全貌的同时，始终立足于勾勒徽商的主要特征。

徽商的一个重要特征是与封建政权的关系特别紧密。《徽商》讨论这一点的篇幅约占全书五分之一。《徽商》认为，低下的社会地位，动摇的经济地位，懦弱的政治品格，使商人难以形成一支独立的政治力量，更难以把握自己的命

运，为了寻求政治保护，获取垄断经营的特权，借势行私，或者为了扩大影响，提高声望有利竞争，徽商通过交友联谊、联姻攀附、行媚巴结、跻身士林、报效朝廷等手段以达到目的。徽商与封建政权既有矛盾，又紧密结合，既受勒索盘剥之苦，又获垄断经营之权，既大受其益，又深受其害。《徽商》以大量生动形象的事例，将徽商交结官吏名士的良苦用心，以及得到朝廷和地方政权庇护时的得意神态和遭受各种势力刁难时的窘境，尽情地展示了出来。

徽商的另一个重要特征是"贾而好儒"。徽商业儒出身者居多，多以儒道经商，大多雅好诗书，文化素养较高，徽商之家多延师课子，热心儒学教育，资助文化事业，徽商子弟以业儒成立而位居高位者莫不关心商贾利益。徽商的这种特色，促使其得以直接攀援封建政治势力，也促使其与封建宗法势力黏合得更紧密，虽一定程度上有助于商业的发展，却也加强了其封建性。指出这一点是重要的，这是徽商异乎其他商帮之处，也是徽商迅速发展的一个重要原因。

徽商的经营之道也颇具特色。《徽商》将其总结为：讲求商业道德，争取广大顾客。主要表现为崇尚信义，诚信服人，薄利竞争，甘当廉贾，宁可失利，不愿失义，注重质量，提高信誉；把握市场信息，争取灵活的经营策略；广结各方良缘，创造良好的外部环境；善于用人尽才，建立和谐的内部环境；热心公益事业，提高知名度和美誉度，并认为这样的经营之道有利于开拓市场在竞争中立于不败之地，有利于克服商务发展中的障碍。我们知道，留存至今的明清商业书，绝大部分是由徽商编著的，内容极为丰富，反映出来的经营之道，是我国传统商业经营的瑰宝，既有进行学术总结的必要，也有现实挖掘发扬光大的意义。《徽商》不仅将徽州商帮经营之道的特色全面而又确切地勾勒出来，而且提出了以往论者多忽视的商人经营的内外环境问题，富有新意。

热心文化事业，文化品位较高，是徽商的又一重要特征。徽学博大精深，在地域文化中独树一帜，而其成就与徽商大有关系。《徽商》着重在徽商与徽州教育、徽州建筑、徽州园林、徽州刻书、新安画派、新安医学、扬州园林等方面探讨了这种关系。《徽商》指出，由于徽商的作用，徽州教育兴旺发达，造就了一大批缙绅官僚，也造就了大量具有相当文化基础的商业人才及其他各种人才，从而提高了徽商集团的文化品位和徽州人的整体素质。书中列举的大量徽商及其后代与徽州文化、明清学人关系的事例，更为我们进一步研究经济与文化、商人与士人的关系提供了极为难得的实证。

此外，《徽商》对徽商的资本来源、资本构成、资本出路、消费心理、经营内容、活动地域等方面的特点，也作了深层度的剖析，条理清晰，大多允当。

正是在对徽商各方面的特征作了深入考察后，《徽商》得出了徽商是封建性商帮这一基本特征的结论。细心人可以意识到，这既是对徽商精心研究后得出的结论，也对其他商帮的研究具有参考价值。笔者以为，目前对商人的研究随着当前市场经济建设的步伐已全面展开，正逐步深入，但个别研究对传统商人有过于拔高美化之嫌，有夸大其作用的倾向。《徽商》的结论，不啻是一帖清醒剂。

三、《徽商》精心挖掘了大量第一手资料，深入探讨了有关问题

《徽商》作者长期来积累了丰富的相关资料，如徽商既然长期称雄商界，执南方商界牛耳，其经营方式自然十分重要，垂意者也多，遗憾的是过去所引材料似乎还不足以说明问题。《徽商》关于徽商经营方式一节，是根据从几千份徽州契约文书中爬梳出来的《万历四十一年奇峰郑氏清单合同》《康熙五十七年吴隆九包揽承管议墨》《康熙六十一年汪乾初汪全五立议合同》和《光绪十一年祁门郑丽光等合租碓房合同》等徽商合同整理研究写成的；以新的材料、新的思路探讨了尚未有过系统研究的徽商的独资式、股份式和承揽式的经营方式及其相互之间的转化。所论使我们得以一窥徽商经营方式的底蕴，也为揭示其他商帮的经营方式提供了参考。而依据徽商的原始记录及认识得出的合伙股份式经营是徽州商人特别是中小商人经商时乐用的经营方式的结论，则无疑促使人们必须重新考虑已有的认识，其重要意义在日后的研究中将更为明显。

徽商的资本出路，自明清以来即有不同看法，也关系到对传统商人的总体评价。《徽商》用了不少笔墨辨析原有的各种说法，更以万历汪氏阄书和第一次公开面世的嘉庆、道光年间的胡开文分家阄书来考察徽商的财产继承原则、资本出路及其对徽商经营的影响等。可以说，要准确、详尽地表

明徽商资本出路没有比阄书更有用的材料了，其资料价值已远远超出了徽商研究这个范围。作者更敏锐地注意到胡氏分家不分店，而凭商品质量和经营管理，使胡开文墨店能持续经营170年，分店遍布半个中国，当代的商品经营者也可从此获取有益的启迪。

可见，资料不但宏富齐备，而且新颖珍贵，构成《徽商》的又一基本特色。《徽商》之所以论述深入，既与作者对徽商把握之准之透有关，也与作者掌握的资料之多之新大有关系。

毋庸讳言，《徽商》是集体之作，讨论问题多，存在这样那样的不足或缺失也就在所难免。笔者以为，《徽商》一书也有不尽如人意处，一是或许因体例所限，既要以行业论，又要以地域论，同一材料重复引用也就较为突出，个别材料至有三用四用者。二是苛求点说，对徽州海商的论述不够，相对薄弱。三是个别论点还值得商榷，如认为徽商只抗倭而无通倭者，但海盗与海商是否能截然分清？汪直等海盗是否就完全不是海商，似乎还需要缜密论证；再如认为徽人左儒有之，但未曾右贾，笔者觉得这或许是相对他地而言的，如较之江南，徽州则明显倾向于"右贾"，商人地位较高，若就事论事，恐难界定。

（原载《中国社会科学》1997年第2期）

一代才华著典型

——读樊树志《晚明史（1573—1644年）》

　　纵观国际学界，迄今有关明代史的通史类著作，举其重要者，有汤纲、南炳文的《明史》，牟复礼、崔瑞德编的《剑桥中国明代史》等，但对明代历史上有着重要地位的晚明时期的专史，却付诸阙如。樊树志的新著《晚明史（1573—1644年）》一书（复旦大学出版，2003年，以下简称《晚明史》），专门论述万历到崇祯末70余年的历史，因而在明史研究的学术史上，具有填补空白的重要意义。

　　全书由导论和正文13章构成，对晚明时期作出了深入而又较为全面的探讨，较大程度地丰富了晚明历史的内容，揭示了晚明社会的发展特点，从而将明史研究的进程又向前推进了一大步。

　　作者先后出版过《万历传》和《崇祯传》等颇具学术影响的晚明皇帝传记，又发表过有关晚明政治、经济和社会等方面的系列论文。蓄积既厚，思虑又深，在坚实基础上呕心沥血而成的《晚明史》专著，其贡献和价值迥出时人同类著作之上。全书对重大问题的把握，举凡首辅之争，隆万新政，神宗与张居正的恩怨，万历三大征，明末三大案，东林与复社，明廷的抚与剿、战与和，晚明中国在世界全球化经济中的地位等，堪称允当。不少评论可谓入木三分。如评"救时宰相"张居正的功过得失，仅引录时人的三言两语，说其"威权震主，祸萌骖乘""功在社稷，过在身家""工于谋国，拙于谋身"，就概括了一代名相张居正的人生特征和社会地位。再如万历年间的平定播州叛乱，在明清两朝改土归流和加强中央政府对西南地区的有效统治方面有着较大的作用，作者采朱国桢之说而摒弃申时行之说，认为将之视为万历一朝的盛事并不过分，应该说是很有见地的。

　　明中后期起，社会经济有了新的发展，市镇经济的成长和发展是其显著特点，构成了晚明史的重要篇章，以往通史类著作偶有涉及，但不深不透，语焉不详。作者在长期积累、潜心研究的基础上，对市镇兴起的社会经济前提，集市与市镇的区别，江南市镇的发展过程与分布格局，江南市镇的类型及其各自的比重，江南市镇与国内外市场，市镇在江南社会经济发展中的地位

《晚明史（1573—1644年）》书影

与作用等，作了系统而又深入的探讨，从而较大程度上真实地再现了晚明史的内容，其一系列结论也代表了中国学者在相关领域的研究水平。

作者纵横捭阖，论证结合，从头绪纷繁的晚明历史中，获得了诸多具有创意而有说服力的观点。对于嘉靖倭乱的原因和实质，近年看法较多。作者在考察了嘉靖大倭寇与朝廷政策、社会经济发展的关系后指出："真正解决'倭患'的关键之举，并非戚继光、俞大猷的'平倭'战争，而是朝廷政策的转换……'嘉靖大倭寇'所引起的'倭患'的实质是海禁与反海禁的斗争，要从根本上解决问题，朝廷必须放弃海禁政策。"这一结论，点到了问题的实质，富有启发意义。耶稣会士与西学东渐问题，是一个研究得相当深入的问题，而又是晚明史的重要内容。作者认为，耶稣会士不仅带来了西方先进的科学技术与文化，而且使中国在经济上融入世界的同时，在文化上也融入了世界。这后一点，几乎是前此的相关论著从未提及的。神宗在位48年，近30年晏处深宫不理朝政，既有研究认为其"溺志货财，也就没有心思过问朝政"，或者认为是专用"软熟之人"申时行所致。作者认为申时行的迁就为神宗的独断专行创造了条件，而不是为他的荒怠疏懒提供方便，神宗怠于临朝的最主要原因是长期耽于酒色，以致疾病缠身，对于日理万机感到力不从心。万历年间开始兴起的东林学派，自当时起直到当今，大多将其视之为政党而展开立论，实际上只是当时反对者强加在其头上的"诬蔑"之词。东林只是学派而非政党，虽然并非《晚明史》倡立的新说，而早在1987年，洪焕椿先生就在香港的《九州学刊》（第3、4期）上发表《东林学派与江南经济》（后来收入氏著《明清史偶存》，南京大学出版社，1992年）长文，提出顾宪成、高攀龙这些东林的核心人物是深恶朋党的，甚至东林后人黄宗羲也根本否定过把东林与党祸连在一起的错误说法。但是《晚明史》的立论角度与洪焕椿有所不同，在是否是"党"的论述上更加全面深入，分析得更加透彻。对东林非"党"再予以强调和开拓，也是有着较为重要的学术价值的。袁崇焕杀毛文龙，历来看法不一，大多谓毛文龙桀骜跋扈，又有通敌之嫌，其罪该死。作者精心梳理史实，认为袁崇焕对毛文龙确有成见，所列12条罪状，真正够得上罪状的只有二三条，罪不至死，袁杀毛属同室操戈。这样的看法就更符合实际。

　　作者不独具史识，兼且讲运笔之法。全书以叙事方法，用优美的文笔，流畅的语言，反映晚明斑驳陆离的历史。书中随处可见赏心悦目、形象生动而又精审到位的文句。如描写张居正与高拱斗法，穆宗临危托孤，神宗母子关于国本的对话，神宗、思宗性格的描写，大多择用时人的原话或形神兼备、声情并茂的对话，读来栩栩如生，犹如身临其境。梁启超说，只有材料而文字欠优的史著，只是粗糙的史学。如《晚明史》这样可以与古人对话的史书，材料与文笔兼胜，说它是精品，恐不为谀。

　　晚明文献浩如烟海，内容也相当芜杂，如何取舍颇见功力。《晚明史》着力征引当时人的记录和官方邸报等，当事人的文集、日记等尤多发掘和利用，不少文献如顾鼎臣《顾文康公文草》、江东之《瑞阳阿集》、钟羽正《崇雅堂集》、陈继儒《眉公见闻录》、项鼎铉《呼桓日记》、徐肇台《甲乙记政录》与《续丙记政录》、文震孟《文文肃公日记》等，未见或少见前人引用，作者披沙拣金，皆从辛苦中得来，而且注释规范详细，了无时下通史类著作辗转抄袭错讹迭出的毛病。

《晚明史》也非常注意吸收国际学界特别是日本学者的最新研究成果。书中所引的国内外学人的看法，仅就日本学者而言，西岛定生、山根幸夫、小野和子、森正夫、滨岛敦俊、川胜守、滨下武志、岩见宏、谷口规矩雄、岸本美绪、岩井茂树等，都是富有代表性的。作者站在学术前沿，及时与国际同行交流对话，容纳了海外一流学者的学术新成果的《晚明史》，从一定意义上说，代表了国际学界关于晚明历史研究的新成就。

（原载《中国图书评论》2004年第6期）

杨国桢老师研究明清土地契约文书的贡献

——阅读《明清土地契约文书研究》的一点体会

有幸参加这样的盛会，首先要敬祝我们的杨老师，身体健康，开心如意！

我们都知道，杨国桢老师的研究领域是三大块：一块是晚清民国人物研究，一块是明清社会经济研究，还有一块是中国海洋文明研究。在我看来，杨老师的《林则徐传》是特别体现出他聪明和史笔之美的一本名著，《明清土地契约文书研究》则特别地反映了杨老师的史学功力和底蕴，而近30年来由他倡导和领航的中国海洋文明研究，我觉得最能体现出他的学术眼光和境界。我们这次会议的主题是海洋与中国社会，对杨老师主编和撰写的几十本专著，我曾写过两篇书评，所以不在这里赘述。为了这次会议的主题，我又提交了一篇小文章《清代开海初期中西贸易探微》，该文已经收在会议的论文集里了，大家有兴趣可以去看，我在这里不再重复。

我倒很愿意说说他的《明清土地契约文书研究》（人民出版社，1988年），像这样的一个议题，这么一个专门的内容，书能写到这个样子，在中国学界相关专题里，到目前为止我没有看到第二本。我觉得杨老师是真正读懂了明清土地契约文书，真正自如地用他的妙笔介绍了明清土地契约文书的形式和内容。这本书的第三个贡献，是在介绍文书的形式和内容的同时，提出了很多命题。我就曾受他这本书的影响和启发，从里面找到了两个很小的，但是我觉得很能说明问题的题目。

明清时期特别是清代的房地产买卖，是否买卖双方一旦合意即会签订正契，直接完成田宅转移过程？在此之前，是否需要有些前期准备，以确保一应交割手续的切实落实？有关这些问题，前人殊少论及。只有杨国桢老师早在20世纪80年代后期就发现，"当双方有意约日立契成交时，卖主一般需先签'草契'，或者由卖主（或中人，又称居间）写立'草议'；买主则先付一部分定金，表示信用"。他并且介绍了至今保存在日本东北大学的三件道光后期的草议，认为书立草议后，"买卖关系已

《明清土地契约文书研究》书影

经确定下来。到了正式订立卖契之日，经账、草议之类的文书便失去了时效，成为废纸"（第237页）。该文虽然内容简单，却揭示了长期为研究者所忽略的问题，即田宅买卖过程中存在先期订立草议的重要一步。笔者受杨老师所论的启发，长期关注清代房地产买卖形成的"草议"，此类草议，除日本东北大学之外，日本东京大学东洋文化研究所、京都大学法学部均有收藏，相关文献中也有一些。其年代自康熙初年直到光绪年间均有。我近年撰写了《"草议"与"议单"：清代江南田宅买卖文书的订立》一文，发表在《历史研究》2015年第3期上。杨老师的先行介绍和本人的研究说明，如果要分类介绍性叙述中国历史上的房产买卖文书的形式，应该加上草议一类，而后才是正契，此重要一环才能补上。

中国历史上的土地买卖，长期存在亲邻先买权，到元代时还流行"陈告给据"（或称"公据"）和"立帐批问"（或称"问帐"）的必须先行步骤。至元六年（1269）的命令中说："须典卖者，经所属陈告，给据交易。""陈告给据"即典卖房地产的主人向官府（通常是县一级）陈告，获得官府许令交易而所给的半印勘合公据（公据的格式大体是：申请人姓名、居地、典卖土地的位置和四至，官府调查核实的经过，发给公据的字号，领取公据后进行典卖的手续，最后是发给公据的时间）。"立帐批问"就是征询亲、邻、典主是否愿意典卖土地的通知书。公据为第一步，问帐为第二步。①

————————

① 参见陈高华《元代典卖土地的过程和文契》，原载《中国史研究》1988年第4期，收入氏著《元史研究新论》，上海社会科学院出版社，2006年，第2—5页。

杨国桢先生与作者在两广田野工作坊间

明清时期如何呢？杨老师敏锐地注意到存有经账一类文书，叙述道："明时，立帐取问一般演变为口问，出卖于亲邻之外所立的文契上，大多书明'尽问房亲不受'之类的用语，而亲邻在文契上的画字，则表示他们确认契文的效力，并承担有日后发生争执时出头证明的义务。到了清代，先尽房亲、地邻的习俗依然保存下来，但在文契上的限制有所松弛，可以不必用文字在契内标明。契约关系上的这种变化，说明清代在土地买卖的自由上有所发展。日本所藏清代江苏的卖契，都没有先尽亲邻的记载，直书'情愿央中'卖到某处。但实际上，这只是对先问亲邻俗例的略写，并不表示亲邻先买权的消失。值得注意的是，有些地方还存在问帐制度的残余，使用'经账'的文书形式。"接下来，杨老师介绍了收藏在东京大学东洋文化研究所的房宅经账和田地经账各一例，再断言："经账是觅卖文书的一种形式。账上虽未提及亲邻，但和写立卖契一样，是'不瞒亲房上下'的，只不过后者采用口问的形式。"（第235—237页）这是要对房地产买卖实际运作及其文书具立相当熟悉才能臻此境界的。杨老师介绍的经账文书，除东洋文化研究所之外，京都大学法学部所藏文书中有一件房产经账（咸丰六年）。经账文书的尚存人寰，为我们探讨或论证明清时期房地产买卖民间俗例的生命力和影响力再添典型事例。

这两个很小的事例说明，我们要研究房地产买卖的实际运作及契约文书的实际具立，只有对文书相当熟悉才行。我现在怀疑很多号称文书专家的人其实没有通读过这本书。假如我们认真通读了杨老师的这本重要著作，有些少见多怪的事，特别是研究晚近以来土地文书的很多武断的、草率的结论大概就可以避免了。

（原载陈春声、郑振满主编《涛声回荡——杨国桢先生八十华诞纪念文集》，社会科学文献出版社，2020年）

商海树高樯

——评《商人与中国近世社会》

　　马克思说过，商人是这个世界发生变革的起点。智退秦兵的"弦高犒师""乐观时变""人弃我取，人取我与"的计然之策，不仅驱使了历代商人长袖善舞、乘坚策肥，在中国这个古老世界的艰难历程中发挥举足轻重的作用，也吸引了广大学者潜心研究，孜孜探求商人如何不断完善创新其经营牟利之道，如何千方百计在各方面发挥作用。就笔者所经见，论述中国近世商人的著作，探讨明清商人和商业资本的，有傅衣凌的《明清时代商人及商业资本》，探讨商人组织的，有日本根岸佶的《支那ギルドの研究》和《上海のギルド》、全汉昇的《中国行会制度史》、何炳棣的《中国会馆史论》、邱澎生的《十八、十九世纪苏州城的新兴工商业团体》；探讨商人伦理的，有美籍华裔余英时的《中国近世宗教伦理与商人精神》；探讨地域商人的，有日本寺田隆信的《山西商人研究》、张正明和葛贤惠的《明清山西商人研究》、美国曼苏恩的《地方商人和资产阶级 1750—1950》（Susan Mann: *Local Merchants and the Chinese Bureaucracy*, 1750—

1950）等。这些著作或有所侧重，或立意相近，专论商人的某一方面，或以地域为限，专论某地的商人，可以说还没有一本是全面论述近世中国商人的，有之，则自唐力行《商人与中国近世社会》（浙江人民出版社，1993年）始。唐著（以下简称《商人》）正是第一部全面论述16世纪前叶中国商人的煌煌新

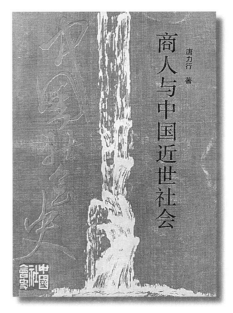

《商人与中国近世社会》书影

编，把握了商人的发展脉络，揭示了商人的发展特色，探讨了商人在中国社会现代化过程中的重要作用，从而填补了中国商人史乃至中国经济史的空白。

现就《商人》的主要特色和需要更深入研究的若干问题略作评述。

一

在体系结构上，《商人》一书始终贯穿着一条主线，即近世商人发展的基本面貌和艰难历程。全书8章23万余字，篇幅不算宏大，结构并不复杂，但涉及的内容相当广泛，举

凡传统社会的商人、商帮的兴起、商人的组织、商人的生活、商人的文化、商人在近世社会演进中的作用等都包罗在内，而又围绕上述主线，纵横兼顾，着重对近世商人发展中的一些重要问题作了系统而有益的探讨。

关于商人的处境问题，这是探讨商人发展轨迹所难以回避的问题。《商人》作者纵观上下两千年，注意到中国封建社会在大一统王朝时商品流通条件极为有利，但又必然重农抑商，限制商人的活动，干预商业的发展；在分裂割据时期政府往往采取有利商业的政策，却又因关卡林立、商税繁杂、币制不一、通货不足以及战争本身等严重妨碍商品流通。作者将这一现象称为"两难境地"，认为中国商人所面临的要么是专制的大一统政权，要么是军阀割据，似乎别无选择，两者必居其一。又由于传统社会的结构决定了商人末等的下贱地位，因此又使商人陷于财产和地位的两难境地。这种观察，是鸟瞰式的，从宏观立论，大致符合传统社会中商人的实际境遇。由于没有政治地位，商人或捐纳出身虚衔，或交结公卿权贵，或捐输报效皇帝，以抬高身阶；由于社会地位低下，商人或附庸风雅，或兴办善举，以博取名誉。为了保守财富，他们必须谋求地位，"以末致财，以本守之"，或转入地主阶层，或培养子弟读书，转入仕的层次。商人的这种可悲际遇，令人扼腕痛惜。对于商人的这种困境，余英时在其《中国近世宗教伦理与商人精神》中已略有提及，只是未曾展开，《商人》不但揭诸标题，而且反复阐述。仅此一点，就会令读者虽掩卷而长思的。正因为商人的这种矛盾心态和本质上的软弱性，使得他们中间有些人在近代人民革命斗争中作出了错误的选择。《商人》得出这样的结论，也就显得十分自然，极为中肯。

关于商人的价值观念。近世商人虽然处境艰难，但仍然风餐露宿，奋力拼搏，推动着商品经济的不断向前发展。伴随着商品经济的发展，商人对其自身价值和社会各界对商人价值的认识也在不断提高。以往论著虽有商人价值观念方面的论述，但大多一鳞半爪，既不系统，又不深入。《商人》用了整整两章的篇幅，纵横捭阖，对这种价值观作了较为系统的总结。作者将近世商人的价值观以鸦片战争为限分为前后两个时期，指出，近世前期商人的四民观已将传统的士、农、工、商改列为居于上层的士与商和属于下层的农与工，甚至还有士不如商的说法，随着资本主义萌芽的诞生，商帮的形成，社会上的士商合流，商人们提出了士商平等、农商皆本的新价值观；近世后期，在民族危机深重的背景下，商人对其自身价值有了进一步认识，把商放到了四民的首位，放到了国本的重要地位，这种价值观在清末甚至得到了政府的认同。这个结论，是分析商人的大量言论、士大夫的呼声、政府和社会的看法后得出的，论据充分，具有极强的说服力。更令人信服的是，作者不但将近世前后期商人的价值观作了比较，而且还把它与同时期西欧的商人价值观作了比较，既揭示了中国近世商人价值观的进步性和重要意义，又指出了其局限和落后的一面，显示了《商人》作者真正地把握了评判这一问题的尺度。

关于商人组织的演变问题。随着商品经济的发展，近世社会商人的组织也日趋完善。对明清时期的会馆公所和清末民初的商会，研究者代不乏人，但专论虽多，通论者尚少。《商人》一书则用了一章多篇幅系统作了论述。认为它经历从亲缘到地域到业缘的发展，与此相对应则是从宗族到会馆到行会公所，再加上作为资产阶级结集场所的清末的商会。这就将商人组织的发展变迁一以贯之地清晰勾勒了出来。宗族是血缘和亲缘地域的共同体，现有研究从没有将它视为商人的亲缘组织，《商人》这么划分是否准确，可以另当别论，但作者注意到近世各地域商人与宗族的普遍结合，宗族势力在商业经营中发挥了不可或缺的作用，则是十分可喜的，反映了作者在这一问题上的敏锐洞察力。

关于商人与封建政府的关系问题。商人既反对各级封建政府的重税苛征，痛恨无端掠夺等超经济搜刮，又希望获得封建政府的庇护，谋取经营特权，对付地方势力，镇压雇佣劳动者的反抗斗争；封建政府既在政治上歧视商人，又在某些商品的经营中赋予商人种种特权，并从商人那里得到经济上的回报，甚至让商人源源生息，这就决定了近世商人与封建政权之间的不解之缘。《商人》一书以徽州商人为典型，着重在商人一方对此作了探讨。作者指出，商人通过培养子弟业儒、联姻结亲、攀援政治势力、不惜巨资捐输报效、捐衔捐监等手段投靠封建政权，以达到"借资贵人倾下贾"的目的，以增强经济上的竞争力，他们同封建政治势力的结合，在经营盐业等专权商品时表现得尤为突出。书中列举了身为两淮八大盐商之一的妻子汪太太的例子，该氏为迎接乾隆圣驾，独出数万两银子，连夜造成三仙池，大得乾隆帝赏赐。汪太太之举，十分典型地代表了徽商攀附封建政权的行径。徽商既然如此自觉和不自觉地附到封建政权的皮上，随着封建政权的垮台，他们也必然迅速瓦解消亡。作者叙述了大量事例后，精辟地指出，"徽商和晋商都成为腐朽清帝国的殉葬品"。《商人》对这个问题的有关论述和所举事例，都是富有说服力和极具典型意义的，准确地揭示了商人与封建政权盛衰与共的紧密关系。

<h1 style="text-align:center">二</h1>

在内容安排上，《商人》一书转换视角，另辟蹊径，不乏发前人所未发者。

如商人与资本主义萌芽及在资本主义发展过程中的作用问题。资本主义萌芽是一个讨论比较深入的课题，尽管学界对有无萌芽、何时出现萌芽等存有不同看法，但认为明后期已经有了萌芽则是多数学者的共识。《商人》探讨的是近世商人及其在经济发展过程中的作用，就不可避免地涉及这个问题。以往探讨资本主义萌芽的产生前提，多从自然历史进程，即生产力的发展、社会分工的扩大、商品经济的发展及其对自然经济结构的破坏、白银的广泛流通等角度论证。《商人》认为探讨萌芽不能纳入西欧历史的模式而过分强调其完全是自然历史进程的产物。作者从世界市场这一全新的角度探求，认为16世纪后世界市场对中国商品的需求，刺激了商品生产的发展，江南市镇的兴起、充当货币贵金属白银的广泛流通、商业资本向产业资本的转化等社会经济新因素的综合发展，使资本主义萌芽得以发生，而从生产与流通作为一个整体角度出发，考虑到世界市场下需求量最大的商品生产部门最先产生了资本主义生产关系，因此海商特别是徽州海商的经营活动直接促进了资本主义萌芽的诞生，而且本身就具有资本主义萌芽的性质。这个结论是否能够成立，是否符合历史实际，还有待缜密的论证和进一步讨论，但作者另辟蹊径、不袭成说的探索精神，将生产与流通视为整体、国内生产与海外市场联系起来的开阔思路和视野，却是令人钦佩和值得充分肯定的。

再如商人与社区的关系问题。人们论述商帮的兴起、商人的经营活动，大多只探讨商人兴起前当地的社会背景和自

唐力行老师与作者

然环境，而很少探讨商人对家乡变化所起的作用；大多只论商人本身，而几乎从未触及商人的家庭。很明显，这些涉及人类学、地理学的问题，既十分重要，又具有相当的难度。《商人》作者在对徽商及徽州社会长期研究的基础上，力聚功专，开辟《商人与社区生活》一章，从商人与妇女、商人与家庭、宗族结构、商人与社区生存空间的开拓、商人与社区的相互作用等方面，对商人与社区相互作用的有关问题作了细致入微、探幽寻隐式的考察。在论徽州商人妇女时，作者指出其作用为：为徽商提供原始资本姻戚互助，组成商业网络，攀援封建政治势力，主持家政使商人无内顾之忧，直接参与商人经营等。这样具体的论述，使得我们对商人妇作用的轮廓认识变得清晰明白起来。作者论述徽州商人妇女的命运时，指出是"妒妇比屋可封"与"新安节烈最多"的杂糅，商人的肉欲横流与理学的道貌岸然相结合。当我们不禁为商人妇的这种命运或歌或叹时，作者又以沉重的笔调写到，商品经济的钟摆刚刚向着有利于妇女解放的角度倾斜时，历史的重力又迫使它向着相反的方向摆去，从而造成一种新的平衡。从作者的论述，我们不禁思忖，商人妇的这种悲惨命运，难道不是封建社会各个妇女阶层的缩影吗？作者在对大量的族谱量化分析后，又深入考察了徽州家庭内部的年龄、婚龄、育龄和世代组合的情况，指出徽州家庭—宗族结构在近世初期发生了较大变化，形成了小家庭和大宗族的格局，徽商在这一变化中起了关键作用。这种结论虽自徽州一地得出，难道不也适用于其他商帮兴起地吗？在探论商人对社区生存空间的开拓时，作者以都为单位，对徽州所属的歙县、休宁和绩溪三县的所有村庄一一详加考释，利用现代统计手段，计算出了各都的人口密度。这样小范围的地域人口复原，恐怕在相关研究中还是很少见到的，其工作的难度是不言而喻的。而从人口密度的前后、各地变迁来寻找商人经商的外在动力，无疑是具有开拓意义，富有启迪作用的。

再如商人文化问题。余英时在其《中国近世宗教伦理与商人精神》一书中指出，商人"置身于上层文化和通俗文化的接笋之处""商人的意识形态在这一中间地区实占有枢纽性的地位。"[①]余氏似乎想提倡这一中间文化层次新说，也对近世前期的贾道进行了发掘和探讨，国内学者近年来更倡为"商人文化"，但对"商人文化"的内涵、特征、作用等加以系统论述的，《商人》可以说是较为成功的。作者指出，伴随着经济上异己成分的滋生，在文化上也出现了与传统相叛离的因素——商人文化。作者进而论述其内容时说，一方面商人文化树起了早期启蒙的旗帜，把批判的矛头对准封建专制制度和宋明理学，鼓吹情欲私利，主张工商皆本，讲究经世之用，追求社会变革；另一方面，商人文化又有着浓厚的封建色彩和伦理色彩。从文化形态上来说，商人文化并不是对传统文化的扬弃，而是对传统文化的熔铸和改造。作者这一创新之举及其精彩而允当的论述，赋予了商人文化的充实内涵。正是在这内涵的基础上，作者又通过大量的主张和事例，赋予了商人文化的特征，认为它具有早期启蒙性、科学

①余英时：《中国近世宗教伦理与商人精神》，台北联经出版事业公司，1987年，第163页。

性与实用性，封建性和伦理性，通俗性，强调商人道德的系统性等。这一倡说而后的深入探讨，使得商人文化更为有血有肉，丰富饱满。可以说，《商人》之价值所在，角度新颖，思虑深远，新论迭出而又言之成理，是其重要体现。

三

在内容论述上，《商人》一书大多允当周详，善于揭示特征。

在商人的伦理道德观念方面，以往论著总结商人的成功之道，大多只强调商人讲究商业道德、树立信誉的一面，而很少注意商人不择手段、奸诈欺骗的一面。即如颇具灼见的余英时，在其著作中也只论贾道，而不论不义；只论商人的理性，而不论商人的非理性。殊不知，我们今天所能见到的商人经营记录，大多出自褒善隐恶的地方志和一味奉承的墓志铭，自然不是良贾便是廉贾。实际上，贪贾奸商不但比例绝不会低于廉贾良贾，而且不讲商业道德、毫无信誉可言而振振有词者也大有人在。探论商人的伦理观念，不能不注意到这一点。《商人》一书绝不畸轻畸重，既讲良贾廉贾及其追求商业道德完善的一面，又讲奸贾贪贾及其处心积虑不义牟利的一面。认为商人既有视儒家文化为其道德信条的，也有否定儒家文化为其道德信条的，而在实际操作中，则往往是两种道德标准的杂糅。这种看法，真正地揭示了商人人格的本质特征，商人的伦理观念才完整地呈现在读者面前。

在徽商资本和宗族势力的作用方面，作者虽然十分强调商人资本促进商业发展和解体徽州封建社会的一面，也不忽略其加固徽州社区封建性的一面。对宗族势力，作者既充分肯定它有利于徽商经营活动的一面，认为它与徽商结合，互为奥援，增强了徽商的竞争力，使徽商在贱卖贵买的营运中积累了巨额资金，势力几半宇内；又在深入分析了徽州宗族制度的特点后毫不含糊地指出其消极的一面，认为宗族势力又使徽商因袭了沉重的历史包袱，限制了徽商的进一步发展。

在商人价值观方面，作者在系统阐述的基础上，还将其前后期作了比较，认为近世前期商人心理的整合是与资本主义萌芽的生长同步的，近世后期商人心理的整合则是贯穿于商人投资新式企业，实现自身转型的全过程。

凡此种种，都显示了作者左右兼顾、瞻前顾后、适当把握评判尺度的胸臆。

在商人的分类和分层方面，作者按商人经营活动方式，商人经营的商品种类，商人行业内部的分工，商人的活动区域，商人的资产，商人的组织形态，商人与政治权力的关系，商人的伦理道德，商人受教育的程度等十种标准，对商人进行了逐步分类。作者又不满以往学术界对商人分层仅以资产为标准的做法，而提出了一个经济、社会和政治的综合标准，将商人分为财产、声誉、权力皆备的商人，财产、声誉兼得的富商巨贾，仅仅拥有财产的商人，权力、声誉、财产俱无的小商小贩四个层次。

在商帮兴起的条件方面，作者综观各地商帮，认为除了商品经济发展、商业竞争这一共同的历史背景外，主要取决于政府的政策、各地地理环境、交通条件和文化背景四个方面。

在会馆的功能方面，作者认为它具备岁时节令祭祀本乡尊奉的神祇以联络乡情，为同乡办理善举，联合众商摆脱牙人控制，举办有利商业的大型工程，代表众商与官府交涉商务的五大功能。

上述概括，虽疏不漏，显示了作者高屋建瓴、考虑全面的综合之功。

近世商人的活动，内容宏富，头绪纷繁，涉及面广，如果饾饤罗列，则根本不是一部二十几万字的著作所能容纳得了的。作者没有平铺直叙，不作泛泛而论，而是以尽量简练的语言揭示出事物的本质特征。如论述各地域商帮的经营活动特征，说晋商谨慎、精密、朴实；粤商急进、敏捷、豪放；宁波商具有晋商的特征且不保守，不及粤商果敢决断，但稳健而踏实；徽商贾而好儒，善于结好权贵；洞庭商被称为"钻天洞庭"，极善钻营；江苏商好智术；江右商精推算。再如，说清朝北京的银号、成衣业、药材业多由浙东商人经营；香料业、珠宝玉器业则主要掌握在广东商人手中；估衣业、饭庄、绸缎庄多为胶东商人经营；票号、钱庄、典当、杂货店则为山西商人所把持。这些描述言简意赅，入木三分地刻画出了各地商帮的特点，也是完全符合历史实际的。如果不对他们的活动作深入研究，反复比较，可以说是难以臻此境界的。其他如各商帮在区域活动方面的特征，经营商品种类上的特征，经营体制上的特征，商人组织的特点，商人文化的特征等，类皆如此。《商人》一书之所以成功，作者善于揭示商人各方面的特征，是其又一重要的方面。

诚然，《商人》一书既要探讨商人的各个方面及在近世社会发展中的作用，所跨时段长，牵涉面广，所论又关乎国家的方针大政、社会经济发展，存在这样那样的不足或缺失也就在所难免。笔者以为，《商人》一书也有明显不足：一是论述徽商过多而探讨其他商帮不够；二是若干解释不当；三是注释引文间有小误，个别注释不够详核，若干地方校对欠精。对一些问题的论述，如抑商和闭关政策的作用问题，走私与封建政权的关系问题、行头问题等，还值得商榷。

（原载《中国社会经济史研究》1994年第4期）

明清江南望族的谱系

—— 读《明清江南著姓望族史》

上海师范大学吴仁安教授，自1997年出版专著《明清时期上海地区的著姓望族》后，2001年又出版了《明清江南望族与社会经济文化》一书，新近又推出了他研究江南望族的集成之作《明清江南著姓望族史》（三书均由上海人民出版社出版；本书以下简称《望族史》）。江南是宗族义田的发源地，望族是江南宗族区别于其他地区宗族最为明显的特征，因而长期以来备受学人重视。1937年，著名社会学家潘光旦先生完成了他的名著《明清两代嘉兴的望族》（商务印书馆，1947年），该书着重从移民、婚姻和寿考等角度论述明清两代嘉兴的清门硕望之家。1999年，江庆柏教授也出版了专著《明清苏南望族文化研究》（南京师范大学出版社），着重从文化角度探讨明清两代苏南的望族，两书均有重要的学术贡献。然而前后20多年间，倾力于江南望族的研究，源源推出新著，结出望族研究的硕果，不断深化和推进着明清望族史和江南社会史的研究者，则是吴教授其人。

所谓望族，清代吴江人薛凤昌归纳为"一世其官，二世其科，三世其学"，常州人洪亮吉总结为或以功德显，或以文章显，或以孝友称。明清时代江南的望族，不同于前此的世家大族，也不同于他地的强宗大族，而大多是簪缨望族、科第之家。无论仕宦、科举、文章，还是宦绩事功与道德文章，在科举最为兴盛、科考最为成功、仕宦最为显赫的明清江南，科考与文化自是江南望族的基本特征。《望族史》紧紧抓住这一基本特征，展开对江南望族的论述。作者指出，"在中国封建社会里，不管是力耕起家还是经商致富，不管是由行医还是教馆博得声望，要跻身望族行列或者维持望族地位，科举入仕是最为重要的途径"，因此代有高官显宦乃是望族能够形成和经久不衰的关键所在。作者因而将苏南各府望族士大夫的出身与家世归纳为：由务农耕读起家，由经营工商业或行医等个体劳动者家庭出身，由教馆课徒起家，出身于文化世族之家，由勋业而成的官宦世家。无论哪种出身，作者指出，江东望族"本质上是文化型的家族：即家族均具有强烈的文化意识，都特别重视家庭教育，'世以风雅相传'，读书、著述与藏书蔚然成风，诗礼传家、硕儒辈出，尤其是明清苏南科甲之盛冠甲天下，许多家族都具有相当的文化积累，家族整体文化素质较高"。这些看法，是在对江南望族作整体把握和深入研究后得出的，准确地反映了明清江南望族的基本面貌，毫无疑问是具有充足的说服力的。可以说，深入论述明清江南望族的基本特征，是《望族史》的一大学术贡献。

望族是如何形成的？按照明中期苏州人文徵明的说法，"诗书之泽，衣冠之望，非积之不可"，望族是世代累积而成的。《望族史》花较大的篇幅，形象地描述了明清江南各地望族或在科举仕宦，或在学术文化，或在艺苑杏坛，或在孝义门风等方面世代相承的累积过程，诸如历史悠久的无锡华氏，宋元明清28代兴盛的奉贤陈氏，世家大族休宁程氏，明代以忠臣义士和清代以"八世连科第"出名的丹徒张氏，明代余姚孙氏的忠孝文

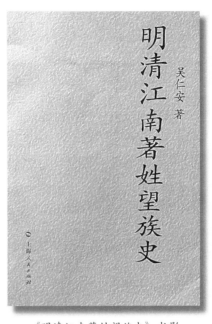

《明清江南著姓望族史》书影

武，明代吴江沈氏的戏曲创作，明代常熟严氏的世代业医，清代武进庄氏的科考鼎盛，清代常熟翁氏的世代鼎甲，清代阳湖张氏的诗文创作，清代吴县惠氏的四世治经，清代太仓王氏的世代擅名画坛，清代金坛储氏的十余世传医，明清海宁陈氏、上海陆氏、华亭张氏、崇明施氏的显赫宦业，吴江汾湖叶氏的诗文传承，秀水朱氏的宦业与诗书相承，会稽陶氏的鸿儒硕彦辈出，吴县席氏的张贾业儒，他如无锡浦氏、吴县严氏、长洲彭氏、武进臧氏、吴江袁氏等，均是历经数代乃至十数代累积而发展壮大的。江南的望族一定程度上也是迁移而来的。两宋之际，是中原大族迁移到江南的突出时期，明后期到清前期，是徽商等经商之家入籍江南的时期。

《望族史》考察了徽州望族多由中原迁移而成的历史，又描述了清代由皖南徽州移籍苏州的"贵潘"潘世恩等家族的史实。因此，形象地叙述江南各地望族形成的过程，是《望族史》的又一学术贡献。

明清时代的江南，赋税甲天下，科第冠海内。科举考试原则上是面向社会各个阶层的，非身份人户由于耕种田亩或经营工商得法，积累了财富，有实力聘请塾师，使其子弟走科举攻读之路，或通过捐买获得功名，从而崛起于村夫野老之间，跻入缙绅行列，望族因而是流动的。明清江南的望族，有不少就起自素封之家，甚至是贫寒之家。《望族史》描述了江南大量向上层流动的家族的崛起。如从耕读农家走出的明代内阁首辅华亭徐阶和太仓王锡爵，从开小店铺之家成长起来的明代大学士昆山顾鼎臣，崛起于农家的明代士林之望无锡顾宪成、允成兄弟，号称"安百万"的无锡安家，以及清代归安荻溪章氏，起自经商之家的明末休宁金氏，出身于盐商之家的清代军机大学士歙县曹振镛，由盐商而捐资成为绅商的歙县棠樾鲍氏，由雇工而巨商而绅商的归安南浔刘氏，一个个寒门小家由于科举的成功，或者由于治生的成就，转变为世代仕宦的望族。诚然，也有的望族因为连续几代科场失意，或者子嗣不昌，后来就趋向式微逐渐衰落，如明清之际的华亭许氏，明清时期的休宁程氏、旌德丰溪吕氏等。《望族史》以上海为典型，将门祚较长、社会地位维持较为久远的望族分为三种：文化世族、科举官宦世家和人丁兴旺，认为先天优生和后天优教这两点是影响江南望族盛衰消长的关键性的深层次因素，指出苏松常太等苏南诸府州县家族向上流动的最佳、也是最重要的途径是科举入仕。这些看法看似平常，实是探寻了江南各类望族兴衰的个案后得出的。因此，深入地探讨明清江南各种类型望族兴起、繁盛以至衰落的过程，是《望族史》的又一学术贡献。

望族具有怎样的社会地位？或者说其表现出何种行为方式？清人邹鸣鹤说："望族者，一邑之望也。一邑之所当为而不为者，望族宜倡为之，一邑之所不当为而为者，望族宜首屏之。是故平一邑之政者，邑宰也，佐邑宰之化者，望族也。"注意到著姓望族在地方上具有引导社会舆论、规范大众行为和佐助官府治理的表率作用。《望族史》围绕家学渊源、家族教育、科举入仕、文化学术活动、婚姻圈、交游圈等内容，通过著姓望族考录和典型家族史解读两个途径，既对明清江南望族的历史概况、群体特点和社会影响等方面作了论述，更对江南地区众多望族士人的个人行实和家族世系门祚作了深入周详的考证考录。单说望族之间的通婚，在《望族史》中，诸如明代丹阳孙、贺两族联姻，有朱陈之睦；无锡华邹两大族，互相联姻，钱氏与华氏也是"世相婚姻"，侯氏与过氏有姻谊，秦氏与许氏是世交；镇江殷、张、陈、茅四个著名家族联姻；长洲彭宋两家联姻；常州庄氏与钱氏世为婚姻，李、庄、张、陆几大家族联姻；江阴金家与缪家"数百年来如朱陈秦晋"；宜兴周氏与任氏世代通婚"联姻缔交，累叶接踵"；吴江沈、叶之间连环婚姻；常州庄氏族谱中，专门辟有"姻娅类"。这些内容都翔实地展示了出来。而要做到这一点，其间的繁重细致工作，大约只有作者才有深切体会。《望族史》考录了江东 89 个、浙江 92 个、皖南 36

个共217个典型望族的世系及其代表性人物，从而填充了江南各地望族的谱系，全面地展示了明清江南望族的社会面相，充实了明清江南社会史的生动内容，这是《望族史》的又一学术贡献。

《望族史》将江东、皖南和浙江全境均纳入江南的地域范围作探讨，在对各个地方的望族作考察的基础上，进一步比较各地望族的特点。在探讨了徽州望族的特点后指出，徽州地区的汪道昆和许国，由于他们的努力和贡献，不仅仅复振了他们家族已经沉沦了数百年的名族地位，而且也为历史上的"世家大族"与当时新兴的"著名家族"两者之间架起了桥梁。这种沟通，仿佛是抹去了历史的尘埃，使得名门望族凸显出应有的华丽与光彩，而使上述两者得以沟通的乃是商人。在比较了徽州与江南望族的异同后指出，徽州地区望族与吴中地区望族的社会地位更为稳定。总结明清两代浙江望族的主要特点时指出：首先，在本质上都是文化型家族；其次，"忠臣孝子"之家甚多；再次，颇多务本求实、与时俱进特点的家族。这样的比较和所得结论，就比那些单论一地一族之作来得更有说服力和更具学术价值。可以说，基本把握各地望族的特点，是《望族史》的又一学术贡献。

此外，《望族史》注意用最能体现特征的文字作章节标题以点明题意，以主要著姓望族一览简表形式附录江南望族，不作泛泛之论，叙述时兼多考证，在在体现了作者凝聚的心血和功夫。

这样说，并不是说《望族史》已臻完美。一部洋洋洒洒近80万字的学术专著，存在缺憾或不足自然是难免的。举其大者，《望族史》开宗明义，将江东、皖南和浙江全境均纳入江南地域范围，作了必要的论辩，然而论辩显得说服力不够，三地地貌、习俗、语言、生活方式以至望族形成的过程和体现的特征均有明显不同，有些甚至迥然不同，却一概准以"江南"，不免难以圆通，似有待商酌。全书所收望族，虽然繁夥，仍不免疏漏，如明代嘉善支大纶家族、清代泾县朱珔家族，只字未提，似有不妥。有些则所列可商，如第177页列表将无锡顾宪成、顾允成兄弟列为两个家族，而第489页介绍典型望族时则列为"苏南常郡无锡县顾学（宪成、允成等之父宗族）"，前后不一致，前者既不当，后者也不成立，盖因顾学挑豆腐担做小本营生，其时实在难称"望族"。再如全书罗列望族，或称家族，或称宗族，或称浙江嘉兴，或称浙西嘉兴，并无一定，显得较为随意。

举其小者，全书有些表述显得粗疏，有些表述不够严谨，有些表述不够明确，有时注释不够规范，如第263页注1《明史·选举法》，既过于简略，又输录有误。

凡此种种不足，未免遗憾，但于全书上乘水平似无碍，此可断言。

（原载《中国社会经济史研究》2010年第2期，收入本集时稍有删节）

《明代江南土地制度研究》解说

1983年春，我为撰写本科毕业论文，第一次进入校图书馆古籍部查找清代赋税蠲免的相关资料，喜出望外的是，见到了也在阅读的日本名古屋大学文学部教授森正夫先生，知道他正在从事明代江南土地制度的研究。同年11月，由中国社会科学院历史研究所主办、南开大学历史系和南京大学历史系协办的明代经济史学术讨论会在无锡召开，森正夫先生作为访问学者也莅临盛会，我得以再次拜见他，向他请益。1985年10月，首届明史国际学术讨论会在黄山举行，森正夫先生与田中正俊教授等日本学者也出席盛会，森先生取道南京，执意入住南大八舍简陋的房间，其情其景，至今如在眼前。1987年秋天，森先生带领名古屋大学文学部和教养部的高桥芳郎、稻田清一、海津正伦、林上、石原润共6位学者前来南京大学，商谈合作研究江南市镇事宜，先师洪焕椿先生以中方主持人身份，召集了南大历史系罗仑、张华、范金民和地理系地理学家宋家泰、庄林德等人与他们会谈，商定在今后两年中选择江苏、浙江若干典型市镇作历史学和地理学方面的实地调查研究。自此以后，我与森先生的学术联系日益增多，而且常能得到他的学术指点和助益。1989年5月，森先生再次到南大，带来他在同朋舍出版的新著《明代江南土地制度研究》（《明代江南土地制度の研究》，1988年，以下简称《研究》），日元近2万元一本，分送洪先生、罗老师、张华师兄和我人手一本，其自奉俭约，而待人之诚，于学术交流不吝所有，于此可见。

拜读森正夫先生的《明代江南土地制度研究》，对于像我这样刚刚有心于研究江南社会经济史的初学者来说，真的是获益良多。

明代江南，社会经济发展进入了新的阶段，田制复杂，税则繁复，税粮负担和田税总额大幅度飙升，形成历史上有名的重赋区，随后展开的地方性赋税改革，二百年间始终不绝如缕。对于这一于江南社会经济发展极为重要的基础性问题进行全面深入探讨并取得里程碑式成果的，就是森正夫先生。森先生自20世纪60年代起即致力于江南社会经济史尤其是江南土地制度和赋役制度史的研究，先后发表了相关专题的十数篇论文，本书就是其集成式的研究成果，学术开拓和创新之处甚多，富有特点。现将多年来通读该著的心得简要介绍如下。

一、主线突出，循序深入探讨江南重赋与土地制度变化的关系

《明史·食货二》袭用嘉靖时大学士昆山人顾鼎臣所说，"苏、松、常、镇、嘉、湖、杭七府，供输甲天下"（中华书局，1974年，第1900页）。江南区区七府的税粮，洪武末年

森正夫先生代表作

占全国税粮 2945 万余石的 22%。江南如此独重的赋税，是与其地官田独多紧密相连的。除了杭州，明初上述六府的官田占总面积的45%，官田的亩税额又是民田的数倍乃至数十倍，因此税粮的绝大部分是由官田提供的。研究江南土地制度，官田问题理应首先引起人们的重视。森正夫先生紧紧抓住这一特征，以官田为主线，全面研究明代江南土地制度的演变。在《研究》全书的五章正文中，即14世纪后半叶明代江南官田的形成、明代江南官田的存在形态、15世纪前半叶江南官田的重新编成、15世纪中叶以后江南地区税粮征收制度的变化、16世纪江南地区税粮征收制度的改革和官田的消失，森先生依照时间顺序，系统而又详细地论述了官田产生及增加的具体过程、官田的种类、官民田不同的亩税额，江南地方政府为维持以耕种官田为主的小民阶层的经营而作的削减官田亩税征收额及减低官田经营者实际负担的一系列举措，各府围绕官田的不同存在形态和纳粮户的不同身份而实施不同的加耗征收方式，因实施均一和征一的赋税征收制度而使官民田的区别最终消失，这一江南官田从产生到消失及其相伴而行的赋税征收制度变化的全过程。这样的论述，线索清晰，较为合理。

二、展开论题时前后时时比较，历史的动态感很强

森先生不但在论述江南土地制度与赋税制度段的主题时就事论事，细致分析，而且不时作纵向和横向的比较，以总结出不同时段、不同地区土地与赋税制度的特点。如将15世纪前半期改革与以后的历次改革进行比较。作者指出，在方法上，15世纪前半期改革是在明朝中央政府的一贯方针指导下，可以说是作为国家的事业在短期内集中实施的；而16世纪的改革是以知府为主体的地方官接受地方的要求，针对各府情形，根据自己的判断和执行能力，花费了较长时间才实施的。所要解决的问题，15世纪前半期以前是维持小民阶层中以小经营农民为中心的一部分农民的生计和经营，因此必须将每石税粮的实际负担均等化；15世纪中叶至16世纪是使包括中小地主在内的全体小民阶层的纳粮条件得到相对稳定，因此，当时的目标是将土地的税粮额均等化。影响改革进程的大户，其基干部分，15世纪前半期是粮长、里长，而16世纪是官绅之家。这些简明而又切合当时实际的结论，是在对江南二百余年赋役制度前后演变的情形作了较长时间深

入研究而得出的，具有充分的说服力。再如对于江南各府改革的不同做法和不同进程的比较，森先生既探讨了各地因地理、社会以及经济发展的差异而采取的不同措施，又分析了这些措施在各地之间的相互影响，指出各府都借鉴并活用了邻近府县的经验。由这些论述，我们可以看到江南各府为了共同的目标，采用不同的方法而最后终于取得一致完成赋役改革的发展趋向。其他如官民田的不同比例、不同科则、地租的高低、论粮加耗与论田加耗等，作者都作了比较，甚至做成表式，以清眉目，以省篇幅。

三、在一些重要论题上，均获得了令人信服的新看法

试举三例。

1. 关于明初的籍没富豪田产

有关江南重赋的由来，历来说法颇多，分歧时见。有谓朱元璋愤怒苏松之民依附张士诚，因而平定后大规模籍没以示惩罚，从而形成了重赋；有谓江南重赋在于官田赋重，官田比例又高，故赋税总额就重；也有谓江南生产力水平较高，商品经济发达，衡诸经济发展程度，所谓重赋其实并不重。籍没论者多以沈万三为例，以论证明初籍没富豪规模之大，打击之烈。而持相反看法者则认为与朱元璋发生关系的是沈万三的儿孙辈，沈万三之例不足凭信。涉及明初籍没富豪的材料大要有两类：一是当地人的文集和当地及周围地区的地方志；二是明初的法律令典文书。以往的研究，文集中

的材料几乎搜罗殆尽，当地方志材料也反复引用，而江南周围地区的方志材料尚少见引用，律例文书的有关内容更未引起足够的重视。森先生在《研究》的第一章中探讨籍没问题时，既没有拘泥于沈万三事例，也没有泛论它是否是重赋的原因，而是联系明初政治特点，充分利用了《大明律》《诸司职掌》和《御制大诰》初、续、三编中的诸多事例，结合当地方志、文集的分析，认为籍没的痕迹清楚地留在《诸司职掌》《大明律》等令典中，而如果根据《御制大诰》各篇，明朝国家利用郭桓贪污案的发生，对江南地方据有统治地位的富民、各区的粮长实行了各种诛杀、苛酷的籍没。又根据嘉靖《宁波府志》卷十一所载洪武年间起科等则表中有粮长没官田、改正田、党逆事官田、（鱼鳞）图册事官田、篮（玉）党事官田等名目，联系洪武十八年（1385）的图册之役，认为洪武中后期籍没可以肯定，其籍没过程清楚地刻画出来。作者涉猎既广，用心又细，从籍没法的规定和起科等则的名称探讨籍没的可能性，在理论和实际两方面都有极强的说服力。森先生不但以此为出发点，详细阐明了洪武时期各个阶段的籍没原委，而且还从洪武后期抄没官田数量的激增这一点进一步论证了明初的大规模籍没。如苏州府洪武十二年（1379）前抄没田土为16638顷，其他官田为29906顷，总计官田为46544顷，可到洪武后期官田增为60094顷，增了13550顷，新增的官田显然是洪武十二年以后新抄没和断入官田，加上在此之前的抄没田土，应共为30188顷，占了该府全部官民田95417顷中的31.64%。又因为在洪武十二年的官田中已包含了断入官田部分，因此明初新设官田要凌驾于明以前的宋元官田，如果大胆一点，近额官田大概要占四成以上。至此，无需再说一句话，明初籍没富豪田产规模之大已昭然可见，作者认为籍没不容否认也跃然而出。这样的比勘、计算，无疑是可靠的，结论也是能够成立的。

2. 关于官田的性质和经营状况

官田特别是籍没官田由谁耕种，长期以来无人专门探讨。以往论者大多根据实录和有关地志，以为包括籍没而来的官田，耕种者仅为贫难佃户。森先生在《研究》的第二章中，根据苏州知府况种的奏报和应天巡抚周忱《与行在户部诸公书》中所提到的"验丁授田""见丁授田"，以及"每户税粮，多者四五十石，少者亦不下十石"的说法，依照官田的平均亩征税粮额和每个劳动力的实际耕种能力，计算出交纳税粮的田亩数。由此而得出结论道：在江南农村，经营官田并交纳税粮的是两个不同的阶层，即可视为一种自耕农那样的小经营农民阶层和地主阶层，而官田税粮较重的部分大多由小经营农民负担，地主阶层则负担较轻部分。免除籍没的地主阶层或通过役使奴仆、佣工获得收入，或委托佃户生产收取私租并以其多余交纳官田税粮。而对于全种官田的小经营者来说，由于耕种官田可以免除乃至减轻杂役劳动，在确保维持经营的同时，将官田与民田同时纳入自己经营的内部，与佃作地主的土地具有同样的意义，实际上成了对国家交纳特别高额税粮的自耕农。这样的探讨分析，不仅厘清了官田实际耕种者的身份，而且定义了官田耕种者的身份属性。

至于官田的性质，以往不少论者多从法制角度，认为是一种国有土地。已故经济学史学家伍丹戈先生就认为明代江南官田是从宋代以前经过长时期延续下来的封建国家的土地所有制。但是森先生注意到，经营官田的人户和民田的人户几乎一样被编入作为明代税粮徭役制度的里甲制度中，分摊着徭役中的正役。在里甲制下，官田与民田一样，被看作"事产"即私有财产登录在赋役黄册上，并都通过里甲交纳税粮。在《诸司职掌》的规定中，民田与官田不加区别，官田的承佃权与民田的所有权同样可以自由买卖。森先生举例分析了收录在天启《平湖县志》中载有官田事产的孙氏户帖后，参考《续文献通考》的编者将没官田、断入官田按语为"名为官田，实为民田"，认为江南官田具有两重性：税制上具有私人土地所有的一面，而法制上具有国家所有土地的一面，前者是税制上的土地制度，后者是法制上的土地制度。

作者在日本爱知县立大学森正夫校长室（1998年冬）

就税粮征收而言，官田比民田要重，而比民间私租要轻，实际是交纳重税的民间私有土地。就这样，森先生通过考察分析税粮征收制度而把握土地制度，透过形式而注重实质，对江南官田不但作法制上的理解，更作税制上的考察，避免了以往仅作单一考察的缺陷，所得结论更为圆通，更具说服力。

3. 有关均一和征收赋税改革的地方性

16世纪江南赋役由繁到简、由上下悬殊到一律平均的改革经历了半个世纪。森先生在《研究》中，不但概括性地论述了江南均一、征一和役银平均征收的一般过程，而且以将近一百页的篇幅分别探讨了各府赋役改革的具体过程。在此基础上，作者得出结论，认为改革之所以历时如此之久，是因为在任何地方都遭到了当时掌握了大量以民田为主的税粮负担较轻的土地的大户阶层的激烈反对，各府之所以在时间上参差不齐，是因为16世纪的改革与明朝中央政府的动向不一致，各地从事税粮征收制度改革的地方官，并不能依赖明朝中央政策的立案和指示，而只能根据地方的具体情势和要求，依据自身的判断和执行力，编定相应方法，以推进改革。即或方面大员如巡抚，在15世纪是有效地介入改革，而在16世纪则完全是各府自行其是。因此16世纪的改革从某种程度上说是以地方的力量维持进行的。这实际上体现出税粮征收制由中央向地方主导的变化。作者在逐一考察了各府官田的不同比重、各阶层对改革的态度、各地的不同做法后得出的这些结论，指出了明后期江南各地各自的赋税改革特点，较为真实地反映了各个地域的社会、阶级关系，同时也为读者提出了一个饶有兴味的问题，即当时江南在赋役改革中鲜明的地方性倾向。这一点，是迄今为止的江南研究者在冠以"江南"一词时所未曾予以足够重视的。

森正夫先生的《研究》一书出版已达25年以上，学界对于江南社会经济的研究，总体上说已前进了很多，但若仅就明代江南土地制度的研究而言，似乎至今未见深化拓进之作，可谓止步不前。也许丰碑在前，已臻相当高度，能够攀登已属不易，遑论超越。这也说明本书的翻译出版，自有其重要学术价值存在。

森正夫先生在出版此力作后，由名古屋大学文学部长升任副校长、爱知县立大学校长等职，公务繁忙十倍于前，而仍孜孜不倦，始终钟情于明清江南社会经济史的研究，撰写了一系列论文，相关成果汇为其近著《森正夫明清史论集》（汲古书院，2006年）。近年来，中国学界与海外学人尤其是欧美学人的著述，译介多多，而且速度之快、数量之大令人应接不暇，而唯如此类江南社会经济史研究的里程碑式著作，仍缺中文译本，流播不广，不无遗憾。幸运的是，老友大阪经济法科大学教授伍跃先生和本系同事张学锋教授，在教书育人、科研著述十分忙碌之际，仍不忘组织翻译这一皇皇巨著，江苏人民出版社将其纳入"海外中国研究丛书"，遂我二十余年之心愿。此译著的出版，化身千万，相信于国人了解日本学者的研究、推进明清江南社会经济史研究必定有所裨益。

顺便说一下，《研究》原著编有事项索引、书名索引、人名索引和研究者姓名索引，考虑到日文表述与中文表述的不同语意，征得作者同意，译著未予翻译；原著注释多数章节是篇末注，第三章是节后注，译著统一改为页下注，注释序号发生了较大变化，注录形式也有所改动，敬请读者注意。

译著具体分工：初译：序章、第一章，张雯；第二章，申斌；第三章，申斌、杨培娜；第四章、第五章、终章，马云超；附录一，陆帅；附录二、跋，凌鹏。终译：第一章、第二章、第三章，伍跃；第四章、第五章、终章、附录及中文版序，张学锋。审校：范金民、夏维中。

于金陵龙园北路寓所

2014年8月24日

（本文部分内容原以《森正夫〈明代江南土地制度的研究〉述要》为题载于《中国史研究动态》1989年第10期）

夫马进《中国善会善堂史研究》评介

善会善堂这一存在于明后期直到民国年间的历史现象，直到 20 世纪 80 年代才真正进入研究者的视野，自后日本、美国和中国学者均有论著问世。然而，迄今为止国际学界有关中国善会善堂史的研究，虽角度或有不同，立论各有所得，但或止于初步介绍，或限于某地某域，或择取某个时段，或选取一堂一会，或框定某个层面，要说对历时三个世纪之久的善会善堂做出全面系统而深入研究的，无疑当推现为京都大学文学部教授的夫马进的《中国善会善堂史研究》（夫马进著，京都同朋舍出版，1997 年）一书。

全书由序章、正文十一章、终章和两篇附篇构成。在序章中，作者从学术史的角度，在总结了善会善堂的研究现状后，说明其关注点横跨社会科学和人文科学两个方面，从社会福利事业和市民社会的形成这样彼此互相关联的两个侧面展开研究。第一至三章为第一部分，以明末清初时期为中心，论述了善会善堂出现的历史背景和善会善堂诞生的情形。第四至七章为第二部分，叙述了清代善会善堂在拯救婴儿、援助寡妇方面的具体活动。第八至十一章为第三部分，着重探讨了善会善堂与国家、行会、都市行政的关系问题，

《中国善会善堂史研究》书影

深入分析了善会善堂组织与中国近代地方自治的关系问题。终章再次强调了善会善堂在中国历史进程中的意义和对其研究的现实意义。附篇一依据地方志具体统计了清代沿海河北、山东、江苏、浙江、福建和广东六省善堂的设置数量及时间。附篇二介绍了由民间机构编纂、出版、发行的公共机关和团体的收支报告书——征信录，着重分析了它在中国近代社会形成问题上所具有的价值。就这样，作者横跨社会科学和人文科学，立足社会福利事业和市民社会形成互相关联的两大层面，形象生动而又具体细致地揭示了善会善堂产生的历史背景和现实情形，善会善堂的形式结构、内涵，善会善堂行善的范围和运作实态，善会善堂与国家、行会、都市行政乃至地方社会的关系，善会善堂在近代化过程中的作用影响，善会善堂研究对于中国社会福利史、结社史、社团史、人际关系史研究的重要意义和现实价值，取材之宏富，考辨之有力，分析之透彻，论述之精辟，大大深化和推动了明清慈善公益事业的研究。

夫马进的《中国善会善堂史研究》，使我们不得不重新审视一些著名论断。自20世纪70年代以来，日本明清史学界盛行乡绅研究，以重田德为代表的"乡绅支配论"（重田德：《乡绅支配的成立与结构》，《岩波讲座·世界历史》12，1970年）风靡一时。这种论断认为，明清时期的地方基层社会，是由在朝中有奥援、在地方有声望的乡绅所支配的，地方政府的施政也深受乡绅势力的干预和影响，乡绅们总是利用自己课税优免的特权，欲将一般人民置于其支配（统治）之下。20世纪80年代中期以后，美国学者玛丽·兰钦和罗威廉等人又持哈贝马斯（J. Habermas）的"公共领域"（public sphere）说立论，他们以看待欧洲历史的眼光看待中国历史，以浙江和湖北汉口为例，认为在近代中国，存在着一个既非官又非私的"公共领域"。"公共领域"说近年来对中国学术界也产生了较大的影响。曾经深受"乡绅支配论"影响的作者夫马进，在深入研究善会善堂的过程中，敏锐地意识到"乡绅支配论"的缺陷和"公共领域"说不符合中国历史实际。他以苏州普济堂和杭州善举联合体为例，用整整两章的篇幅，考察善堂的官营化与善举的徭役化，由普济堂和杭州善举联合体的经营探讨"国家"与"社会"的关系。在前一章中，作者透过善会与善堂，阐述国家与社会之间是如何相互影响、相互渗透的，即一方面探寻普济堂在国家的影响下变为官营的原因，另一方面分析原来由国家经营的养济院受到了善会善堂的什么影响。作者认为，雍正皇帝虽然于雍正二年（1724）颁发了在全国推广普济堂的上谕，但并不主张普济堂应由官方推广，更没有将普济堂变为官营的意图，而不少官僚并不了解雍正帝的真意，却积极地在各地强制推广普济堂，普济堂最终变成了和养济院一样的机构。苏州的普济堂由于经费不足，一方面不得不接受政府的资金援助，另一方面管理者要负责弥补经营赤字，因此出现了徭役编审那样的强制富户轮流担当的情形，在这种情形下，充当善堂的董事，无异于承担徭役。作者通过探讨一部分善堂如何走向官营化，善堂的经营又如何转变为徭役化，考量了国家介入善堂经营的构造问题和"国家"又如何让"社会"变形的问题，从而真切地揭示了有异于欧洲历史的中国历史的独特性，也就以充足的理由指出了源于欧洲经验的"公共领域"说不符合中国国情。在后一章中，作者通过考察杭州善举联合体的捐款和经营状况，指出由于既要服从地方官的命令，又因为接受了国家的财政支援而要向国家报告财政收支的状况，所以善举联合体和国家之间有着一种无法切断的联系，成为"国家"与"社会"混淆、行政事务与公共事业混淆的典型事例。杭州善举联合体是一个综合性的善堂组织，其业务几乎涉及都市生活的每一个方面，经营者都是在当地享有声望的富绅，却要为填补亏空而投入大量个人财产，董事一职成了并不令人羡慕甚至避之唯恐不及的职务，最后竟至于采取编审徭役的方法强制富绅轮流担当。从富绅的处境看不到半点"乡绅支配论"所说的那种赫赫权势，就杭州善举联合体而言，乡绅对清朝国家政权而言显得过于软弱，从杭州善举联合体的总董富绅丁丙身上看不到半点地方精英的形象，杭州善举联合体的经营从运作方式到财务报告，公共的性质与官方的性质两者混淆在一起难以区分。这就以令人信服的事例和鞭辟入里的分析，证明了"乡绅支配论"和"公共领域"说并不符合中国历史的实际，难以以之作为研究清代社会历史的基本方法。笔者以为，如果说"乡绅支配论"用于观照晚明历史特别是晚明江南历史还有一定的可取之处的话，那么经过清初奏销案、哭庙案等一系列打击、限制和控制，江南士绅以足不涉公门为荣为幸，对地方政治、经济的影响已经微乎其微，了无前朝气概，"支配"一说更无从谈起。中国社会也始终未曾产生独立于官或私、超脱于"国家"和"社会"的公共领域，中国社会的特性使得任何得不到官方许可、支持或不受官方影响的事业都难以存在。夫马进有关善会善堂史的精深研究，为我们重新检视这些论点提供了极好的范例。

夫马进的《中国善会善堂史研究》，也使我们不得不正

夫马进先生与作者在日本京都赏枫叶

视一些相关课题既有研究的不足。

如明清会馆公所研究。中国学界自20世纪50年代后期以来的将近半个世纪有关会馆公所的研究，可谓硕果累累，举凡会馆公所产生的历史前提、数量与地域分布、形式与类别、区域与联系、功能与性质、作用与意义、建筑特色乃至与商会的区别等，均有论著推出，而且以会馆公所为着眼点的资料集就有近十部。然而既有成果的不足非常突出：一是大多从行会的角度来探讨会馆公所，所用概念、分析功能、判定性质、评价作用等，多以西方中世纪的行会为标准或参照系，至今未脱西欧中心论的窠臼，有关研究自然难以深入；二是在林林总总的行会研究成果中，同业行会与善会善堂的关系，竟然基本上没有涉及，行会研究仅仅限于论述对行会成员的扶助，而几乎完全无视对善会善堂的善举。《中国善会善堂史研究》在第十章中，通过上海等地善堂的经费来源及其经营活动，探讨了善会善堂与行会的关系及资金问题，认为善堂不是由行会的联合体或者行会间协作的方式运营的，上海同业行会的捐赠完全是由各善堂随意进行的，行会的捐款还会按比例同时分给几个善堂，行会的有权有势者并未通过捐款参与善堂的经营，善堂终究是善堂，不可能被行会同化。这样从善堂角度考察与行会的关系，无疑拓宽了行会研究的途径，令人有耳目一新之感。

如城镇研究。最近二十年来，学界对于明清城镇特别是江南城镇的研究，备受重视，成绩骄人，凡是城市群体、市镇群体、空间布局、网络体系、分布格局、规模设施、类别性质、作用意义、内部管理、人口结构等，均有所论。然而对于各个城镇之间的公共事业，特别是各城镇对于公共事业的分工合作之处，几乎尚未论及。《中国善会善堂史研究》在第五章中，以清代松江府的育婴堂为对象，不但考察单个育婴堂的经营实况，而且别出心裁，系统考察一个地区各城镇之间的育婴接婴事业圈，提出了松江育婴堂的事业范围达到半径五十公里，其育婴、接婴事业并不是府城育婴堂从上而下单方面组织起来的，而是城镇联合从事的事业。这种结论，无论研究单个育婴堂，还是研究单个城镇，都不可能获得。作者匠心独运，不独为慈善事业研究，兼且为城镇研究增添了重要篇章。

如上海近代地方自治的研究。近代上海善堂自民国初年以来即被认为是近代上海地方自治的开端，但对于上海善堂的具体经营状况，人们却几乎一无所知，而且论者也没有从近代化的角度对善堂问题进行必要的考察。诞生于光绪三十一年（1905）的上海总工程局不仅是上海近代地方自治的实际出发点，而且后来还成为中国各地所实施的地方自治的一个重要的出发点，但既有研究至今未能很好地说明它是经过什么样的过程，在什么样的既有因素的影响下诞生的，都没有阐明其诞生与上海诸善堂特别是和同仁辅元堂之间有什么样的关系。《中国善会善堂史研究》在第十章中，专门探讨其间的关系，分析其异同特征，认为两者的理念、财源与性质均是不同的，同仁辅元堂的确是地方自治的起点，但它始终只是从事善举的机构，实际上与地方自治并无关联，而只是准备了近代地方自治的运营方式和征信于众的精神。这样精细地研究，刻画了同仁辅元堂的特征，厘清了同仁辅元堂

作者在夫马进先生办公室

与上海总工程局之间的脉络，赋予同仁辅元堂恰如其分的历史地位。

如上海四明公所研究。同治十三年（1874）和光绪二十四年（1898），法租界公董局为扩建马路，占用四明公所义冢土地，四明公所不允，因而两次酿成喋血事件。以往研究仅从宁波商人与列强抗争的爱国壮举角度立论，夫马进的《中国善会善堂史研究》则从价值观的角度探讨问题，认为义冢问题正好是传统的价值观与近代的价值观冲突矛盾的结果。作者更分析了清末十年上海地方自治的主政者们有关"善举"的重大价值体系的重组，即除了力保主权外，还从开拓市场、利便交通、确保卫生等新价值与新公益的角度来思考原来的义冢和善举，善举被列为都市行政的一环，并渐为人接受。从新的角度，联系都市行政探讨四明公所事件可谓迥出时论之上。

夫马进的《中国善会善堂史研究》，还使我们领略到了什么样的学术著作才算是真正资料翔实。时下的书评，动辄资料翔实，详尽占有，而观其原书，抄辑成篇者有之，蜻蜓点水以炫其数者有之，而未必真有作者新搜集者。既有的慈善史论著，观其材料，大多采自方志、文集。夫马此书，不独广采方志、文集、日记、慈善书、实征册，而且大量地利用征信录。征信录早就引起过学者的注意，日本著名的行会史研究专家根岸佶、仁井田陞和今堀诚二等均曾引用过征信录，中国著名的经济史学家彭泽益编的《中国工商行会史料集》也收录了不少征信录，但他们都将征信录用于行会史的研究，而未曾作为善会善堂研究的重要资料。夫马进意识到征信录的史料价值，广为征引，多达近三十种。为搜集这些分散在世界各地的征信录，夫马进历时十余年，足迹所及，除了日本，还远至中国、北美、英伦各地。正是运用这些征信录，夫马进对善会善堂的资金来源、兴办规模、经营实况及运作过程作出了细致入微的分析阐述，从而将善会善堂的全貌第一次清晰地展示出来，并以此为基础，得以探讨善会善堂与行会、都市行政乃至社会各界的关系，探讨善会善堂在"国家"与"社会"之间的地位，判定善会善堂在近代化过程中的角色。美国籍学者玛丽·兰钦在其《中国之精英积极行动主义与政治变迁》一书中屡屡提及太平天国后杭州的善举和丁丙，但又称"就杭州而言，同治以后的资料比较少"。而夫马进征引的《乐善录》《善举盐捐案》和《杭州善堂文稿》三种资料恰恰是关于清后期杭州善会善堂史最详细的资料。仅此一例，即可见夫马进用力之勤，搜求材料之富。

正是凭借大量的未经人使用过的征信录等系列珍贵资料，作始自明末、止于清末的长时段考察，选择各个阶段各具典型的善会善堂分析论述，夫马进在中国善会善堂的研究上获得了一系列原创性的真知灼见。也正是凭借对中国史研究的卓越贡献，《中国善会善堂史研究》摘取了1999年度日本学术最高奖——日本学士院奖，同时荣获天皇恩赐奖。一人兼获两项大奖，这在日本学界获此殊荣者每年不过一二人。日本学士院《第八十九回授赏审查要旨》这样评价夫马进的《中国善会善堂史研究》："1997年2月京都同朋舍出版的夫马进的这部巨著，对善会、善堂这个被人们遗忘了的未开领域的研究意义进行了重新审视，并将研究水准一下子往前提高了几个台阶。"相信随着中国慈善公益事业史研究的更加深入和中国当代社会福利制度的不断完善，夫马进这一巨著的学术价值和现实意义将更加凸显出来。

（原载《历史研究》2002年第5期）

岩井茂树《中国近世财政史研究》评介

　　赋税徭役制度，既是明清经济史研究中极为重要的内容，也是具有相当难度的课题。论者虽多，成果也硕，而对于制度史和社会经济史研究有着重要意义的明清财政问题整体上作深入探讨者，可以说尚付阙如。日本京都大学人文科学研究所岩井茂树教授，在对相关专题作了近20年研究后，2004年2月推出新著《中国近世财政史の研究》，由京都大学学术出版会出版（以下简称《研究》），将财政体系视为窥测传统中国政治支配秩序特有的性质和构造的分野，系统而又深入地论述了明清两朝财政体系的本质、特点、演变及其对后世的影响。

　　《研究》一经面世，立即引起学术同行的重视。著名明清史学家、曾获日本学士院奖并获天皇恩赐奖殊荣的京都大学文学部夫马进教授认为，这是近年来有关明清经济史研究最优秀的著作，他作为日本东洋史研究会会长倍感高兴。著名的明清史学家、东京大学文学部岸本美绪教授在书评中认为，该书是著者20余年财政史研究的集大成之作，全书以缜密的实证和坚固的论理，展现了清朝财政的轨迹，鲜明地揭示了清代财政制度的基本特征，呈现了清代中期集权体系与

清末督抚财政关系，以及相应的财政构造的面貌，在里甲制、徭役在财政构造中的地位、清代中央与地方及地方上下衙门间的关系的考察方面富有特色。著者对长时段的国家财政支配构造体系的议论极其缜密，无瑕可击，对里甲制的成说的批判特别有意义，新的解释也极为合理。

《中国近世财政史研究》书影

《研究》全书由序章、正文八章和附篇构成。正文又分为两部。前四章为第一部，论述财政构造的集中和分散，分别为：第一章，正额外财政和地方经费的贫困；第二章，正额财政的集权构造及其变质；第三章，清末的危机和财政；第四章，清末的外销经费与地方经费。后四章为第二部，主要探讨徭役和财政的关系，分别为：第五章，现代中国的包干财政；第六章，由均徭法看明代徭役问题；第七章，里甲制和徭役负担；第八章，一条鞭法后的徭役问题。

作者以通贯的视野，展开对于明清财政制度的构造和其历史过程的探讨。通过缜密论证分析，从一系列纷繁复杂的头绪中，得出了宏观性的重要结论，即由于明清国家财政的"原额主义"，造成了地方官府财政经费的严重不足，导致了正额之外的附加性或追加性征收项目与数量的日益膨胀，而不断增加的额外负担最终又不均衡地加之于社会各阶层特别是贫穷小户头上。这样的财政构造贯穿于明代。清代财政和明代财政虽然在岁入与岁出方式上有所不同，明代实行的是现物财政，而清代则是银钱财政，而且在有无法定差役制度这一点上也有所不同，但是从财政结构和原则的角度考虑，则明清两代实有着共通的特点，即缺乏弹性的正额部分与具有很强伸缩性的额外部分形成互补关系，而且这种状况一直延续到现代中国农村。太平天国以后，实质上地方财政制度的形成，不要说在北洋政府时期，甚至在国民政府前期，近代财政的中央与地方的关系、分散之上的重叠的组织形态、机构和资金的属人性质等，都是由清末60年间的发展方向决定的，而且其萌芽已经在传统的法定外的财政制度中间产生了先兆。民国时期的财政，本质上是清朝财政的继续。明清财政制度上的僵化，不能随着经济社会发展而相应变化这一点，前人偶有提及，但将其简明地概括为"原额主义"，这似乎还是《研究》一书首次明确提出来。所谓"原额主义"，作者认为，并不是指租税收入和财政支出全然没有变化，而是指随着社会的发展、国家机构活动的扩大而财政必然要相应增大，缺乏弹性的正额收入与之发生了不整合，为了弥合这种不整合，正额外财政的派生亦不可避免。以"原额主义"来概括明清时代财政体系的特点，并以制度上缺乏弹性的正额与实际运作过程中极强的伸缩性的额外附加或追加来探讨明清财政问题，应该说抓住了问题的要害，从而切中了明清尤其是明代财政制度的实质，并揭示出了其时财政运作的基本面相。明清财政体制日益僵化，日渐与社会生活和运作现实产生距离，正体现在这里。

《研究》的上述宏观性结论，都是在对明清财政的诸多重要课题作了深入探讨论证后获得的，见解独特新颖。研究明清财政问题，赋税徭役问题无法回避。而有关明代徭役问题，特别是均徭法等，一向聚讼纷纭，中国学者梁方仲、唐文基、伍跃等，日本学者山根幸夫、小山正明、重田德、森正夫、岩见宏等，都作过有益的探讨，其主张虽有以户或以甲为单位之别，但大体上认为均徭法推行的目的是完善里甲组织的税、役征收体制。作者对"均徭文册"的形式、官方指定的户别的役目、均徭法的目的和手段，以及实行均徭法前后的役法等进行细致考证和甄别，认为在实行均徭法之前，杂役是在有负担能力的人户之中进行点金，而均徭法以彻底的公平杂役负担的能力为目标，规定杂役由轮年应役的里甲各户承担；均徭法的具体应役方式并非以赋役黄册为依据，而是另造"均徭文册"或"龙头鼠尾册"等簿册进行派役，均徭法是利用里甲组织来实现十甲各户轮流当役，而不是将每个甲作为一个单位来派役。这是因为，明代的里甲组织虽然承担税粮征收任务，但在征收正常财政开支以外的地方性事务经费和徭役过程中，里甲组织并不是作为一个团体去应付各种负担。作者同意小山正明所说的均徭是"为了使里内各甲的徭役负担能力尽量均等化"，但同时指出，在一里110户、一甲11户的户数原则下，要调整到里内各甲间的徭役负担能力均等化，县内各里的负担能力均等化——实现里甲单位的均等科派的基础上的负担均等化，就必须放弃以居住地区区分里甲组织的编制，而在全县范围内寻求徭役的均等化。《研究》的这些思路和结论，确切地把握了明清时代赋税徭役制度发展变迁的大势和基本特征。明清役法改革，由明代的里甲制经均徭法及随后的一条鞭法到清代康熙年间各地先后实行的均田均役及雍正时期的摊丁入地，都是在县级范围内不断求平均的，"均徭""均役"都不是在里甲范围内展开的。

同为明代役法问题，或者说与里甲组织相关联的是里长的职责问题。明代典章规定里长的职能是"催征钱粮，勾摄公事"。对此，中国学者梁方仲、唐文基，日本学者清水泰次、山根幸夫、栗田宣夫、岩见宏等都有过解释。对"催征钱粮"向无异议，而"勾摄公事"则人言言殊，虽其包容范围有大有小，有广义和狭义之分，但普遍解释为承担里甲内及官府委托的公共事务，并解决由此产生的费用问题。作者从《水浒传》中当时人有关"勾摄公事"的说法，冯梦龙辑的《古今小说》中的大量事例，清康熙时人黄六鸿《福惠全书》中的说法，《古今类书纂要》所述，以及日本江户时代人的解释，同时还引用海瑞《督抚条约》中有关里甲的职责是"催征钱粮，勾摄人犯，外此非分宜然也"加以旁证，进而认为，所谓"勾摄公事"，自元代到清代，是一种官吏用语，专指诉讼过程中拘唤被告、原告和人证等事务。这里的"公事"，并非是指里长承担的各种事务和费用。毋庸赘述，作者如此旁征博引，从语境和语意两方面，分官方和民间上下两个层面，捕捉到了"勾摄公事"在那个时代包含的实际内容，应该说具有极为充分的说服力。如果我们循着作者的这种思路，仅在《金瓶梅》等文学作品中，就不难发现完全相应的"勾摄公事"的指称。真正弄清了明代里长的基本职责，这是《研究》的又一个重要贡献。

在考辨清楚了里甲的基本职责后，作者进一步论述了明代徭役问题的变迁和由来。《研究》认为，按照明初确立的财政制度，明代的上供物料和地方政府的"公费"等额外负担本来不由见年里长和十户甲首承担，永乐以后随着财政支出的膨胀，上供物料和"公费"等成为中央和地方官府的一项重要收入来源，成为里甲的额外费用，而这些额外费用大

岩井茂树先生与作者在京都大学人文科学研究所
北白川分馆庭院内

大加重了里长的负担，超越了其支付能力。为了规避重役，有些人户采用诡寄和花分等手段，逃避里长之责，从而造成了役困问题。由此可知，明代所谓的徭役问题产生的根源实际上是由于正额之外的各种附加性或追加性征收项目也要由里长和没有优免特权的庶民承担而造成的。《研究》有关明代徭役问题的精到结论，不仅使我们对于明初里甲组织的职能有了更为清晰的理解，而且也明了了其职能变迁的原由，更为我们确切地理解明中期开始的均徭法的性质提供了间接途径。

明后期的一条鞭法，在中国赋税制度史和财政史上有着极为重要的意义和地位，相关论著可谓无不提及，对其作过细致的实证研究的，至少有中国学者梁方仲、樊树志、唐文基等，日本学者西村元照、鹤见尚弘、谷口规矩雄等，但论者大多着眼于一条鞭法实施的积极作用，而对其存留的问题似认识不足，或殊少论述，更突出的是，对于一条鞭法与财政体系的关系还缺乏深入的检讨。鹤见尚弘认为，里甲制作为制度，因为一条鞭法，实质上已经解体，因为均田均役的施行，其名义也已消亡，随着均田均役和地丁银制，附加的、追加的徭役系统的课征体系必然彻底地消解。而《研究》在对明代诸多人的相关看法详加分析后认为，均田均役和地丁银制的成立只是一条鞭法的进一步的改革，随着一条鞭法的再版，从而更加巩固，而不是解体，在讨论明清赋役制度时，不是一条鞭法和地丁银制度彻底不彻底的问题，而是原来的徭役消失后又再生出新的甚至是更多的徭役的问题。植根于"两税法体系"的一条鞭法，从其实施的效果来看，不久又课征徭役，因为地方政府从上级政府所受的资金配分不充分，在禁止增税的情形下，"不合理"的摊派和"义务劳动"必然膨胀。作者同时指出，一条鞭法不仅统一了维持地方官府运作的各种徭役（四差），又在《赋役全书》等财政簿册中把这些费用作为定额列入存留，而原先的许多额外负担由此也被归入正额之内。一条鞭法推行的结果，削减并固定了地方政府的财政经费，目的是杜绝地方政府利用徭役征收所具有的弹性来获取额外收入。可到了17世纪中后期，随着军事开支的增大，财政日益窘迫，使得一条鞭法以外的各种徭役名目再一次扩大。而在实行缙绅特权的明代，具有缙绅身份的大户滥用优免特权，向无势力的庶民阶层转嫁徭役，使得平民下户的徭役负担更加沉重。因此说到底，明代的徭役问题，可以导向本质上是原额主义财政体系下的附加的、追加的课征的问题。《研究》这些看法，不独赋予一条鞭法更加恰如其分的地位，而且实际上指出了中国赋税徭役改革史上一个极为重要的大问题，这就是，每一次改革，都趋向于简、明、均，由人丁转而趋向于资产征税，也都收到了一时之效，但每一次改革实际上都将临时的、额外的负担纳入到了正额之中，而在额定税收量不变的情形下，在上交中央的财政量不减，而在开支和地方负担不断增加、额外与追加的负担不断滋生甚至膨胀的情形下，纳税者的负担实际上是不断加重了。这一点，明清之际的黄宗羲、顾炎武等思想大家就曾尖锐地指出过，今人一致称为"黄宗羲定律"。《研究》对一条鞭法及清代赋税制度的精深研究，清晰地揭示了明清赋税制度和财政制度史上的这一特点，毫无疑问，富有学术价值和现实意义。

如果说，《研究》对于明代财政问题的探讨深化了既有研究，那么对于清代财政问题的论述则更富开创意义。较之明代财政，学界对于清代财政的研究要薄弱得多。作者基于对清代财政原额主义的概括，从宏观角度考察了17世纪中叶开始的经济变动，探讨了清代财政收支与经济变动的关系，对清代财政的特征和流变作了多具原创性的考察。中央财政与地方财政或者地方存留银及其所占比例，以往几乎无人注意，作者考察了几个不同阶段的存留银及其在整个税收中的比例，从而有力地说明了清代地方财政日益窘紧的事实，也说明了养廉银创设时积极意义的丧失。作者详细列举了各省摊捐的项目和比例，考察了州县官非合法收入的各种陋规，分析了摊捐所出以及州县官各种费用的来途和去路，列举了时人对于存留削减而摊捐增大导致地方私征民间不堪重负以至引发严重社会危机的事例，得出重要结论：在清前期，尽管白银的购买力不断降低，导致了物价上涨，但正额财政的实际规模却不断缩小；同时由于州县财政开支的主要来源——存留银不断削减，而各种性质的"劝捐""摊款"又层出不穷，导致地方官府财政日益窘迫，为解决经费问题，地方政府扩大了附加性或追加性课征项目的范围和数量。基于此，作者进而认为，在财政体系中实行"原额主义"，其结果必然导致各种附加性或追加性课征的增大，并造成财政负担的不均衡；同时作为当时政治制度的必然结果，"馈送""规礼"等官僚之间的私人赠送广泛存在。财政负担的不均衡和吏治颓坏使利害冲突更加激烈，社会不稳定因素逐渐扩大，最终导致了王朝的覆亡。《研究》这种对于清代财政的把握和认识，不独切中时弊，看到了问题的实质，而且更为清后期的历史发展所证实，颇多启迪意义。从财政制度而言，清代官场窳败的根由，就不能如以往那样过分注重官员个人素质或道德因素。

《研究》一书，虽然重点在明到清前期，但对清后期乃至民国初期也予以了相当的关注，在作为清末财政大问题的内销和外销概念，体现清末中央与地方权力的督抚分权问题，清末"国家财政"是否得到重建，财政"祖法"与官场惯习等方面，均有精辟之论。

在史学研究方面，人们多倾向认为，西方学人长于理论架构，日本学人长于史料搜索实证，中国学人长于分析论述。而《研究》一书，似乎三者兼具，优长均足称道。《研究》一书的切入点颇为别致。清代地方官员征收漕粮，通常随意加征，加重纳粮户的额外负担，于是地方有种生监，掌握官员的劣迹，乘机要挟，分得些残羹，谓之"吃漕饭"。"吃漕饭"成为架构财政理念和社会现实之间的桥梁，反映出财政和政治的因果联系，也反映出了当时严重的财政问题。《研究》通过"吃漕饭"的吴青华事例来开端全书的写作，通过"吃漕饭"这一历史现象，以负担分配的问题为切入点，探讨明清财政制度的构造和其历史的展开过程，并由此追溯到明代徭役制度中的役困问题。这就以典型形象的事例，将人们的思维带进复杂乏味的赋税徭役制度的研究中。

凡前人已有研究且观点为作者接受者，与论述主题关系不大者，《研究》当省则省，当略则略，取其扼要。如漕粮征收过程中的浮收，史料俯拾皆是，前人也多述及，故书只提供了时人论述浮收的篇目，未再赘述；官僚机构内部监督机能的衰弱，人所尽知，且无关论述宏旨，故未曾检讨史料；嘉道时期导致社会重大变化的财政亏空，因与前此的酌拨制度的崩坏没有必然关系，也不予置论。

作者在征引文献时，其贡献不仅在于提供了一向不见或少见人使用的资料，如珍藏在中国、日本等地的《万历三十一年里长派使用银帐》《承当里役合同》《岁入岁出简明总册》《户部现办各案节要》《户部奏咨》《苏藩政要》《掖垣谏草》等，而且选用精到，旨在说明问题，而不过是罗列铺张，敷衍篇幅。

更难得的是，作者在展开论述时，如果看法较之以前有所修正，必定交代清楚，如坦陈其前此曾沿用均徭法的既有看法，其前此关于"外销"出现的时间的看法也不正确；更在充分肯定前人和同行决不掠人之美的同时，承认《研究》一书没有关注到盐课在财政收入中的比重和地位，没有明确论述到实录和会典等所载的财政额数的算法依据，政书和地方志所载数值的信赖度也需慎重检讨。如此等等，充分显示出作者实事求是承认尚有不足的学术气度，与时下那种专门揭人之过而隐己之短的学术市侩习气不啻霄壤。

《漂海录》研究的结晶

——评朴元熇对崔溥《漂海录》的研究

明朝孝宗弘治元年、朝鲜李朝成宗十九年（1488）闰正月初三，朝鲜济州等三邑推刷敬差官崔溥闻接父丧唁信后，率从者42人由海登船奔丧，不幸遭遇风浪，漂流海上14天，历尽艰险，在中国台州府临海县外洋获救登岸。在中国官员的护送下，崔溥一行从宁波启程，抵杭州，经行运河全程，抵达北京，在北京接受审问、谒见皇帝、获得赏赐后，由陆路回国，回到汉城。回国后，崔溥立即奉国王成宗之命撰写逐日经历，进呈日记，日记即名《漂海录》。

明朝永乐帝迁都北京后，朝鲜使臣由陆路经中国东北进京，关于东南部中国的记载就极为稀少。崔溥的《漂海录》，成为明代唯一一份行经运河全程的朝鲜人的逐日记录，详细地反映了明代中期运河沿线乃至东部中国的社会状况，弥足珍贵。这样一份极为重要的历史记录，长期以来吸引着世界各国学人的眼光。

早在20世纪50年代，曾在日本京都大学留学的美国人约翰·迈斯凯尔（John Meskill），从其京都大学的导师宫崎市定教授那里得知了《漂海录》，乃将此书译成英文，加上译注，题名为"*A Record of Drifting Across the Sea*，*P'yohae-rok*，漂海录"，并以此于1958年获得了哥伦比亚大学的博士学位。七年后，迈斯凯尔又以此为基础，在亚丽桑那大学出版社出版了名为"*Ch'oe Pu's Diary: A Record of Drifting Across the Sea*"的单行本。

与此同时，京都大学的牧田谛亮教授在研究日本僧人策彦周良出使明朝的《入明记》时，也对崔溥的《漂海录》作了比较性考察，发表了题为《漂海录和唐土行程记》的论文，并对《漂海录》加注标点，收录在《策彦入明记之研究》（下）中，于1959年由京都法藏馆出版。

在日本和美国学者稍后，韩国成均馆大学大东文化研究院1962年编撰《燕行录选集》时，收录了崔溥的《漂海录》，引起了韩国学术界的广泛关注。1964年，汉城大学的高柄翊教授发表了《成宗朝崔溥的漂流和漂海录》，奠定了韩国学界研究《漂海录》的基石。同年，金灿顺将节录《漂海录》译成韩文出版。1976年，李载浩翻译成韩文的完整本《漂海录》正式面世，韩国学界得睹《漂海录》的全貌。自后，迭有韩译本不断问世。1995年，曹永禄向第六届明史国际学术讨论会提交了研究《漂海录》的论文，依据《漂海录》内容，简要考察明中期的道教佛教之风、宦官的权力与明代政治、中国与朝鲜的关系。在朝鲜，1968年出版了朝、汉双文对照的《漂海录》，收入《朝鲜古典文学选集》第29册，不过对照本删节颇多，不甚完整。

在中国，北京大学的葛振家于1988年在朝鲜平壤金日成

《崔溥漂海录研究》书影

综合大学图书馆读到了《漂海录》的不完整手抄本，两年后，葛先生在高丽大学辛胜夏的帮助下读到了《漂海录》的完整原文。葛先生对《漂海录》比勘、标点、注评，于1992年出版了点注本《漂海录》。从此，《漂海录》逐渐为国人所知，葛先生绍介之力，功不可没。稍后，他将韩国、日本和美国学者研究《漂海录》的8位学者的10篇论文组织翻译成中文，加上他本人的2篇论文，于1995年结集出版，集中展示了各国学者研究《漂海录》的主要成果。又以论文集出版为契机，邀请了论文集的各位作者在北京举办学术座谈会，并修改其点注本《〈漂海录〉——中国行记》，改名为《崔溥〈漂海录〉评注》后再版。

新世纪以来，各国学者对于崔溥《漂海录》的研究，也进入了新的境界。日本关西大学松浦章教授，长期从事东亚海域史研究，搜集、编辑、出版和征引了大量相关史料，对崔溥的《漂海录》也撰写了论文。京都大学的夫马进教授，也于2003年2月组织召开了"东アジアにおける国际秩序と交流の历史研究"学术讨论会。会上，笔者报告了《朝鲜人眼中的中国大运河风情——以崔溥〈漂海录〉为中心》的论文，将《漂海录》放置于明代中后期运河行程书的范围内，结合明代制度，利用运河沿线地方志书，对《漂海录》反映的15世纪后期运河沿岸的经济文化、社会生产、生活习俗和城镇风情等作了探讨。韩国的曹永禄也整理旧作，重新发表。高丽大学历史系的朴元熇，更以长期积累，在2005年中连续发表三篇论文和一篇述评，对《漂海录》及各种译本发表了看法。

新近在中国出版的《崔溥漂海录分析研究》和《崔溥漂海录校注》①两书，前者是朴氏对崔溥《漂海录》精深研究后的结晶，后者是对崔溥《漂海录》原著本身精心解读后的校注。如果放在国际学坛衡量，总体而言，堪称有关崔溥《漂海录》研究的代表性高水准之作。

朴教授于崔溥《漂海录》的主要贡献有三：

1.清晰梳理了《漂海录》的历次版刻及其收藏情形，并对各种版刻的优劣作出了学理上的分析，搜罗宏富，心如发细。

《漂海录》撰成于崔溥回到朝鲜王京向成宗复命8天之后，至今已有5个多世纪，其间初刻翻刻、翻译整理，版本繁夥，良莠不齐。研究者大多不管版本，遇见什么就利用什么，只有朴教授在《崔溥漂海录分析研究》一书中对《漂海

①上海书店出版社分别出版于2014年和2013年。

录》的各种版本先作系统整理。一是考订各种刻本。据他考订，《漂海录》在朝鲜的最早官刻本，是现今保存在日本东洋文库的铜活字印本，大约形成于1530年。而《漂海录》以木版第一次开印，则是崔溥的外孙柳希春托付平安道观察使吴祥在宣祖二年（明隆庆三年，1569）于定州刊出的本子，即收藏在日本阳明文库的本子。第三种本子是柳希春于明万历元年（1573）刊行的校正本，即收藏在日本金泽文库的本子。第四种本子是在金泽文库本刊行103年之后，李朝肃宗三年（1662）由崔溥外孙罗斗春主导在罗州出版刊行的本子，如今收藏在韩国奎章阁。1725年，罗斗冬补修了奎章阁本缺失的木版，又在罗州出版刊行，如今收藏在韩国藏书阁。高宗三十三年（1896），崔溥的后代在康津以木活字再版了崔溥的《锦南集》，收入了《漂海录》，这就是如今收藏在韩国华山文库的本子。如此，朴教授主要征引李朝实录和朝鲜时代文人的日记类记录，将朝鲜时代官刻和崔溥后人刻印的6种《漂海录》的过程及来由等，厘清脉络，原委毕具，展现在读者面前。从本源上入手，与大多数研究《漂海录》的学者并不讲究版本，寓目一二种即作探讨不同，自然使得他所引原文足资考信。二是在厘清各种版本的基础上，进而对各种版本比勘异同，作比较性探讨。作者运用本校法（各种版本的比勘）和他校法（征引中国相关文献考证），对各种版本《漂海录》的内容作细致的考订比较，而后以列表的形式显示，并作数量上的统计，甚至还指出致误致异的各种因素。三是对学界所作《漂海录》的翻译、介绍和整理性著述的得失作出评价。作者分别对美国迈斯凯尔的英译本，朝鲜金灿顺的译本（1964年），韩国李载浩译本（1976年）、崔基弘译本（1979年）、崔周溶译本（1984年）和徐仁范、朱圣志译注本（2004年），中国葛振家的点注本，日本清田君锦的日译本（1769、1793年），以及韩文《漂海录》的谚解手抄本与《通俗漂海录》等各种木子分析。作者在肯定前人研究的前提下，列出崔溥《漂海录》的原文、前人译文或整理文字，再辅以正确的译文，指出既有译文或整理文本的舛误，两相比较，正误对错，优劣高下，立即显现。

2.在《崔溥漂海录分析研究》一书中，朴教授对《漂海录》的主要内容作出了深入探讨，而且索隐探微，发掘出诸多富有价值的内容，真知灼见，随处可见。

一是通过《漂海录》论述了明朝对朝鲜漂流民的遣返程序和情报传达。明朝遣返朝鲜漂流民，在《明实录》中有所

朴元熇先生主持韩中关系史讨论会

记载，但一鳞半爪，无法据以明了具体过程，而崔溥的《漂海录》提供了一个完整丰满的实例。朴氏结合李朝实录中的相关记载，细致考察《漂海录》，从中寻找相关信息，梳理出明朝遣返漂流民的具体过程和相关情报传送，揭示出崔溥遇险仍然生还这一信息的传送途径与时间节点，既与事实一一榫合，其情节也相当生动感人。作者更以此为例，认为漂流民崔溥的朝鲜遣返过程，展示了两国间业已形成的情报传递方法和中国国内的情报流通的实际面貌。迄今为止有关东亚漂流民的遣返研究，主要集中在清朝或日本的江户时代，而关于明代的漂流民遣返研究，似未见其他成果。就此而言，朴元熇的研究，不啻填补了相关研究的空白，丰富了明代中期中朝关系史的研究内容。

二是通过分析《漂海录》，揭示了15世纪的朝鲜如何迅速而准确地了解明孝宗即位后的政治改革。明中期的资料十分有限，崔溥一路记载，提供了其时社会风貌极为有用的材料。作者参看李朝实录和《漂海录》，通过崔溥与中土人士的对话，寻绎朝鲜得到弘治新政的实例、崔溥感受到的新政气象和崔溥获得的有关新政的信息。作者作为明史专家，熟稔弘治史事，深知崔溥《漂海录》的重要价值，其独具慧眼，不但弄清了朝鲜获得明朝朝政的重要途径，而且发掘出了填充弘治朝政的重要资料。

三是以崔溥《漂海录》为路标，探讨明代中国人是如何认识朝鲜的。既有研究多是通过《朝天录》等一类文献阐述朝鲜人如何认识明朝，而鲜少有人考虑明代人对朝鲜的认识。作者在广泛查阅其时中国和朝鲜的相关文献的基础上，别出心裁，以崔溥《漂海录》为经，明朝官员张宁的《奉使录》、董越的《朝鲜赋》及各种《皇华集》为纬，考察15世纪中国人对朝鲜的认识。作者认为，15世纪的中国官民大体上都持有朝鲜是"礼义之邦"的认识，对朝鲜的礼制表现出了极大的关心，对箕子表现出了极大的关注，尽可能去参拜箕子庙，对箕子是否有子孙非常关注。这些看法，无疑丰富了明代中朝关系史的内容。

3. 在《崔溥漂海录校注》一书中，对《漂海录》作了迄今为止最为精慎准确的校注，校核笺注，纠谬正误，厥功不浅。

如前所述，崔溥的《漂海录》，自清中期至今两个半世纪以来，日本、韩国、朝鲜、美国和中国学人前后做过诸多整理译介工作，其间虽不乏成功之作，但多数整理之作在点校注释文字排印方面存在严重的问题，读者难以凭信，以资征引。朴元熇作为韩国学者，对于弄清崔溥其人，了解李朝制度及当时朝鲜的社会状况，自有其独特优势，又谙熟中国历史，是著名的明清史研究专家，尤长于考订名物，对于《漂海录》中涉及的史事典故、人名地名、名物制度、官员职掌，乃至江海山川、宫殿陵寝等，无不作了精慎准确的注释。对于《漂海录》中涉及的中朝关系史事，主要征引明代政书和李朝实录，一一勾稽，交代出处。对于《漂海录》中涉及的驿站、铺递、浅等明代交通设施，以明代典制和方志记载，予以释读。对于《漂海录》中涉及的地方风貌记载，主要引用明代典制政书和地方志书，详加考订，指陈其史料价值（如崔溥所记黄家闸上之《眉山万翼碑》，因翌年即遭黄河泛滥没入水中，中国文献已经无从查找，也不见录于其他运河行程中；又如张辅为崔溥饯行所写的《送朝鲜崔校理序》，收录在崇祯《宁海县志》中，均被作者辑出，以彰显其史料价值)，并纠正其诸多舛误处。多数内容，注释相当详细，注文远超原文。作者对篇幅为七八万字的《漂海录》，前后倾注十数年之功，汇齐各种版本多方比勘，又广泛搜罗征引中国和朝鲜的丰富文献予以精心校注，向学界奉献出一部迄今最为精慎可以放心引用的精品之作，用广流布，嘉惠学林，其功不浅。

诚然，旧籍整理，以一己之力，总会残留缺憾，存有不尽完善处。如果苛求细节，《崔溥漂海录分析研究》和《崔溥漂海录校注》两书也不无小疵，可以再议。具体说来，约有如下数端：一是标点尚需斟酌；二是注释可以商酌；三是鲁鱼豕亥，文字输录之误；四是有些地方似应出注。如第125页"我所经处，浙江有通州，北京亦有通州"，前一通州，地在南直隶，非浙江，似应出注；第128页"国子监生员杨汝霖"，明代生员一般指府州县学生员，国子监生或称太学生，不称生员，似应出注解释。尽管如此，瑕不掩瑜，仍不损朴元熇教授对于崔溥《漂海录》注释及研究所作出的突出贡献。

（原载《安徽史学》2015年第4期，收入本集时稍有删节）

触手皆珍构宏篇

—— 松浦章《清代上海沙船航运业史的研究》述评

日本关西大学文学部教授松浦章先生致力于清代海外贸易史和上海沙船航运史的研究，二十多年来，发表了一系列相关论文，两年前出版了填补空白的专著《清代海外贸易史的研究》（朋友书店，2002年），今又推出另一部集大成式的专著《清代上海沙船航运业史的研究》，作为关西大学东西学术研究所研究丛刊第25种，由关西大学出版部于2004年11月出版，全书16开，565页。两书堪为分别论述清代对外贸易和沙船沿海航运的姊妹篇。

沙船航运，在江南地区与其他沿海地区以及海外交往史上发挥了不可或缺的作用。元代和明初朝廷大规模海运漕粮北上，均依赖沙船运输。明中后期沿海走私贸易兴盛，沙船航海极为活跃。清康熙二十三年（1684）开海设关后，沿海贸易和对外贸易进入新的发展阶段。嘉庆、道光年间，从上海启航，往返于北洋航线的沙船，常年在三千余艘，沿海交通成为有别于运河和长江的另一重要大通道，沿海贸易在江南经济的对外联系中发挥着日甚一日的重要作用，沙船字号也是当时上海最具实力的商业资本。

对于在江南经济和中国航海史上发挥过如此重要作用的沙船航运业，长期以来不断有人作过有益的探讨，举其重要者，如中国学者田汝康、周世德、杜黎、萧国亮、郭松义、朱梦华和辛元欧等，日本学者加藤繁、上野康贵和大庭脩等，都不乏真知灼见。但所有既有成果，主要集中在沙船的形制船式、沙船航运规模、沙船航运与资本主义萌芽的关系三个方面，而远没有揭示出沙船航运业的全貌，更不知沙船航运主的实态。松浦章20多年来的论著，特别是新近推出的这一《清代上海沙船航运业史的研究》（以下简称《沙船研究》），又为沙船航运业的研究作出了新的努力和贡献。

《沙船研究》全书由序说、正文三编十七章和终章以及资料编构成，具体篇章结构如下。序说：清代沙船航运业研究的课题。第一编：清代沙船航运业的萌芽。其中第一章，清代以前平底海船的航运；第二章，清代沙船的航运和船员；第三章，清代江南船商与沿海航运。第二编：清代江南沙船的航海轨迹。其中第一章，清代江南沙船和长崎贸易；第二章，清代江南沙船郁长发的航海记录——江南商船漂流日本；第三章，清代江南沙船的航运记录——江南商船漂流琉球；第四章，清代江南沙船的航运记录——江南商船漂流朝鲜。第三编：清代上海沙船航运业的展开。其中第一章，清代上海沙船航运业的展开；第二章，清代上海沙船航运业者的系谱；第三章，清代上海沙船航运业和钱庄业；第四章，清代上海沙船航运业和南货：上海棉布的流通；第五章，清代上海沙船的北货：豆货；第六章，清代沙船航运业和报关行；第七章，清代海运和沙船；第八章，咸丰八年天津入港沙船的货物；第九章，清末英商佣船金万利沙船的航运活动；第十章，上海南市的商船会馆。终章：清代上海南市沙船航运业的变质。

《沙船研究》序说回顾介绍了迄今为止学界有关沙船的形制、沙船与航运业的关系的研究状况，提出了清代沙船航运业研究的相关课题。第一编概要介绍了中国平底海船的活动，特别是沙船在元代海运漕粮和明代海防中的作用，考察了清代沙船海运业兴盛的具体内容。第二编运用了中国商船漂流的大量史料，考察了17—20世纪沙船前往日本、琉球和朝鲜的航运活动。第三编考察了沙船航运业主的事迹，探讨了沙船航运业与钱庄业、报关行的关系，论述了沙船南北往来运输的棉布、豆、豆饼、豆油等商品种类数量等；评价了沙船运输在清代海运漕粮中的地位与作用；以咸丰八年（1858）天津入港沙船的货物和英商雇船金万利沙船的活动为实例，揭示了沙船沿海运输的实态；以上海南市商船会馆为中心，描述了沙船字号的活动样态。终章则以当时发行的中外文报纸特别是上海发行的《中外日报》等为基本材料，论述了19世纪末到20世纪初沙船航运活动的变化。全书搜集材料之宏富，谋篇立意之新颖，考察范围之广泛，论述内容之具体，在同类课题研究中可谓无出其右。全书具有如下几个鲜明的特点。

一、取材途径宽广，挖掘出了大量罕见的珍贵资料

有关上海沙船航运业的既有研究，其资料来源主要是志书政书、文集笔记、造船海运专书和少量档案等，进入20世纪90年代以来，可以说殊少见有新资料被利用。《沙船研究》独辟蹊径，又取宏用广，原有材料来源以外，更广及沙船漂流档案、同业文书、家谱记载、中外文报纸等各个方面；中国所藏文献以外，更广及日本、琉球和韩国等地所藏；中文记录以外，更兼及日文、英文等。作者披沙拣金，贡献给学界的材料至少有：政书如《清会典》《会典事例》，档案如《历代宝案》《清代中琉关系档案续编》《宫中档》《海防档》、朱批奏折、《咸丰上谕档》中的有关内容；沙船漂流记录如记录日本文化五年（清嘉庆十三年，1808）崇明商船郁长发船漂到日本土佐的记录《土佐国群书类从·江南商话》（日本国会图书馆藏），《土佐乡土志料》（高知县立图书馆藏）卷一所收《文化五年江南船》《江南商船之图》《江南人尺迹》，《笔语杂录》《漂船笔语》（日本宫内厅书陵部藏），《江南船应对书上》（日本高知市民图书馆藏），1935年《土佐史谈》所载《文化五年土佐漂着船关系记录》等，漂流到朝鲜的朝鲜王国政务记录《同文汇考》和《备边司誊录·各司誊录》中的《问情别单》（韩国文教部、国史编纂委员会编纂，1981年11月逐次出版）；其他沙船航运和沙船号主情形的材料如《白性官话》（日本天理图书馆藏）和《送舢录》（日本

国会图书馆藏）等；家谱如《上海郁氏家谱》《上海葛氏家谱》《驿亭经氏宗谱》《上海王氏家谱》《续修王氏家谱》等中有关沙船字号主的材料；沙船航业等同业材料如《本会（绮藻堂布业公所）供应清朝官家布匹及处理同业纠纷等县府的往来文书》《上海市豆行米行商业同业公会·清同治年间豆行丰泰等七十六家行号环恳免捐事禀呈官府的文稿》（上海市档案馆藏）、《上海豆业公所萃秀堂纪略》（复旦大学图书馆藏）、《上海钱业公所章程》（上海图书馆藏）、《上海市钱业同业公会入会同会录》（上海图书馆藏）等；漕粮海运记载如《天津关海运漕粮免税清册》（日本静嘉堂文库藏），文集如《山海榷关政便览》（日本东京大学东洋文化研究所藏）、陈文述《颐道堂文钞·海运续议》、王庆勋《诒安全集》（上海图书馆藏）、王寿康《自鸣稿》（上海图书馆藏），青浦县贡生高培源《海运备采》（日本静嘉堂文库藏）等；日文记录如《华夷变态》《长崎志》《长崎志续编》《长崎实录大成》《续长崎实录大成》；日文调查资料如上海东亚同文书院《清国商业惯习及金融事情》《通商汇纂》等；散藏在各地的中外文报纸如《北华捷报》《时务日报》《中外日报》《国闻报》《申报》《闽报》《厦门日报》《盛京时报》《大公报》（天津）中相关报道。上述文献或材料，或本不为人所知，或前此未见人利用，或虽知其名而一般人无缘目睹，绝大部分都是极为重要的新资料，弥足珍贵，对于相关探讨有着特别的史料价值。涉猎如此广泛，搜罗如此宏富，在一本专著中贡献出如此丰富详瞻的新材料，可以说在近年的同类研究中是罕见的。没有"板凳甘坐十年冷"的执着精神，没有"竭泽而渔""上穷碧落下黄泉"的坚持不懈，很难想象能够达到如此境界。时下的不少论著（包括英文著述），材料来路不正不广，观其价值不新不细，很多只是大路货或用烂用熟了的基本材料，却动辄被人褒为材料丰富、资料翔实，准诸《沙船研究》，相距真不可以道里计。毫不夸张地说，单凭搜集和利用的新材料，《沙船研究》就具有极为重要的学术价值。

二、奠基在如此丰厚、新颖、细实的资料之上，《沙船研究》大大地开拓了研究事项

这又体现在两个方面：一是对于沙船航运活动的细化研究。如前所述，既有研究几乎从未涉及沙船航运业者的具体情形，其具体活动样态如何，人们殊少留意。这使得既有的成果有船而少人，看不到历史活动者创造历史的过程。作者筚路蓝缕，从失事沙船的漂流资料入手，从《同文汇考》《长崎志》《历代宝案》等日本、琉球方面的记载中，搜集了自康熙到同治年间漂流到朝鲜半岛、日本列岛、西南诸岛等地的江南商船的130个事例，列成表格，列明年代、商船所属地区、船主或船户姓名、乘船人数、目的地；统计出分地区分年代江南商船的漂流率；考察江南船商的航运经营实态，包括船主、船名，船主拥有沙船的数量，经营商品种类与数量，活动线路及范围，经营形式如租赁运输型、交易型，以及上海至日本长崎的实际所用时间等。作者从日本史料《华夷变态》中辑录了41则到达长崎的沙船记录，得出

松浦章先生代表作

结论：沙船形制是平底海船，上海与长崎之间的航行日数在 6~10 天，乘员为 30~50 人。作者更以郁长发的航海记录作为个案研究江南沙船航运业的经营实态，从珍藏在日本各图书馆的《土佐国群书类从·江南商话》《文化五年江南船》《江南商船之图》《江南人尺迹》《漂船笔语》《江南船应对书上》和《文化五年土佐漂着船关系记录》等书中，第一次揭示了郁长发船的经营形态，如所载商品，船主情形，船主字号规模，各船船名，沙船规格，船照号码，船员状况如姓名、年纪、外貌、来自何地，郁长发船活动情形等。毫无疑问，在前此的研究中，我们看不到如此具体的有关江南航运业者的活动情形。

二是对于沙船字号的实态研究。沙船字号经营世家的状况，长期来是人们关注的内容，既有研究对张（元隆）、朱、王、沈、郁氏等有过简单介绍。论者喜欢引用康熙后期上海张元隆立意置船百条的笼统说法，但沙船字号的规模到底有多大？其具体活动样相如何？沙船字号主的行状若何？似都未能说明。对于船主拥有的船数，清道光时的包世臣在《中衢一勺》中和王韬在《瀛壖杂志》中均提到过，但只说大户有船三五十号，或最豪者一家有海舶大小数十艘，而未言哪家大户。《沙船研究》由《送稠录》所载，得知蒋炳船多达21只，并有具体船名；由《问情别单》及其他材料，知道沙船号主郁泰峰有船多达50余只，嘉庆、道光年间的郁润桂有沙船70余只，雇用2000余人。又利用《中外日报》的报道等，增加了葛氏、经氏经正记、陈氏陈丰记等沙船字号世家。对陈氏和朱氏等沙船主，《中外日报》几乎是长时期跟踪报道，有关活动特别详细，《沙船研究》列表标示，其中对上海沙船字号世家郁氏的考述特别翔实。作者依据朝鲜王国收藏的漂流的一手记录嘉庆二十二年（1817）至光绪四年（1878）间的9份《问情别单》所载，与上海碑刻、地方志书、文人笔记、郁氏家谱等综合考证，弄清了郁氏的有关情形乃至其交游、藏书、发行银币等活动，尤其是揭示了作为航业代表而使用郁森盛号开展活动的郁润桂和其长子郁彭年、次子郁松年泰峰等显赫字号主的具体活动。作者又从《问情别单》中提供的大量信息，叙述了出航所需税票手续，商品种类价格；度量衡，银钱比价及其前后变化；沙船使用年代，沙船所用木料质地；船主与船员关系，船主拥有船只数量，船户与船工利润分配；舵工、水手详情甚至家庭状况，指出这"是解明沙船航运经营的重要资料，类似西洋诸国各船舶的航海日志那样的资料，中国商船特别是帆船情形极少记录的现状，就弥足珍贵"。在此基础上，作者对郁氏及其他沙船字号主的事迹予以评论，指出郁氏航运业兴盛时直至其衰退期，保有数十只沙船，尽力于上海与华北、东北地域之间的航运事业，其蓄积的财富的一部分，由郁泰年精心搜集古籍，其收集的重要古籍的一部分现在还残留在日本东京的静嘉堂文库，而沙船航运业者的王永盛商号、郁森盛商号、经正记商号等以其号名铸造银币，为清末的上海经济作出了贡献。作者更颇有见地地指出，要考察18世纪初期至20世纪初期200年间的上海历史，不能无视沙船航运业的活动。作者还将船商的发展与江南经济联系起来，指出由于江南经济的发展，带来了船商的兴盛。《沙船研究》有关上海沙船字号主的如此翔实的考证，展示出来的上海沙船字号主的面貌，可能是该书最为精彩和最为突出的成果。凭借这些成果，结合全书其他部分的有关论述，我们可以清楚知道清代上海沙船字号主的具体航海贸易活动和前后兴衰轨迹，上海沙船字号的面貌就更为清晰，清前期上海史特别是航运业史的内容就更加充实丰满起来，江南经济史从而也增加了重要的篇章。

三、细化或匡补了既有研究，这体现在各个方面

如清代上海沙船到底有多少，文献笼统而言有两三千艘，今人也人言言殊。根据档案中《锦州牛庄等属征收税银

清单》所载，《沙船研究》明确指出，嘉庆时各地前往东北的船只多达三千艘，其中主要是来自长江口附近的沙船，给人以明确的时代和数量概念。

如沙船的有关问题，一向是造船史界颇感兴趣的问题。关于沙船形制特别是其长宽比例，是造船史界一直探讨的课题，但很少用具体材料来证明。《沙船研究》依据松江府青浦县贡生高培源《海运备采》所载，清楚地复原了沙船的长宽尺寸、载重量，并与失事沙船的具体尺寸作比较，对照唐船图与南京船图，精确地确定了沙船的形状。如果能够弄清沙船的使用年数，就可以计算航运成本。时人均称沙船可用十年，甚至称一年不用即朽坏。作者通过《问情别单》中船员的回答，知道该船造于何年，可以推算其运营有长达二十余年者；又根据晚清《北华捷报》和《中外日报》的报道，可知沙船实际运营年数一般都在十年以上。关于沙船的造价，一向说不清楚。作者引用《上海王氏家谱》中所载称王文瑞道光十二年（1832）时建造张原发沙船一只，"计一应工料建本银九千三百八十八两"，可知沙船实际造价；记"十四、十九两年进坞修费共一千五百十七两"，可知沙船维修年及维修费用。又引用《北华捷报》中较详细的报道，说上海最大的船主有船60艘，大船装载6000石，造价每石需银7两，所以一艘大船要用上海海关银7000两。这些结论，要比前此的研究给人更明晰的认识。

如沙船运输的商品，论者都知道南布北豆（饼、油），但具体商品种类及其价格并不清楚。《沙船研究》设有《咸丰八年天津入港沙船的货物》专章，利用《天津关海运漕粮免税清册》所载，考察了当年沙船搭载的具体商品及其价格等，更列成表格反映日期、船户名、装载商品名称。因为这是按定章免税而被记录在册的，所以由此我们又可以清楚地了解其时海运漕粮搭载商品的具体操作情形。

如沙船航运业与其他行业的关系。沙船航运业靠钱庄挹注资本，钱庄靠放贷沙船运输获取厚利，一向为人论述。作者利用上海钱业同会录和《申报》《中外日报》等资料，具体考察严同春沙船商号，并据《中外日报》所载列表示明；又以《字林沪报》《中外日报》等所载考察李也亭久大沙船商号。沙船航运业与棉布业的关系是又一重要关系，盖因沙船北运货物以棉布为最大宗商品，前此的研究可见于徐新吾先生主编的《江南土布史》，书中提到了祥泰布号的情形。《沙船研究》以《中外日报》所载，首次考察德大号布行经营沙船业运输的详细情形，更列表示明。对沙船航运业与报关行，《沙船研究》考察了具体的税行、税牙及纳税手续等，得出结论认为，从上海的碑刻资料和《字林沪报》等所见的"税牙""税行"，是后来被称为"报关行"行业成立的先驱，是古代中国各港湾业已存在的船行的一种。这种结论是能够成立的，我们只要看看清前期作为江海关分关太仓刘家港的纳税情形，就可以印证这一点。《沙船研究》的所有上述研究，都深化并推进了相关课题的研究。

如上海南市的商船会馆。这是一个实力雄厚、成立较早、而又不同于同时期上海其他地域会馆的商人同业会馆，在上海航运史上和工商团体史上都有着重要地位的一个组织。《沙船研究》考察郁氏等沙船号主在商船会馆中的活动，考证苏州人石韫玉主持商船会馆事务的具体时间等，均甚为精当。

如沙船航运业在清代漕粮海运中的作用。清代漕粮海运是中国运输史和海运史上的大事，也是官运商力的进一步发展，但以往研究多从漕粮运输的角度论述，而很少从沙船字号的角度讨论。《沙船研究》从《江苏海运全案》和《浙江海运全案初编》等书中辑出有关材料，作成"道光六年海运郁同发船航运表""道光六年海运沙船运航表""道光六年海运郁其顺船运航表"和"道光六年海运上海籍沙船重复运航表"，而且通过沙船始发地、卸粮地和购货地的地方新闻报道，具体地描述了沙船装运漕粮和贩运豆粮，包括到港离港日期等的详细情形，赋予了沙船在清代漕粮海运中的应有地位。

作者在松浦章先生办公室

如清代后期沙船运输的衰落，学界虽有较多研究，但限于材料，大多只是描摹了衰落大势，而有欠细致。《沙船研究》用三章的篇幅，专门加以考察。随着五口通商，外国商人航运势力加入沿海贸易（同治元年，外国船只也可经营豆石运输），随着汽船运输业的发达，沙船航运业日益衰落。但在此衰落过程中，也有沙船被外商运输业雇用。《沙船研究》列出《清末英商佣船金万利沙船的航运活动》专章，考察了日俄战争后被日本军舰扣压的金万利沙船的航运情形，探明了金万利号自1899年到1905年间的航运活动，发现该船曾先后为陆吉号、益昌号、永记、裕兴号、顺永号、吉裕号、萃丰号、德大号、协泰号9家商号和英商丰茂洋行运输货物，更进一步认为金万利号并不属于特定的沙船航运业者，而是沙船船户自主经营的船，是一只可以租赁运输货物的营业性沙船，是典型的租赁经营型沙船。作者还系统搜集了金万利号活动地域的方志记载以及日方的记载等，按时间列表示明金万利号的航运业状况。更如实地指出，以金万利沙船为代表的活动，"这应该看作沙船在航运业务锐减下求生存的一种手段"。《沙船研究》又辟《清代上海南市沙船航运业的变质》专章，以上海出版的《中外日报》等报道为主，在近代政治变迁下，解明上海沙船航运业的实态，列表"入港沙船数表"，以揭示1899—1902年间每年抵达上海的沙船数；列表"1899年上海南市主要沙船商号的航运状况"，以表明各号沙船只数、航海数、主要航运地；列表"镇康号沙船航运业1899年中航运状况"，以表示该号沙船经营状况；列表"1900年上海南市沙船商号所有船舶·航海地"，以说明上海南市沙船主所拥有的沙船数量、航海次数及抵达地；列表"1900年沙船航运地比率表"，以显示东北各口到达沙船的比例；列表"1900年沙船航运实绩表"，清楚地揭示了该年各商号各沙船航运到东北各口的具体次数等情形；列表"慎记沙船商号的钱增裕沙船的航海事例"，将该号自1898年至1902年间的航运情形展示出来，并进一步计算其所历天数，日行里程，探讨所费时间多少的原因。又根据档案作成"天津入港海运沙船数"；根据《时报》所载作成"光绪三十一年（1905）沪南油市进口油豆船"以及"宣统年间进入上海的沙船轮船数量表"等。更以光绪八年（1882）巨顺亨号，光绪二十四年（1898）巨丰顺、周裕丰，光绪三十一年（1905）陈丰记的倒闭为典型事例，论述沙船业的衰落。这样的研究，以具体的数据来说明近代上海沙船业的衰落及其程度，将结论建立在可靠的数据之上，具有极为充分的说服力。

《沙船研究》也有匡正之处。如加藤繁根据字号所发银饼，断定王永盛、郁森盛和经正记，无论哪个字号都是钱庄的牌号，而《沙船研究》明确指出这几家实际上都是沙船业巨商，而不是钱庄。

《沙船研究》的作者广泛搜集珍藏在中国、日本和韩国等地的资料，从中文、日文和英文等文献文书中贡献给学界大量而又系统的第一手资料，并对清代上海沙船航运业作了全方位、多层次和新视角的考察，清晰地展示了清代沙船航运业的全貌和上海沙船字号主的实态，大大地推进了相关专题的研究，《沙船研究》从而堪为沙船航运业研究的集大成者。然而同任何研究一样，令人略感不足者，《沙船研究》也存在尚待斟酌和明显的缺憾之处。

有些问题似可进一步深入探讨。清廷道光年间海运漕粮，招徕沙船装运，既给水脚，又准议叙，但很多沙船并不愿意受雇，甚至已具承揽者也逗留不前，盖因民间贩运之利厚于官运所给水脚，官方发放运价又多克扣窒碍；后来由于油豆饼生意被夺于轮船，沙船运输整体衰落，随着外国轮船可以经营油豆饼运输，有税无厘，运入内地时又用半税单以免厘，沙船经营更雪上加霜，多致沙船失业，装漕粮则既有运费，又能搭载货物，回航时又可到关东买货回南销售，故沙船业又争先恐后，唯恐不能揽运到官方漕粮；然而官府克扣运费，或不能及时发放运价，沙船又畏缩不前，以致海运局封关，不准沙船驶出。有关沙船对装运漕粮态度的前后曲折变化，沙船运输与轮船、外国运输业的关系等，似可以进一步探讨。

有的问题还可作些深入考证。《沙船研究》在引用沈宝采的《忍默恕退之斋日记》提到咸丰五年（1855）上海有24家船商时，认为其中的陈有德、陈文献极有可能是陈增钧家，即陈丰记沙船号，但后文所引《中外日报》光绪二十七年（1901）的报道明确提到"商船董陈丰记主陈犗"，显然此陈丰记号主不会是陈增钧，陈有德和陈文献更不可能是同一个号主陈增钧。

有些问题有无可能进一步论述？如豆货具体交易形态，书中未曾深论，从现有材料来看，是可以作些努力的。再如书中提到了各个时代的沙船号主，也制作了多份有关沙船字号主情形的表格，均极有价值，但对沙船号主数量之前后变化有无可能作出更具体的统计，或者作一个大概的估计？沙船航运业兴衰对于上海市面乃至江南经济都有重大影响，有无可能进一步分析，作出估价？这些问题，都是值得作者和我们共同考虑的。

个别地方明显有疏忽或误笔。第250页表4和253页表6，都是"道光六年海运郁其顺船运航表"，完全相同。第244页将道光六年实施海运的陶澍称为安徽巡抚，其时陶澍实际是江苏巡抚。作者从《时务日报》和《中外日报》中检出沙船名、商号名、列表示明；更从《时报》中列出宣统元年十二月至民国元年四月"沪南油市进口油豆船表"宣统二年正月至辛亥年十二月"上海入港油豆船（沙船）连轮船数"；又从《沪报》《字林沪报》《同文沪报》《时报》、天津《国闻报》和《大公报》《盛京时报》《申报》中抄录出有关航运的资料；从《时报》中检出沙船名号、来航地等；依据《江苏海运全案》编成道光六年实施海运船册、道光六年海运沙船名索引等，将这些从浩繁卷帙中查检出来的材料都作为附录，与人同享，大气大度，难能可贵，只是所附资料断句时有错失，令人不免有美中不足之感。书中印刷错误也有不少，与该书的学术价值不相适应。

综上所述，《沙船研究》征引材料极为丰富新颖而论述略显不足，是一部既有开拓又有深化的有关沙船航运研究的集大成之作。

（原载《史林》2005年第3期，收入本集时略有删节）

明代江南出版文化研究的开路之作

——读大木康《明末江南的出版文化》

1999 年 8 月，笔者作为哈佛燕京访问学者，在那里从事研究，大约 10 月的某一天，同为访问学者的大木康教授将其新著《明末江南における出版文化の研究》一书惠赠。欣喜的同时，十分感佩作者在明清史和江南区域史研究领域已着先鞭，作出了颇具开拓意义的研究。

明中期起的江南，成为全国最大的棉织业和丝织业商品生产基地，市镇大量涌现，城市高度繁荣，是全国极为突出的商品流通中心；科举考试最为成功，及第人数多，名次前，功名显赫，成为全国最为突出的科考重地，"大江以南士大夫"，就是江南簪缨相望的代名词。经济发展、科考成功、文化繁荣，既为出版的兴盛奠定了坚实基础，又为出版的持续发展注入了源源不竭的动力。

我们现在捧读到的《明末江南的出版文化》（上海古籍出版社，2014 年）一书，就是专门反映明后期江南出版文化的专著。该书由著名晚明文化研究专家、日本东京大学东洋文化研究所大木康教授撰著，周保雄翻译。其书于 1991 年作

《明末江南的出版文化》书影

为《广岛大学文学部纪要》第五十卷特辑号一出版，名为《明末江南における出版文化の研究》，后经增订，于2004年由研文出版社出版，改名为《明末江南的出版文化》。现在的中译本，在原来的正文五章以外，增加了作者后来的四篇相关的研究论文或讲演稿，内容更加丰满，较为全面地展现了作者在晚明出版文化领域所作的学术贡献。

中国是发明印刷术的国度，对于历代书籍出版的研究成果极为丰硕，然而学界研究的思路，基本上专注于书籍史本身，诚如刘光裕先生在给章宏伟的《十六—十九世纪中国出版研究》（上海人民出版社，2011年）作序时论到中国出版史研究现状时所说："当今出版史，囿于书籍史藩篱而难以自拔，几乎成为一种痼疾。缪咏禾的《明代出版史稿》，在出版管理、装帧设计与印刷、图书的经营与流通等方面，颇多突破书籍史藩篱，体现出出版史特色。"只是刘先生可能没有注意到，其实早在缪著出版前的十年，东瀛的大木康先生即已出版了专门探讨晚明江南出版文化的专著。

大木先生的专著，跳出技术专门史研究的窠臼，未曾考证江南各地到底有多少书坊、藏书家，官刻本、家刻本和坊刻本的比例，未曾统计刻本类别的数量，也未曾评判各家书坊刻书的版本及优劣，也未像上世纪中国学界以资本主义生产关系的萌芽去探讨刻书印书业，而是从社会文化史的角度，专门探讨晚明（原著称明末，涵括嘉靖、隆庆、万历、天启、崇祯五朝120余年）时期江南出版的相关面貌，体现出令人耳目一新的视角。正文五章，依次考察晚明江南书籍的出版状况、江南出版业隆盛的背景、江南出版文化诸相、江南的出版人和《儒林外史》反映的出版活动，附录四文，分别探讨晚明出版文化的成就及其影响、明清时期书籍的流通、明末画本的兴盛及其背景和明清两代的钞本。如此结构和思路，既不是作者最为擅长的文学史的路数，也不是书籍出版技术史研究的套路，而全然是社会文化史的方法。正是这样的立意宗旨和考察内容，充实和推进了晚明出版史和江南文化史的研究。

大木先生的探讨，似乎也与我们印象中的大多数日本学者的方法有异。全书没有罗列丰富的材料，运用排列归纳的方法得出结论，而是选择主要方面，采撷典型事例或代表性人物，运用最能说明本质的核心材料，论述晚明出版文化的基本面相。如论述晚明江南书籍出版的状况，作者从出版数量的增加、刻书地区的变化和刊刻形态的变化三个方面探讨；探讨晚明江南出版隆盛的背景，作者从技术的进步、原材料的供给与刻工、书籍的需求和书籍的价格四个方面着手；描述晚明出版文化诸相，作者选择李贽思想的流行、华亭民抄董宦事件、东林和复社、明清鼎革时期的信息传递，以阐明书籍出版、大众传媒所起的作用；评论出版人，作者介绍了陈继儒和冯梦龙两位名人，既别出心裁，又十分精到；展示晚明出版界的众生相，则以《儒林外史》为脚本，以形象揭示。以上选取的事例和人物，看似轻而易举，信手拈来，其实对江南地域社会稍有了解的人都知道，要在浩瀚的江南地方史料和晚明五光十色的文人生活中选取合适的标的物，恐怕只有那些非常熟悉江南区域文化和历史，并且对于明代出版文化作出深入研究的人才能做到。

大木先生的研究，着眼于晚明出版文化，从而也提出了诸多具有启发性意义的课题。书中择取的事例和人物，其实多是学界相当熟悉的，既有研究也较为深入的。如万历年间华亭县民焚抄乡宦董其昌，以往多从阶级压迫民众造反角度立论，而殊少从大众传媒如何使事件不断发酵角度考虑。东林和复社，是学界长期关注的课题，成果极为丰硕，迭有进展，但以往研究，都从社团活动和党争角度立论，也未就出版和媒体在它们的成长和壮大过程中所起的作用作考察。陈继儒是晚明"山人"形象的代表，冯梦龙是晚明通俗文学家，人们耳熟能详，但很少有人探究他们在出版领域的活动。从这个意义上说，大木先生的研究，无疑丰富和深化了晚明江南社会的研究内容。

大木先生别具慧眼，也对晚明江南社会文化提出了诸多概念或新看法，富有创意。如通过对李贽思想的流行、民抄董宦事件的发展、东林和复社的活动和明清交替时期信息的传递等事例的考察，认为晚明已是"初期大众传媒社会的成立"时期。又如通过对读者的上层和中间层的分析，认为明末中间层读书人数呈增多态势，"可以看到书籍日趋大众化，中间阶层的扩大，正是书籍普及的巨大推动力"，将读者分层考察，可谓作者的一大贡献。又如通过对袁宏道《时文叙》内容的分析，认为袁宏道虽然批判以模仿范文为旨的复古派，但从中可以看出八股文"具有追求新的一面"。再如在附录中探讨钞本的价值时，作者比较了众多书籍特别是《聊斋志异》《儒林外史》和《红楼梦》等清代小说后指出，今日所见清代曾被列为禁书的著作，皆是以钞本形式秘密传播，这正是它们虽被列为禁书但不曾完全消失的原因，明清

哈佛燕京学社访问学者（1999—2000年度）合影
（五排左三为大木康先生，右二为作者）

时代是刊本的时代，而钞本却与刊本同时存在，应有其一定的价值。诸如此类，均不乏真知灼见。

此外，作者言简意赅，文笔流畅，通读其书，获取大量新信息的同时，还给人一种赏心悦目的感觉。

诚然，晚明江南出版文化内容十分丰富，诸如书籍从出版到流通，板材和纸张的来路及种类，本子的来源、文字的校对、刻工的雇请及工价，书籍的刊刻与收藏者及地域的分布，官刻、私刻与坊刻的消长变迁，稿本、刻本、钞本之间的区别与联系，出版文化与经济发展、社会变迁、社会生活、文人活动的关系，出版文化繁荣的背景及其对于社会文化的影响，江南书籍的海内外传播，江南出版文化的地位等，学界的研究现在正不断走向深入，而自然不是十余年前形成的一本十五六万字篇幅的专著所能全部涵盖并作出深入探讨的，因此也就难免存在明显不足或遗憾。

就大的方面来说，作者既全面介绍晚明江南书籍的出版状况，不能仅仅考察苏州、杭州、南京三大城市和常熟等地区。万历时胡应麟所谓刻本"苏、常为上，金陵次之，杭又次之，近湖刻、歙刻骤精，遂与苏、常争价"，已经全面概括，常州（具体是常州府的无锡县）、湖州的刻本，较之三大城市，毫不逊色。然而，对于当时出版非常有名、很有地位的无锡桂坡馆安氏、会通馆华氏和湖州府乌程县凌氏、闵氏等，书中只字未提，似不应该。全书既是着重考察出版文化，附录又有专文论述书籍流通，书中也曾提及徽州、湖州书商，却始终未曾涉及晚明时期在江南极为活跃的歙县吴其贞家族、休宁王越石家族和李日华笔下的方樵逸与吴雅竹等徽州书画商人。书中辟有专节,考证晚明书籍的价格,描述书价的趋廉过程,非常精彩。只是嘉靖年间两次入明的日本使者策彦周良,在其《入明记》中留下了不少书价资料,可以据以分析晚明书价的具体情形,也未见作者提及。相信作者熟悉以上所述事例,也属题中应有之内容,却全部疏漏,不免美中不足。

就小的方面来说,作者征引典型材料,所作解读堪称精到,但若苛刻地说,也有失手之处。书中第65页引录《儒林外史》第一回记载元末王冕幼时情形,说"他早年丧父,为了生计而去放牛,每天领到工钱二钱"。原文实为,王冕的东家说:"每日早上,还折两个钱与你买点心吃"。"两个钱"是两个铜钱的意思,不是白银二钱,王冕为人放牛,是断断不可能获得每天二钱银子的报酬的。

161

(原载《中华读书报》2015年4月29日)

伍跃《中国的捐纳制度与社会》评介

　　中国是科举大国，前后实行1300余年的科举考试，影响中国社会至深且巨，因而一直备受人们关注，成果源源推出。然而，与科举几乎具有相同功能，某些方面甚至具有科举所没有的功能，并影响到科举作用的发挥，在明清中国的社会流动中极为重要的捐纳制度，却殊少有人研究。

　　在寥若晨星的研究成果中，许大龄先生发表于1950年的《清代捐纳制度》（《燕京学报》专号第22号，后收入氏著《明清史论集》，北京大学出版社，2000年），利用关于捐纳问题的不少具体规定，即捐例以及相关公牍，并走访清末曾任吏部文选司掌印郎中的崇彝，将清朝一代的捐纳区分为开创期、因袭期、变更期，并从暂行事例和现行常例的区别、捐纳的具体规定和报捐者的铨选问题三个角度，说明了清代捐纳制度的基本构造，更在分析捐纳造成恶果的同时，介绍了清朝人就取代捐纳而提出的种种方案。该著以丰富坚实的史料为基础，提出了诸多经得起历史考验的结论，即使在大量史料尤其是档案史料被陆续公布的今日，仍然是研究捐纳制度必不可少的重要参考书。

　　作为研究清代捐纳制度的一部拓荒性力作，许著"开辟了清代政治史研究的一个领域"（冯尔康：《清史研究与政治》，《史学月刊》2005年第3期），厘清了捐纳制度的诸多基本问题，也为捐纳制度的继续研究夯下了坚实的基础。然而整整一个甲子过去，学界对于捐纳的研究，再无大的进展，黄仁宇、何炳棣等重量级学者对捐纳制度的一些误

《中国的捐纳制度与社会》书影

解依然流行，《中国大百科全书》等工具书相关条目的失误仍未澄清。令人欣喜的是，许大龄先生的学生、现在供职于日本大阪经济法科大学的伍跃教授新近推出的《中国的捐纳制度与社会》（伍跃：《中国の捐纳制度と社会》，京都大学学术出版会，2011年）一书，或许有望弥补中国捐纳制度史研究的种种缺憾，恢廓中国捐纳史研究的新局面。

许著着重制度，重在兴革，而伍著着重官僚人事制度史和社会史，既厘清制度的规定，更着眼实际的运作，结合制度和运作，从捐纳和科举、捐纳和官僚铨选、捐纳和社会流动等方面，探讨捐纳的功用地位和影响。

伍著由序章、正文八章和终章构成，正文依次为：第一

章，明代的例监与纳贡；第二章，清代的报捐制度；第三章，清代的报捐与印结；第四章，捐纳出身者的登用与候补制度；第五章，清代官僚的升进人事与捐升——以捐升制度的成立为中心；第六章，官僚的惩戒处分与捐复制度——以捐复制度的成立为中心；第七章，清代的赈捐——以光绪十五年江浙赈捐为中心；第八章，捐纳制度的实施与商人。全书在以下几方面取得了较突出的成绩。

一是视角新颖，清晰揭示了捐纳对于社会流动的重要作用。捐纳制度在明清时期实行500余年，一向遭人诟病，连最高统治者也多意识到其消极作用和恶劣影响。既有研究多从捐纳和财政层面着眼，注意到捐纳之实行，是朝廷为解决财政问题，摆脱财政困境所作的举措。然而何以在财政并不拮据的康乾盛世，捐纳制度仍实行不辍？即如许先生，就明确将其归结为供给军需、政治作用和优待满族。伍著别出蹊径，见物见人，以人为中心，先从人事制度史的角度，探讨了社会各界利用捐纳取得入仕与铨选的资格、取消或减轻处分、升官晋级等问题；继而从社会的需要和影响的角度，通过分析明清时期的人们对捐纳的观察和利用，列举明清两代通过捐纳走上正途成为科举考试捷径的事例，研究了捐纳作为社会流动工具的有效性，指出捐纳作为社会流动的工具具有一种终身有效性，即捐纳不仅可以推动人的上行流动，还可以对可能预见的下行流动采取事先的防止措施，当下行流动发生后，还可利用捐纳挽回或减轻下行流动所带来的损失。伍著提出，清代捐纳的制度化，官从财政利益出发，民从自身需要出发，是官与民社会互动的产物。清代的捐纳，既可捐贡生、监生等出身，又可捐实官资格，还可捐顶带、翎枝等虚衔与封典；既可捐京官郎中以下、外官道府以下、武职参将游击以下等升迁，又可捐降革、留任、离任、原衔、原资、原翎捐复等维持或防止降职；既可捐分发指省、加级、记录等任职，又可捐补原缺、免试俸历俸、实授保举、实用离任、引见、投供、验看、回避等，名目繁多。许著及随后的捐纳制度的研究，已将捐纳之类别、形式、名目、捐额等规制以及开捐原因等论说明白，而均未垂意于社会流动之功用。将捐纳于社会流动的功用论述明晰，从本质上把握捐纳的制度与运作，正是伍著的一个重要创意。

二是左右兼顾、翔实阐明了捐纳与科举制度的关系。明清时期，科举与捐纳，本是人们登进和社会流动的双翼，所谓"士人从科甲谋出路……富家子弟则捐纳一途可进。天下各得其平，各展其才"（佚名《各省印结》跋）。既有研究却人为割裂，或只论科举在社会变动和社会流动中的途径作用，或只看到捐纳影响科考者仕进之路的一面。伍著既关注科举的结果，更关注科举功名取得的途径，择举大量事例，从历时长短与经济代价等方面，分别解析科举与捐纳的仕进功用，从而客观地探讨捐纳与科举的关系。伍著先如是论述：科举正常顺序下，必须经童生试，而乡试而会试，但如果捐纳贡生、监生，获得乡试资格，就跳过了童生试，而直接进入了乡试。也就是说，所谓正途，有了捐纳，未必全是通过考试，正途已不纯"正"；捐纳成为科举制度的有机部分，既是社会流动的工具，对于作为社会流动的主体的人来说，捐纳在本质上就与科举并无二致。伍著的这一视角，前人似从未提及，訾议捐纳为异途者也从未指陈。再就官僚人事制度立论，捐纳可以捐即选即用，任职已着先鞭；铨选后可以捐升，捐保举，升迁步伐加快；为官后可捐考满等，可以事先防止下降；如遭降罚，因故去职，可以捐复，拓宽自新再生之路。明清时期无论正途杂途的官员，利用这种机能者大有人在。伍著在充分举证后，于终章精辟指出，捐纳与科举同样是社会流动的重要工具，并且在相当程度上支持着科举，捐纳作为社会流动的工具还具有如下特征：第一，长期有效性。科举的作用仅仅限于取得出身资格，一旦取得了这种资格，科举作为社会流动工具的作用就基本结束了，而如果将社会流动放宽到人的整个生涯时，捐纳作为社会流动的工具则具有一种终身有效性。第二，防止下滑流动的机能性。捐纳与科举一样，向"贱籍"之外的所有社会成员开放，但捐纳所具有的庶民性远较科举广泛，完全循科举求得出身，一定的学力和经济实力的结合是科举成功必不可少的条件，而在捐纳制度下，只要具有一定的经济能力，均可援例取得出身，一时无法筹措资金的人也可通过借贷的方法捐纳，从而改变自身的社会地位。第三，使用的柔软性。科举作为社会流动的工具有着严格的使用条件，要由本人在指定的时间和地点参加指定的考试，而捐纳则不然，无论本人自理还是他人代办，无论作古之人还是刚出世的婴孩，无论在故乡还是异乡，作为社会流动的工具，可以满足各类社会成员的不同需求，即庶民可以借此获得出身和官僚的铨选资格，官僚可以用它尽快升迁或防止地位的下滑，官民还可以用它来光宗耀祖。将捐纳结合科举制度考察，再比较捐纳制度与科举制度的特性，从而形象地再现了捐纳制度和科举制度在中国社会的功用，正是伍著的另一个重要创意。

三是一以贯之，深入探讨了捐纳制度与官僚铨选的关系。无论科举还是捐纳，目标均在出世仕进，必然与官僚人事制度有关，而因为有了捐纳，官僚人事制度就充满变数，内容更加丰富多彩。严格地说，明清捐纳制度下买卖的并不是官位或官职，而只是做官的资格，这一点，以往的理解并不准确。未有功名者，可以通过报捐，购得出身资格，并在此基础上购得铨选资格，现任、候选和候补的官僚则可以利用捐纳取得升职晋级的资格，但无论哪一种情形，均只是进入了候补官序列。庞大的候补官群体，成为前近代中国政治史、官僚制度史及近代中国社会无法回避的重要问题。研究捐纳的功用和社会影响，也必然要研究捐纳之于候补官的关系，而既有研究简单地理解为捐纳获得的是官位，所以对此认识不足。伍著以三章的篇幅，着力探讨捐纳对于官僚人事制度的影响。在第四章《捐纳出身者的登用与候补制度》中，主要讨论捐纳出身者利用候补制度得到官缺的问题。首先，说明清代的官僚铨选制度与候补制度的区别，以知县为例分析通过吏部月选取得官缺的资格；而后，根据新近公布的档案等资料，探讨候补制度形成的过程，以数量统计说明各省候补官员的人数和通过外补得缺的概率，进一步阐述前人很少提及的"分发"和"指省"捐纳的由来和结果，通过候补官的登用形式、职责和收入等，阐明了候补制度的前后变化。1871年，候补于湖北的汪曾唯感叹："茫茫宦海，正不知何日得登彼岸也。"（陈汉第：《冬暄草堂师友笺存》，中华书局石印本，1937年，第244页）《官场现形记》将候补道列为清末南京"三多"之一。可见，候补官要得到实缺，不知有多少路要走。伍著即将候补时的新班先用、新班即用、遇缺先用、轮用班次等各种班次，各种花样的捐纳述说得清晰明了，通过学理的分析，展示了捐纳候补官缺的丰富内容和候补官的"就职难"的实态。

以往研究捐纳制度，主要集中在一般民人捐纳，而现职官员如何利用捐纳制度作升进计，则尚不完全明了。官僚如何升进，居于官僚人事中心的位置，影响到社会全体，对其研究，可以加深认识清朝官僚制度的设计与运用，进而准确把握前近代中国社会。伍著在第五章《清代官僚的升进人事与捐升》中，讨论捐升在清代官僚人事中的作用。首先利用《品级考》说明"应升之缺"，然后通过对"历俸""分缺"问题的分析，叙述清代官僚晋升制度的基本规定，阐明捐升制度在清代的形成过程。最后还通过《大捐履历》的记录，发现捐升者中现任官僚远高于一般民人的贡生、监生占79%，进而指出捐纳成为维持社会地位并不断向上的工具。

"捐复"，即通过捐纳取消或减轻处分的制度，是官僚考课制度中的重要环节，学界对于中国官僚人事考课制度的研究非常深入，而对于"捐复"制度几无研究。伍著在第六章《官僚的惩戒处分与捐复制度》中，首先叙述清代官僚考课制度的基本特征和前后变化，探讨捐复制度的适用对象和具体金额及实施办法，到18世纪中期以后，在各地督抚的积极推动下，捐复被归入"现行常例"，凡因"公罪"受到降革留任或离任的官员大多可以援例捐复，恢复原级原职，至少可以减轻处分。而后分析考课制度与捐复制度如何并用，指出通过考课制度，肃正官僚纲纪，而开复处分，开了官僚自新、自效之路，宽严相济，恩威兼施，考课制度体现公平，而捐复制度有失公平，促使官吏趋向敛财。最后论述捐复制度的消极影响，认为通过考课制度，可以刷除部分不称职者，提供更多的官缺，而利用捐复制度，考课的黜落者又回复原位；捐复制度也强化了督抚的人事权，捐复制度确立的过程，也是督抚权力扩大的过程。伍著敏锐地看到在捐复处理上，吏部和地方督抚围绕人事权的争斗，全方位地把握了清代官僚惩戒处分的全貌，有助于我们加深对前近代中国官僚制度设计与运用的理解。

四是拾遗补阙，较大程度地丰富和深化了明清捐纳制度的基本内容。

1. 关于报捐

报捐是通过捐纳取得资格乃至做官资格或晋级资格的首要程序，捐纳制度实施起来繁复琐细，报捐一项即大有名堂。以往研究，只提报捐其名，而如何具体实施尚不明晰。伍著专辟两章，依次讨论报捐和报捐所需的印结问题。在报捐一章中，首先说明"现行常例"和"暂行事例"的异同，根据《大清会典》《户部则例》等官书和档案复原了在中央和地方的报捐手续；随后考察了报捐的实际情形，定例报捐者应该亲赴衙门办理各种手续，但事实上是由商人代办各种报捐手续。在北京，一部分金店和银号利用它们与户部等中央衙门的关系居间代理，形成了一个由国家—中间代理商—报捐者组成的遍布全国的捐纳业务网，而后统计了中间代理商报捐的比例。对于报捐，既有研究几乎尚未涉及地方报捐的手续问题，也没有涉及"实收"的问题。伍著根据《福建省例》等史料，复原了地方报捐的具体办法，又利用中国社会科学院历史研究所所藏光绪二十五年（1899）的《江西筹赈捐输总局给余联瀛捐监正实收》，简要说明了实收的内容，发现围绕地方报捐，各省与中央政府之间、省与省之间为了争夺正额外财政收入的重要提供者即报捐者，曾经发生过激烈的争执，地方报捐中也存在明显的强迫行为，活跃着靠代办报捐获利的社会集团，商人通过代办报捐所得到的利益一部分流向了官员和胥吏。就这样，伍著清晰地复原了报捐手续，分析了报捐的实际运营机能，揭示了报捐时中央和地

伍跃先生与作者

方、经办官员和报捐代理人以及中间人的利益，其内容丰富具体，论述足以服人。日本著名的中国行会史专家根岸佶认为，行会与代表着国家的政府之间的关系是根本对立的，夫马进先生在探讨中国善会善堂的作用时，曾对此观点表示异议。伍著则通过代办报捐，展示了行会和官员、胥吏之间的复杂联系，阐述了行会在与国家的关系中的角色，这就为探讨商人群体与国家的关系提供了又一类新的典型事例。

2. 关于印结

印结是由官员出具的、钤有官印的身份保证书。既有研究也曾提及，但其由来以及运作管理并不明了。伍著利用新近公布的档案资料，依次阐明印结的由来、捐纳与印结的关系、印结的管理制度、印结银的分配以及印结银与京官收入的关系，指出：按规定，为了防止假冒，报捐者在办理相关手续时必须提供同乡五六品京官出具的印结。印结的发行由各省在京五六品京官组成的印结局统一管理，掌印结官通常为正途出身人员。印结局制定并公布发行印结的有关规定，向报捐者收取"印结费"和"饭银"等费用。结费随后以印结银的名义，按一定的比例发给印结局的组成人员。又依据档案，注意到查印结官、管印结官的身份和操行，得出结论：印结的手续费"结费"说明，在前近代的中国，伴随着公权力的行使，官员常常以肥私囊。在清代后期，印结银成为京官收入必不可缺的重要来源，国家开办捐纳，京官这个集团得到捐纳的"余润"。由印结章程，伍著进一步指出，有着数千年历史的中国官僚，自此也开始采用民间工商组织征信录的方法，在局内呼友，制定印结章程，以示无私。伍著通过印结和印结银及其分配的探讨，使我们知道清末的京官，除了正俸、恩俸以及外官的炭敬、冰敬、节敬、别敬等外，还有当时称为"公费"的印结银。伍著关于报捐和印结的研究，推进了官僚的制度史、生活史乃至人际关系史研究。

3. 关于赈捐

近年来学界对于中国赈灾史的研究，迭有新著问世，而对于赈捐的研究进展不大。伍著第七章以清末光绪十五年（1889）的江浙赈捐为分析对象，考察了赈捐案从提出到付诸实施过程中的有关问题，特别是地方督抚在其中的作用，还利用新发现的江浙实施赈捐的资料，分析了报捐者的状况，构筑了中国捐纳制度史的信息基础。此类捐纳者的名簿，从来未见人利用，弥足珍贵。伍著通过此次赈捐的分析，阐明了包含赈捐在内的清末捐纳的准备、实施、效果，探讨了捐纳的实态和捐纳的社会影响，以及清末国家、地方社会和庶民的关系。

4. 关于商人在捐纳实施中的角色

晚清国家政策变化特别是广泛实施捐纳过程中商人如何反应、如何行动、如何扮演角色等此类问题，既有研究并不深入。伍著第八章以山西商人为分析对象，主要依据山西票号的商业书信和账簿，探讨山西票号商人利用其与政府之间的密切关系，通过遍布于全国都市的分号代办捐纳手续的问题，认为山西商人积极收集与捐纳有关的各种信息，积累相关案例，利用汇兑贷款等方式代办捐纳手续，进而指出，捐纳的实际运作机能，有赖票号商人从内部维系，捐纳制度本身的运作在很大程度上得益于山西票号商人。票号在成长过程中，正逢清廷频繁实施捐纳，票号机敏地抓住机会，积极地加入，成为票号最初发展的动力，票号的发展正是清廷实施捐纳的结果。伍著的视角和结论，无疑深化了目前如火如荼的票号史研究，为我们考虑前近代中国国家与社会间的关系，提供了一个颇具典型性的实例。

5. 关于明代捐纳

学界关于明代捐纳的研究，自许著而后，几无任何进展，很多内容未曾涉及。如嘉靖十七年（1538）捐监事，许著未提，具体人数、捐监占全部监生的比例等更未涉及。伍著专列明代的纳贡与例监一章，予以发覆，为探讨清代的捐纳找出渊源。更依次探讨纳贡例监出现的社会背景是庶民势力的成长，从录取率探讨补廪和出贡的难度，从成化十一年（1475）捐纳监生争取正常拨历的事例等案例探讨捐纳者的身份意识和社会地位。再如，以景泰四年（1453）以后到正德、嘉靖年间，民间子弟可以纳粟入监，前此只有简略叙述，殊少本质分析。伍著直指其实质，认为代表明朝官立学校教育制度的国子监和府州县儒学教育人才的机能已失，而成为单纯获得任官资格的装置，以前是财力加学力，现在是仅仅财力就可依赖为"立身出世的阶梯"。更通过计算生员成为廪生的时间，得出以花费五百石至八百石的代价，换取需要二三十年时间的廪生，指出明朝捐监政策的成立，有着府州县学生员群体努力的成分在内。如此考镜源流，或拾遗补阙，或深化前论，具见功力。

至于论述时随时考辨，纠正何炳棣等人将捐纳之资格误解为实职，指陈何炳棣对捐纳官员的比例作过度夸大的解读，纠正黄仁宇和《中国大百科全书》等所谓捐纳的规定不载于政书的不当说法（其实相关规定载在《明实录》《皇明条法事类纂》和《大清会典》等官书中），纠正个别研究者所谓"清代乾隆时卖官明码标价"（其实康熙时即如此）之错讹，以及与所谓报捐可以讨价还价的误读的商榷等，在在反映了作者的谨严审慎和在捐纳问题研究中的融会贯通。

需要指出的是，伍著的上述结论和成就，是积十数年研究之力，搜集和征引了大量一手材料获得的。全书除了引用大陆和台湾的大量已刊未刊档案，引用政书近50部，捐纳资料27种，登科录、缙绅录、职官录22种，尤其是缙绅录、职官录多达19种，奏议、日记、年谱、文集、笔记、官箴书70余种。其中中国第一历史档案馆所藏《己酉等年印结簿》《候补正印各员衔名单》和《候补佐杂各员衔名单》，中国国家图书馆所藏《大捐履历》，上海图书馆所藏《重订浙江印结简明章程》，北京大学图书馆所藏《各省印结》，日本国会图书馆所藏《安徽同官全录》《川楚善后筹备事例》，东洋文库所藏一册报捐名簿即《造送浙江赈捐第十三次请奖各捐生履历银数底册》，东京大学东洋文化研究所所藏《海防新班文职官册》，京都大学文学部所藏一册抄本赈务卷即《光绪十五年十月日奉各宪札饬查明本省灾区筹办赈务抚恤卷》等，绝大部分是作者搜集和引用的，作者利用这些真正的新资料，披沙拣金，精心解读，获得说明问题的珍贵信息。如作者依据《大捐履历》，制成"大捐履历报捐概略表"和"大捐履历所见捐纳代行业务状况表"，列出报捐者的身份和报捐目的，也显示出28个金融机构代行报捐了171件，其中蔚字五联号所属的票号代行报捐银86869两，占总额三成以上，借以显示出某个票号与官府的关系，也显示出金融机构内部对代理报捐业务的竞争，进而推测代行报捐的利益。作者更擅长比勘，结合使用各种资料，得出结论。如核对《造送浙江赈捐第十三次请奖各捐生履历银数底册》和《光绪十五年十月日奉各宪札饬查明本省灾区筹办赈务抚恤卷》，发现两册所载项目一致，又核查光绪十六年（1890）刊《大清搢绅实录》，发现名簿所记自道员起共13名现职地方官的名字等人事资料完全一致，足以凭信，从而观察报捐者的实态，列出报捐人721人的年龄、本籍分布制成示意图，又制成府别图、报捐项目及其分布图、报捐银数及其分布图等。新用材料，又用足到位，故能出新出彩。

显而易见，伍著不仅在捐纳制度史方面，而且在科举制度史、官僚铨选史研究方面，均有重大的突破和推进。至于捐纳因理财而起，占国家财政收入十分之一左右的捐纳收入，当会对清代财政发生重大影响，而条分缕析，加大力度深入探讨，仍需待诸他日。

（原载《历史研究》2011年第5期）

矛盾困惑中的历史反思

——评加拿大学者卜正民新著

在今世社会中，商业的发展与社会的进步繁荣往往被视为具有必然的因果关系，没有人会无视这样一种关系的存在，更少有人会拒绝商业发展所带来的好处。然而，不可否认的是，我们同时也无法回避另一种事实，商业的发展通常会成为社会多种结构及因素的变动，甚至是社会振荡的原因。这种矛盾的存在，引发了各个领域内的多重思考，而作为历史学家，其使命无疑是从历史的经验中努力寻求答案。加拿大学者卜正民（Timothy Brook）的新著《纵乐的困惑——明代的商业与文化》（*The Confusions of Pleasure: Commerce and Culture in Ming China*，方骏中译本，生活·读书·新知三联书店，2004年）正是在这种探索之下产生的优秀成果。正如作者在书中向我们所展示的那样，在明代中国（这个时代属于帝国体制的晚近时代，因而作者认为与现世具有较强的可比性），商业力量的膨胀使社会生活日益繁复多彩，同时绚烂的商业文化外表下掩藏的是因社会多种方面的改变而导致的不安情绪，纵乐与堕落成为商业文化的两面，伴随商业的发展，矛盾困惑的情绪也愈加炙烈，正是这样的一种情绪引发了作者的今世情结："我清楚地意识到它与我自己所处时代的相似之处……每一个历史家都是从现在反思过去。"（英文本作者序第3页）带着对现世社会的迷惑不解，作者开始回眺五六百年前那个相似的时代。

《纵乐的困惑》一书描述了有明一代纷繁复杂的社会生活全景，在200多年的历史事件和各种矛盾冲突中理出头绪，将其整理并糅合在一起，从而使读者清晰地意识到商业的双面影响并不是一件容易的事。

首先，在解决时间问题时，为了体现商业和文化从明初至明末的发展变迁的延续性，卜氏在书中采用编年叙事的方法，而为了突破传统编年体可能导致的枯燥和复杂，他又巧妙地将有明一代按照王朝盛衰历程和商业的发展特点划分为冬（1368—1450）、春（1450—1550）、夏（1550—1642）、秋（1640—1644）四季。这就为编年框架构筑了一个清晰的概念，使读者对商业发展的大致状况有了初始意象。在此基础上，将历史分划成若干个切面，把各个切面上的事件进行比较研究，以更容易发现历史事件的延续性和变迁过程。事实也正是如此，该书沿着14世纪后期到17世纪中叶看起来向前发展和不间断的商业扩张的轨迹，对商业文化的影响进行粗线条的描述，而这样的描述又只是勾勒出裂变、逆流、地区性变动等主要经济现象，如何从纷繁的事件中加以挑选来论述这些经济现象，即如何为全书找到一条贯通始终的线索，卜正民对这一难点的解决方式是本书的另一大特点。

张涛，明代历史中一个并不起眼的名字，在篇幅宏大的

《明史》中，这一名字仅仅出现过一次，但他成为本书的主导人物，他在书中被赋予导游的身份，引领读者穿越时代，遍览有明一代的生活风貌。在这样的旅途中，读者会接触到形形色色的人物，上至开国皇帝朱元璋，下至无名无姓的土匪；有时代变迁的敏锐观察家，也有迷恋往昔的怀旧记录者；有极力维护道统的顽固士绅，也有苦心钻营试图挤入上层精英圈的商人。瓦匠、商人、官员、妓女、织工、书商和土匪，在书中均纷纷亮相，透过这些人的眼睛，我们看到的是一个沸腾的明代社会。在他们眼中的明代世界是各不相同的，有将它视为道德沦丧的黑色末日，也有把它视作充满活力与挑战的缤纷舞台，而历史的事实则需要读者用自己的眼睛去发现理解。这个时候，读者不再是外之于著作的一般观者，而似乎已成为同样时代历史

《纵乐的困惑》书影

的主角，在按照自己的意志对书中陈述的状况进行解读，"绝对解读即是当我之社会本体透过我来解读其自身……乃是一种自我解读或著述之举措"[①]。砖块、桥梁、集市、寺院、邮件、饥馑、时尚、印刷、激情和凶兆，这些看似毫无关系的琐碎事物被安置在旅途的不同阶段。然而，这样的安排并非漫不经心或随心所欲。正如一滴水也可折射出太阳的光芒，即使是墙砖这样不起眼的事物，也可以被著者加以利用，从而引发读者对当时的赋役政策、人口状况、交通运输等诸多问题的兴趣和思考。涓滴沧海，正是许许多多看似零散的事物构成了这部著作的广泛基础，"历史不能发现一个曾遭遗忘而亟待重生之同一性，其所能发现者，不过是一个由众多互异元素组成之复杂体系"[②]，并且这些看似零乱的事物之间都有着强大的牵引力将它们互相联系、互相影响，这种力量足以推动我们沿着从交通到商业、从商业到文化的轨迹，发掘出商业独特的社会和文化影响的意义。正如卜氏在引言中提到的，关于这些经济事物及其所造成的深层影响，经济现象本身"尚未很好地给予解释"，然而这些现象背后体现的"商业化不断加剧的大背景和它带给明人的与日俱增的不安和恐惧"（引言第13页）相当明显。试以作者对印刷业发展的分析为例。

明朝前期，印刷业的发展还处于起步阶段。这一时期，

179

---

① John Russian. *Reading and the Body in Hegel*, CLIO 22, 1993,p.321-336。

②Michael Clifford. *Hegel and Foucault: Toward a History Without Man*,CLIO 29：1,1999,p.1-21。

许多知识尚未转化为书籍形式，书籍的不普遍相应地抬高了它的价格，因而原始的抄书业颇为盛行。大批量印行书籍一般仍属于国家行为，当时刊印最多的也正是国家为了统一净化思想而希望人们阅读的书籍，其中包括以儒学为核心内容的教学材料，有关法律、礼仪、行政规则等行政手册以及初级道德读本。明朝中叶，也即进入"春"季，此时明初"冬"季安稳因循的生活开始解体，纷扰多变的春天带出许多活跃的商业分子，并且引起其他社会因子的变动。作者敏锐地发现，在印刷业里，书籍成为一种被商人借以涌入士绅文化习俗圈的工具。"在明代中叶，以资助和非牟利的基本原则来出版书籍仍然很普遍"（第140页），然而尽管如此，由于商业发展而促成各类书籍大量出版，使书籍在以考试和消遣为目的而进行阅读的人们之间流通，一个需求市场就此形成。而明代文人藏书量的不断增加，也显示出明代中叶书籍市场的发达，越来越多的书籍可以轻易买到。然而书籍数目的众多，并不意味着知识在无限制地流传，工艺知识往往会被专业人士当作独占领域而加以保护。作者发现这种情况在明后期发生了变化。他指出，书籍印刷的商业目的和本质完全暴露无遗。不管技术类的、谶纬类的，还是儒家经典，各种各样的书都在印刷销售，商业刻书形成了地区特色。甚至士绅们也被吸引到这一市场中，因为这个市场可以最大量地满足他们的藏书需求。朝廷和地方官员都曾禁过书，但并未形成制度。作者最后以朝廷对李贽著作的查禁事件为例，表明在这一初级信息时代，商业性刻书已使禁书成为不可能。从明前期到明末，作者以其敏锐的观察力和分析力透析有明一代的印刷业，从中折射出商业发展中一个因子与社会广泛文化互动的轨迹及它们之间的相互影响。印刷和出版在明代"四季"中的变化状况，仅仅是作者所"触及"的宏富的社会生活中的一个方面，作者将社会生活中所能了解的各类领域按照"四季"的发展历程进行论述，无疑使他把握住了当时社会变迁的根根线索，而将这些线索串编起来，织就社会全景才是作者最终所采取的编织手法。作者所关注的不仅仅是明代社会及文化的变迁，更是明人面对这些变化时的应对和反应。所以他选择以张涛作为全书的导游，因为张涛在他编纂的《歙县志》中，明确表现出对商业的恐慌和憎恶，以及面对社会秩序日遭破坏时的忧虑，面对道德传统日渐沦丧时的无奈无助。并非所有人都会赞同张涛的批评，但不可否认，他代表大部分士大夫的共同想法——当他们的社会期望化作泡影时——而正是这引起作者思考的兴趣，并且诞生了这样一部著作。

选择怎样的典型例证，从深层意义上讲是研究视角的问题，这也是本书在研究方法方面带给我们的又一启发。关于历史研究视角，传统的做法是自上而下的研究方法，以统治者和精英人物为主角，从他们的角度观察和理解历史。与此相反的则是自下而上的历史学。相对于前者而言，这是历史研究中的新视角，它将注意力转向普通民众的日常生活、活动和经历，从他们的角度去探索和解释历史事件。在此基础上，年鉴学派还提出了"心态"概念，强调对下层民众的集体心理进行研究。而本书的研究视角则与以上二者皆不同。如果说自上而下或自下而上是单向的线形研究，那么这本书的研究视角则是多向的、扇形的，可以说它是结合了以上两种研究方法。在这本书里，我们可以看到土匪、妓女、织工，看到他们的生活经历；也可以看到皇帝、官员，看到他们制定并执行国家政策。书里展现了琐碎的市井生活，也描述了足以影响国家政局的大事。也许，这样的编述手法有些近似于小说散文之类的一般文学体裁，但采用这种多样化的视角，毕竟避免了局限于任何一边而导致的偏颇，展示出了商业在塑造公私生活文化上的力量。或许作者并非有意安排，刻意选取某种视角，他只是努力展现出一个客观的明代社会，但事实是通过这样广泛的多角度透视，的确让读者看到了一个充满活力的明代生活全景。

以四季概念为框架划分的编年体写法和多角度的研究视角，使本书让读者充分感受到它的艺术性和趣味性。罗素认为：历史既是科学又是艺术，历史著作要产生社会效果，就必须具有趣味性。艺术性与趣味性——这正是本书带给我们的最直观的感受。正如美国耶鲁大学史景迁先生对本书所进行的评价："这是一部赏心悦目的综合性学术著作，充满乐动感和细节。"然而作为一本史学著作，更吸引人的就是它的学术性。本书的学术性突出体现在作者对各种矛盾冲突的处理上。尽管本书的重点只在商业与文化两个方面，但整个明代仅在这方面的矛盾冲突就已显得纷繁杂乱。这就要求作者从各种复杂的现象背后准确把握住起决定作用的矛盾冲突，并给以理性分析。本书的学术价值正体现在这里。

综观全书，国家与商业、士绅与商人、消费与生产是几对贯穿始终的矛盾。关于明初商业兴起并逐渐繁荣，作者发现洪武统治时期和在此以后的一段时间内，商业的发展很大程度上是由于朱元璋本人恢复经济的努力。尽管私人商业的兴起并非政府初衷，但正如书中提到的，"一旦明政府恢复了贸易所赖以发展的交通系统，从而改进了人与物流动的速度和环境时，商业只会变得更为活跃"（第64页）。而与儒家学者一向所抱怨的商人贪婪习性相反的是，商人们的获利事实上是源自财产的可让渡性和交易的自由度，只要国家不禁止买卖，丰歉之别和贫富不衡就会带来物品的买卖，并最终导致劳动的买卖。作者并不同意传统史学家所提出的掠夺性而又"反商"的明代政府阻碍商业经济发展的论点。他认为，国家与商业的关系摇摆不定，有时忽略它有时利用它，却没有将它系统地纳入国家的财政策略，"明代政府可能并没有按欧洲中产阶级的理想去促进商业，但至少它在相当大程度上，让商业按照自己的方式发展"（第119页）。

士绅与商人的矛盾贯穿于整个明代社会，换言之，它也是儒家理想中的旧秩序与商业新秩序的对抗。最理想的儒家社会模式，所谓"士、农、工、商"，商人处于社会的最底层。然而商业强大的渗透力使得本处于上层和底层的两方势力逐渐融合，尽管这种融合的过程是充满对抗性的。对于明代商人而言，在文化上从士绅圈子孤立出来并没有好处，因而他们努力跨越商人与士绅的身份隔阂。这样的努力在明代中叶已得到部分士绅的认同。这些士绅接纳他们，并从文化传统中寻找先例去为这种努力进行辩护，两个阶层之间的差距逐渐缩小。当然，大多数士绅仍然无法接受这种推崇商业的态度，但商业贸易已渗透他们的生活，最直接的是扩大了士绅生活圈里的货品种类，对此，他们无力且无心抗拒。这种状态也正是儒家传统旧秩序面对商业带来的新景观时的挣扎。洪武时期描画的静谧的农村生活蓝图并不能抑制城镇生活对传统习俗的侵蚀。作者认为，那些极力想恢复这一蓝图的士绅们大多处在一种无奈的状态。"他们的困境，是明代中叶的士绅需要在缺乏采取公共行动的正式机会下，弄清楚他们在地方社会中的角色"（第153页），地方社会赋予士绅的是一种非正式的权力，而这种权力的合理性又难以用儒家理想中的"遵从"来证明。而作者发现，颇具悖论色彩的是，尽管士绅中的大部分都对儒家理想中恰当的公共行为从视觉中消失而感到惊恐万分，但新的商业秩序、新的经济繁荣的最大得益者正是他们自己。这或许是明后期这两支力量能够融合在一起的内部原因。通过对明代后期这两股社会势力的观察，作者指出，明后期具有决定因素的并非士绅与商人之间不可克服的矛盾的爆发，而恰恰是两个社会集团的微妙的交合，也就是文化精英和经济精英的紧密结合。

消费与生产的冲突，其实是一个从自给自足的生产方式到商业化生产方式的变迁过程。首先，最基本的是粮食的消费与生产。从国家设立预备仓平衡粮食消费，到饥荒时代商品化谷物的流通，再到粮食逐渐成为一种广泛的贸易性消费品，这是商业化生产加强的信号。关于这个问题，学者们多有研究，吴承明先生认为，明末清初市场上的大部分粮食不是作为商品而生产的，而是作为余粮进入市场的。商人们经营的是地主的地租，而不是商品，这就限制了粮食市场在中国经济转型中所发挥的作用，对此作者提出了自己的看法。

他认为，当为市场从事生产的经营性地主在明代后期确实存在的时候，"将粮食的商业流通看作是一个余粮收集和重新分配的过程，大体上是正确的"，但是，"严格来讲，大多数投入市场的粮食或许不是作为商品被生产的，但是商人们是抱着它可以被出售的目的收购粮食的。更重要的是，这成为粮食欠乏区的一个稳定的贸易粮来源地。这就意味着人们可以依赖市场取得粮食"（第219页）。这样一来，粮食市场就促使其他物品的商业生产成为可能，其中最主要的是纺织品生产。关于纺织业的生产消费，史学家长久争论的问题是有关资本主义萌芽的问题，这也是理解明代商业不可能回避的一个问题。作者的看法是，明代后期的商业经济内确实出现了不同于前期的消费性经济的东西，确切地说，这也不同于明中期的大规模的剩余农副产品的重新分配。但是这与同时期出现于欧洲的生产关系却有很大的区别。作者借用了法国历史学家布罗代尔对近代初期欧洲商业发展的论述，认为有两种不同的经济形式同时存在，市场经济将农村的剩余农副产品吸纳到正常的交换体系中来，与此同时，还存在着一个"次经济"，它是经济活动的非正规化的一面，是一个自给自足、在小范围内进行物物交换的领域。两种经济形式相互交织、相互依存，市场经济依靠次经济的前期生产过程取得剩余农副产品，进而再完成这些剩余产品的重新分配。作者认为，抛开经济规模，这种经济形式与明后期的中国经济状况十分相像，只是大部分地区尚未达到足以使市场经济取得统治地位并最终瓦解的次经济的程度。布罗代尔将他关于近代初期欧洲商业发展的模式纳入理解欧洲资本主义发展的更广泛的理性思考之中，认为并非市场经济的扩展必然导致资本主义自发地出现，资本主义是在建立于市场经济之上的社会阶级制度内形成的。资本主义是独特的社会结构和市场经济间相互作用的结果，它在欧洲的发展是欧洲历史所特有的现象。因而作者进一步指出，欧洲近代早期的历史和中国明代历史在社会环境、国家权力等方面都有着很大的不同。"明代后期中国并没有产生资本主义，这并不是说中国在产生资本主义上'失败'了；而是说，它创造了其他别的东西：一个广泛的市场经济。"（第228页）或许这种观点并非完全正确，但至少在探讨资本主义的问题上，它给了我们一种新的思路。

毋庸讳言，卜氏的作品不少地方值得商榷，讹误或缺失之处不少。就宏观而论，也许是由于主观意向所造成，作者力图将明代大的社会背景下的各类现象变化统统归因于商业文化渗透侵蚀所造成的结果，因而织就了从商业到各类现象间的缕缕单线联系，并力图利用这些联系来网罗明代社会的全部景象，这就势必造成了这样一种结果：使读者有意无意间陷入种种单一的带有必然性的因果，而从众多的因果中，又几乎对商业的完全促动作用持有默认的态度，甚至视为一种规律。"企图在历史中发现这些因果律，完全是值得称赞的，但是我认为这并不是赋予历史研究最高价值的东西"[1]。的确，诚如作者在序言中所提到的，"这是一部关于商业在

① [英] 伯特兰·罗素：《历史作为一种艺术》，收录于《历史的话语：现代西方历史哲学译文集》，广西师范大学出版社，2002年，第158—176页。

明代社会所起作用的书：财富所带来的快乐和这一快乐所触发的困惑"（英文版作者序第3页），但社会现象的复杂性是由多种因素造成的，如果将任何的变化归结为财富或商业的作用，则有失偏颇。

就微观而论，值得讨论者较多。

其一，关于史料的征引和解读，问题较多。无可否认，卜氏在著述这本书的过程中，引用了不少明代史料作为依据，李文森图书奖颁奖辞称此书"运用一系列丰富而又鲜为人用的资料"。平心而论，这样的评价是有些言过其实的，因为书中所引用的资料，无论文集还是地方志，大部分已为众多学者所反复征引使用过，并且从讨论明代商业文化的角度而言，作者运用的史料也比较单一有限。例如关于士商关系，本书就没有提供像余英时《中国近世宗教伦理与商人精神》一书中来自各种文集中的丰富史料，孤证的单一就可能导致作者的论点缺乏说服力。对一些具体史料的认识，作者也存在偏差。征引原始材料时，或句读有误，或引文有错。对城砖文字的辨认解读偏差较大。在正文的第9页，有一幅南京城墙砖图。作者将砖文识读为"招甲席俊翁甲首方朝张窑匠卢立造砖夫广福寺"。南京城墙砖的砖文一般位于城砖的两面或一面。当砖文位于两面的时候，其砖文格式，通常一面为：××府提调官府丞（主簿、同知、照磨等一类官职）××司吏（或府吏等一类的官职）×××××县提调官知县（或县丞、主簿、照磨等一类官职）×××司吏（或典吏等）。另一面为：总甲×××甲首×××小甲×××窑匠×××造砖人夫×××。作者没有比对其他城砖文字，就对此残缺砖文作了识读，而至少存有三处错误。一是"招甲"应为总甲之误（很可能是将繁体总字的异体字误认为招字）；二是"造砖夫"应为"造砖人夫"（照片上的砖与夫之间有很明显的空格，人字脱落）；三是既然是造砖人夫，后面就不可能出现寺院的名称，作者在第10页、11页对招甲和广福寺的一番阐述就与明初城砖制作运输制度相去甚远。

其二，书中对一些基本史实的论述存在着讹误。如《万用正宗》根本非如卜氏所称，是一本"年历"，更不是什么"饥疫强大破坏力下的产物"。对于明英宗正统元年（1436）开始实行的金花银，实际从江南和福建推行金花银改革的情形看，减轻的主要是那些官田租种者的负担。作者注意到一个现象，明中期以后户口登记中的女性锐减。在随后的几页中，作者对这一现象出现的原因进行了探讨，提出了很多看法。其实，这个现象出现的原因并不复杂，因为明代的女性是不交纳赋税的，所以在登记人口的时候可以不登记女口，尤其是女小口。诸如此类，作者在书中所作的一些认识解释，表明作者对于明代历史的某些真相仍缺乏深刻的理解。

其三，作者对明代制度的理解也存在不少问题。如粮长的职责虽然是征收田粮，但粮长是杂役的一种，专门佥派富户承担。在明代，官与吏有着非常严格的区分，因此作为役之一种的粮长，无论如何也称不上是官员。作者将保甲与里甲有时混为一谈，实际上，保甲只编壮丁，而里甲则不论是否壮丁，凡纳税人口皆得编入。也就是说，保甲和里甲在形式上虽有相似之处，却是完全不同的两种制度。从明代后期的统治结构看，很多地方是保甲和里甲并行的。对于明代的官制和官衙，作者的表述有欠准确。作者认为通政司是查言司的进一步扩展，这个结论不正确。书中提到"一位四川省的御史"，在明代没有"××省御史"的说法。

其四，书中所用插图包括了《南柯梦记》（一幅）、《紫箫记》（四幅）、《水浒传》（四幅）。前两种是汤显祖在唐传奇的基础上改编成的剧本，故事发生的时代背景是唐代。而后一种，则取材于北宋时期的宋江起义。作者把这些以唐代或宋代为时代背景的文学作品的插图列入一部反映明代商业与文化发展的学术论著，不知能说明怎样的问题。况且，作者对插图的解释也有许多失误之处。

其五，书中的一些注释存在不规范甚至错误的情形，易使读者产生误解。如梁方仲的《中国历代户口、田赋、田地统计》，在作者的注释中被简化成了《中国历代户口》；胡应麟的《少室山房笔丛》，甲部卷一至卷四题名为《经籍会通》，在卜氏的引注中只简单标出了《经籍会通》而隐去了原书名，篇名成了书名，这样显然会使读者产生不必要的错觉。此外，参考文献中也有一些错误。本书的中译本译者为明史专家，译文优美通畅，总体而言内容准确，但间有小误。

瑕不掩瑜，阙谬对任何著作而言都是难免的，但正如作者自己所说，"作为一个外国人，我的看法也许会妨碍我捕捉构成那位中国人生活经历的某些细节，但它同时也替我免除了那种基于当代中国人生活经历而自认理解他的幻觉"。无论如何，这部作品在给予我们散文般优美享受的同时，也为我们提供了一个较为客观的视角，使我们得以跳出固有的局限来看待整个明朝的商业文化发展脉络。

（原载《南京大学学报》2005年第3期，署名范金民、倪毅、夏爱军，收入本集时稍有删节）

谁是明清基层社会的支配力量

——兼评《明清歇家研究》

编者按：近年来，有关明清基层社会管理与运作及其权力结构，特别是明清基层社会的支配力量及区域社会研究的范式反思等问题，是史学界讨论交流的热点。本报近日围绕这些话题刊发了一系列文章，包括仲伟民：《在历史小碎片中发现大历史——兼评〈明清歇家研究〉的学术贡献》、高寿仙：《准确把握历史的细节和碎片——也以明清歇家为例》。今天我们推出范金民教授的文章《谁是明清基层社会的支配力量——兼评〈明清歇家研究〉》，文章基于作者长期研究江南经济史和社会史的经验，梳理了士绅、书吏和宗族等不同势力的社会角色及其与官方的互动关系，作者对史料的解读、考证等细节之处，亦会对关心这一课题的研究者和读者有所启迪。

一、士绅、书吏、宗族与明清基层社会

胡铁球教授的《明清歇家研究》，近来颇获好评。不过，

高寿仙高度评价的同时，也提出商榷，认为其所描述的歇家的一些重要职能是否成立还值得进一步商酌。对此，胡铁球予以回应，提出应该在史料体系中理解历史中的细节与碎片；要了解明清基层社会的性质及其运作模式，关键是了解谁在具体运作"刑名钱谷"；歇家类群体在明清社会中的地位、作用与影响远远超过其他群体，不管士绅还是胥吏衙役以及各类势力群体，要参与国家与社会管理以及分割商业贸易、财政、司法等领域的利益，往往需借助歇家类组织来实现，歇家从而成为观察明清基层社会性质的最佳窗口，歇家是明清基层社会的支配力量（参见《光明日报》史学版2017年7月26日、8月25日）。

胡文的看法着实新颖。关于谁是明清基层社会的支配力量，学界的丰硕研究表明，在皇权体制下的各级地方政权及其衙役的势力，在科举较为成功地区的士绅势力，在宗法强盛地区的宗族势力，仍是基层社会的支配势力。歇家及其他类群体必须从属于这些势力，其作用的发挥也受各种势力的制约、纵容及支使。这里不拟全面展开，只就此次讨论相关的士绅、书吏和宗族势力的作用稍作梳理。

1. 士绅势力

士绅是指获得科举生员以上功名并入仕致仕的群体。士绅势力的获得，根本的在于朝廷也即皇权的代表赋予了其普通民众没有的特权。士绅拥有政治、社会和生活特权，区别于普通民众，还有经济特权，生员可以免除差役，官员可以免除一定量的赋税。士绅熟悉本地情形，凭借着各种特权，活跃于社会各个领域，控制着地方和基层社会的各个方面，影响着地方的安宁稳定和兴衰起落。士绅还拥有话语权，能够对地方事务发表看法，也是官府和官员了解地方、咨访利弊的依靠对象。直到士绅势力较为削弱的清中期，不少官员仍然认为"地方利弊，生民休戚，非咨访绅士不能周知"。

士绅支配基层社会，在科考成功之地表现得最为明显。明清时期，江南科考最为成

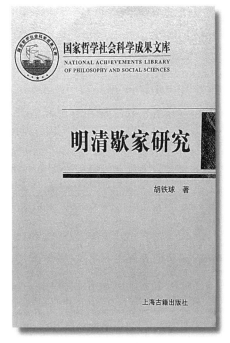

国家哲学社会科学成果文库
NATIONAL ACHIEVEMENTS LIBRARY
OF PHILOSOPHY AND SOCIAL SCIENCES

明清歇家研究

胡铁球 著

上海古籍出版社

《明清歇家研究》书影

193

功，江南士绅成为全国最为瞩目的地域人文集团，也成为支配和控制江南地方与基层社会的极为重要而突出的力量。具体说来，士子支配基层社会表现在如下方面：一是奔竞请托。清初大儒昆山人顾炎武将生员与乡官和吏胥，比作"天下之病民"的三种人。他总结道："今天下之出入公门以挠官府之政者，生员也；倚势以武断于乡里者，生员也；与胥史为缘，甚有身自为胥史者，生员也；官府一拂其意，则群起而哄者，生员也；把持官府之阴事，而与之为市者，生员也。"二是行为张扬。不少地方文献称，"子弟一隶青衿，志满气盈，阔步高视，蔑视先辈，轻侮侪人"，以致"同袍畏

之，缙绅畏之，闾巷畏之"。明末清初之际，江南士子更被各地视为易生是非之人，敬而远之。乡里笑谈，"见一秀才至，则敛容息口，惟秀才之容止是观，惟秀才之言语是听。秀才行于市，两巷人无不注目视之"。生员常常在乡宦的支持或怂恿下，公然蔑视官府和官员，甚至凌辱官员。三是隐漏赋税钱粮。人称"一青衿寄籍其间，即终身无半镪入县官者，至甲科孝廉之属，其所饱者更不可胜计"。生员不但自身漏税，更包揽富户钱粮，隐吞应纳钱粮。故在江南，生员有"坐一百走三百"之谣。四是好持公论。明代江南生员，自视甚高，俨然以乡评和众论的代言人自居。明后期的江南舆论，是由乡绅和生员制造和掌控的，乡绅和生员喜好集众倡言是出了名的。五是包揽词讼。明后期的生员，沉滞于地方社会，在民间诉讼中极为活跃，常常"造事生非"，兴讼揽讼，觅取好处。明末嘉兴人沈德符说："至民间兴讼，各倩所知儒生，直之公庭。于是吴中相侮，遂有'雇秀才打汝'之语。"总之，出入公门，勾结胥吏，干预行政，隐漏赋税，武断乡里，操持舆论，是明后期生员的基本社会形象，也是他们支配和把持基层社会的基本手段和行径。

　　较之生员，绅宦支配基层社会更烈，具体则有如下数端。一是结社成帮，党同伐异。明末江南沿宋元旧习，结社成风，同声相求，"外乎党者，虽房杜不足言事业；异吾盟者，虽屈宋不足言文章"。直到清初，嘉兴人张履祥回顾总结说："畴昔之日，数十人鼓之，数千万人靡然从之，树党援，较胜负，朝廷邦国，无不深中其祸。政事之乱乱于是，官邪之败败于是，人心之溺溺于是，风俗之敝敝于是。"二是干预行政，把持乡里。江南缙绅以其门生故吏遍天下的影响力，干预中央和地方行政，时时事事无不要体现其意志，维护其利益。万历时，赵南星称天下有"四害"，而地方之害就是守令与乡官两种人，涉及地方利益时，缙绅更与生员结成蛮横势力，干预地方官府行政。崇祯末年，大学士刘宗周曾愤愤地说："江南冠盖辐辏之地，无一事无衿绅孝廉把持，无一时无衿绅孝廉嘱托，有司惟力是视，有钱者生。"三是横行不法，侵夺小民产业。江南缙绅仗势欺人，指使纵容家人子弟奴仆侵夺田产，弱肉强食，刁钻残暴手段无所不用其极，而又隐漏纳税田亩，将应纳赋税千方百计转嫁到小民头上。华亭人徐阶，官至首辅大学士，居官尚可，居乡居然拥有二十余万亩田产，就是豪强隐占田产的典型。四是不受约束，肆意奴役乡民。江南缙绅滥用特权，贱视乡间小民，颐指气使，任意役使。如赵南星所说，乡官之势实际上大于守令，"是以乡官往往凌虐平民，肆行吞噬，有司稍戢，则明辱暗害，无所不至"。五是接受投献，蓄奴成风。明代官宦享有蓄奴特权，他们更滥用这种特权，远超法律规定大肆蓄养奴仆。隆庆年间应天巡抚海瑞称，江南士人"一登乡举，辄皆受投献为富人"。治明史者均熟知，江南是蓄奴最盛之地。六是奢侈淫逸，醉生梦死。江南缙绅，宦囊既丰，又兼营市利，鲸吞小民脂膏，百般役使细民弱户，积累起了巨额财富。身处繁华之乡，又见过世面，因而讲排场，摆阔气，蓄优童，拥丽姬，精赌术，已属寻常，甚者荒淫糜烂，追求畸形生活方式，了无读书入仕人的气味。可见，结社成帮，形成利益集团；干预行政，把持地方事务；奴役乡民，侵夺小民产业；接受投献，谋求私人财富；奢侈淫逸，恶化社会风气，便是明后期江南乡绅的基本社会形象，也是他们支配和把持基层社会的基本手段和行径。

需要指出的是，士绅支配基层社会，自然不独江南，即如胡铁球所引江西吉水事例，也是如此。时人罗洪先总结其家乡情形道："而敝邑巨室环城，乡户寄食，咸有定主，父祖子孙，传承不易。乡户入市，睢睢盱盱，不识公门，进退咸听主家，颐指之间，便入囹圄。市市邻保，互为应援，以是乡户死命牢控其手，笼罩百端，不可穷结。"这里的主家，就是巨室，在科第仕宦发达的吉水县，当指士绅之家。世世代代掌控着普通乡户的命脉，毫无疑问是基层社会的支配力量。需要指出的是，胡著却将罗洪先所说的"主家"解释为"罗洪先直接把'主家'称为歇家""势力强大的'主家（歇家）'"。观原文，罗洪先根本没有将"主家"视为"歇家"的意思。士绅的上述居乡恶劣行径，也并非仅在江南一地，其他地区亦同。小民投献田产于绅宦，在江西、福建莆田和湖北黄麻等地也极为突出。

2. 书吏势力

人称明代治政，"待成于胥吏"；清代治政，"以胥吏之心计管天下"，朝廷"与胥吏共天下"，书吏在治政中发挥着不可或缺的重要作用。由明人述论可知，到明中期，不独在京各衙门书吏已形成地域与家族集团，世代承袭，盛行顶首银，松江等地方衙门此风也较为突出。顾炎武曾颇有同感地说："'天下官无封建而吏有封建'，州县之敝，吏胥窟穴其中，父以是传之子，兄以是传之弟。而其尤桀黠者，则进而为院司之书吏，以掣州县之权，上之人明知其为天下之大害而不能去也。"乾隆后期刑部右侍郎阮葵生说，胥吏"在一邑，则一邑之政由其手；在一郡，则一郡之政由其手；在一部，则一部之政由其手。……朝廷兴一利，吏即随所兴者滋百弊，欲革一弊，吏即随所革者滋他弊。……且官有除降，而吏则长子养孙；官避本籍，而吏则土著世守。即年满有制，重役有禁，而子弟亲戚迭出不穷，更名而不更人，更人而不更其所守"。到嘉庆时，常州人洪亮吉论道，吏胥之权，"上足以把持官府，中足以凌胁士大夫，下足以鱼肉里间，子以传子，孙以传孙。……故吴越之俗以为有可避之官，无可避之吏，职是故也"。道光、咸丰时，苏州人冯桂芬更论胥吏之权势道："江苏州县，漕书阉人更迭为之，衣冠不与齿，其贱也如彼，而权势之盛则又莫盛于今日。州县曰可，吏曰不可，斯不可矣。"大约同时人谓："一切公事，受成于胥吏之手，六部书办，督抚幕友，州县房科，上下其手，持其短长，官无如何也。"同治、光绪之际，先后出任江苏布政使和江苏巡抚的丁日昌说，江苏"各衙门书差，无不索费，而苏属之三首县为尤甚"，"查苏松太各属府、厅、州、县衙门书差，最为地方之害。遇有词讼，无论大小，牌票得手，先讲书差，盈百累千，以银钱之多寡，为两造之胜负，串通内外，吓诈乡愚，其中弊病，不一而足"。清末人描述："祖孙世代相传者，惟吏耳。……司官欲检一案，每以属书吏，必援例，必检例案。……书吏皆世业，窟穴其中，牢不可拔，辄执例以制司官，司官未如之何，乃遂藉以售奸，而皆得致富。"

清人一致认为，官是流动的，不熟悉具体事务；吏是固定的专业工作者，熟悉专门业务。清人行政断案，参律用例，例案不胜枚举，官多惘然无知，全靠熟稔律例的吏胥援例定案。吏胥私相授受，子孙世袭，从而垄断某地某衙门的事务，进而作弊弄奸，欺诈百姓，挟制官长，成为一大公害。书吏上把持官府，中凌胁士夫，下鱼肉百姓。在某些地区，漕粮征多征少，如何加赠加耗，往往由书吏说了算，州县官难以定夺；在官司诉讼方面，书吏操控其间，串通内外，吓诈乡愚，在原告被告之间作弊弄奸，伺机觅利，唯以财富行贿多少决定胜负。即使官员要行贪贿，也大多假手于吏胥。上述描摹和论述，形象深刻地揭示了清代书吏人数之众、危害之深、恶劣影响之广的实际状况。

3. 宗族势力

傅衣凌先生早在20世纪三四十年代，就着力对中国历史上血缘与地缘相结合的不同形态进行考察，形成了"乡族集团"的概念。20世纪60年代初，傅先生在《明清农村社会经济》一书中，不仅论及乡族与地主经济的历史联系，而且揭示了乡族在水利、交通、集市、贸易、度量衡等领域对农村社会经济生活的全面控制，后来更从土地占有、社会结构、社会控制等方面，论述了乡族势力在中国封建社会经济结构中的地位及作用。他在《中国传统社会：多元的结构》一文中更直接提出，"实际对基层社会直接进行控制的却是乡族的势力"，"传统中国农村社会所有实体性和非实体性的组织都可视为乡族组织，每一个社会成员都在乡族网络的控制之下，只有在这网络中才能确定自己的社会身份和社会地位"。

郑振满教授在其老师的基础上，研究闽台地区的社会，认为乡族组织作为合法的基层社会组织，是与当时的政治体制相适应的。明中叶以后福建的里社与家族组织，实际上也是不同层次的赋役共同体，里甲编户逐渐演变为乡族组织的代名词。清代的各种地方公共事务，仍是依赖于乡族组织与乡绅阶层，雍正、乾隆时期，乡族组织已成为清代政治体制的有机组成部分，乾隆时推行保甲制，而保甲实际上也只是乡族组织的代名词，并未改变乡族自治的基本格局。明中叶以后的政治体制，可以说是以乡族自治为特征的，或者说是"国家内在于社会"。

陈支平教授长期研究各地商帮，认为"无论是极负盛名的徽州商人、山西商人，或是跋涉奔波于大洋之中的广东商人、浙江商人、福建商人等，其最初始的结构，基本上是以乡族纽带为其组织特征的"，"而'地方商帮'的出现，恰恰可以说是扩大化了的乡族商帮群体"，因而他干脆将这些地域商帮称为"族商"。他的商人研究，揭示了明清地域商帮极为突出的特征，就是以家族或宗族的血缘力量开展商业经营，是明清诸多地域商帮的共性。即以徽州为例，清初休宁人赵吉士说："父老尝谓新安有数种风俗，胜于他邑，千年之冢，不动一抔，千丁之族，未尝散处，千载之谱系，丝毫不紊。"徽商以家人、宗人、亲戚甚至童仆从事经营活动，以致明末休宁人金声称，歙县、休宁两县之人"以业贾故，挈其亲戚知交而与共事，以故一家得业，不独一家得食焉而已，其大者能活千家百家，下亦至数十家数家"。依据前贤的研究成果，本人相信，虽不能笼统说明清时期各地基层社会都是乡族或宗族社会，各地乡族或宗族均是支配基层社会的力量，也不能说明中叶后的地方政治体制以乡族自治为特征，但在那些乡族或宗族势力兴盛的福建、江西、广东、广西、湖南等省，徽州等府，太湖洞庭东西两山等乡，说乡族或宗族势力支配着当地的基层社会，引导、影响以至控制着当地社会，是当地社会的支配力量，则可为不易之论，殆无疑义。

实际上，胡著所说的保歇、仓夫等"吃漕饭"类歇家，既不能随心所欲地发挥功能，也不能独力发挥作用。歇家作弊弄奸，至少要通过结交书吏获得官府的庇护才能成功。康熙中期浙江巡抚赵士麟说，歇家"尤可恶者，衙门既熟，诸事关通，联书役为腹心，媚官府为牙爪，馈遗贿赂，颠倒刑名"。在保歇最为长袖善舞的征收钱粮包纳漕粮领域，歇家既要得到当地绅衿大户的默许与支撑，又要与运丁运军交好。明代万历时人王以宁就说："近仓积猾与领运刁旗，久而习熟，最易为奸。"从明末浙江嘉善县的事例来看，漕粮征收实际数额是由县令直接与运丁往还交涉确定的。从清中后期江苏常熟、昭文县的事例来看，迹近歇家状的"总书"包揽钱粮征收的多少，要与邑绅反复商酌讨价还价而定。歇家在司法诉讼领域发挥作用，分割好处，则要得到官府的允准，吏胥、代书以至解役的配合或协助。歇家类群体，其实只是政权、官员、士绅乃至胥吏的附属势力和附庸，需要依附或寄生于政权、绅权和家族权力之下。

事实上，自明代后期起直到清中期，保歇做法一直遭到各级地方官府的禁革。就连胡著也承认，清代顺治晚期以后，清政府开始禁止一切中间包揽，力图构建政府与纳户——对应直接征收的理想模式，歇家便成为被禁革的重点。虽然禁而不止，革而不绝，效果不佳，但很多情形下保歇属于违法违禁的不正当现象。

综上所述，明清时人认为，生员、乡官和史胥，是明末清初"天下之病民"的三种人，乡官是地方"二害"之一，士绅的行为影响政事，影响官场习气，影响人心，影响社会风尚，关乎地方利病与社会兴衰，在朝廷政令和地方官府的允许下，牢牢地掌控和支配着地方事务和民众生活。明清时期，书吏早已形成牢固的地域和业缘集团，由此成为地方社会甚至朝廷各部的重要力量。州县政事由其操控，官员绅士往往受其把持，地方百姓遭其鱼肉，在钱粮征收和民间诉讼即所谓刑名钱谷方面极具势力，影响着地方政治、司法、经济、人事、社会生活和地方利病各个方面，而又旦夕不可离，欲行革除清退而不能，限制约束而难奏效。他们是分割了基层官员的权力，行使着地方基本职能，掌握和操控了地方事务，影响着地方社会和民众生活的各个领域的群体。在乡族或宗族兴盛的地方，赋役共同体和里甲编户成为乡族组织的代名词，各种地方公共事务依赖于乡族组织与乡绅阶层，甚至经商也以宗族的血缘力量展开竞争。如这样的士绅、书吏和宗族势力，还不是基层社会的主要势力，还不能算是基层社会的支配力量，倒是那些处于中间环节、隐性状态且时时遭到官方和律条禁革的附庸势力——歇家是基层社会的支配势力？如果揆诸实际，不作过度解读，不作夸大揣测，恐怕还得不出这样的结论。通观胡铁球之前后论述，其实他也曾承认，在明清时期的基层司法体系中，"势力最大的群体是乡绅、胥吏、商人（开设歇家本身就有浓厚的商业意味，只是这里的歇家应是商人的其中一类）、棍徒"。不知何以稍后胡先生就将基层社会"势力最大"的第三类人"上升"为第一类人，认定成了基层社会的"支配力量"？

二、《明清歇家研究》之得失

拜读胡著，我对作者的治学激情和学术贡献充满敬意。该著确实第一次系统考察了长期以来不受人重视的歇家类群体，又深入探讨了歇家在经济、社会、法律等各个领域发挥的重要功能，很大程度上充实了明清社会史的内容，是近年来明清社会经济生活史特别是基层群体史研究难得见到的学术佳作。但就事论事，该著也并非全然完善精准，毫无瑕疵。从大的方面来讲，除了在论述漕粮征收的诸多篇章既过多地叙述了漕粮征收及其仓储制度，又偏重于明代而对清代考察不够外，至少还存在以下几方面的不足。

一是误解材料，作不适当发挥。如将苏州的布店字号认定为"客店牙行""歇家牙行"。清前期的苏州布店字号，实即商业资本和工业资本的结合体，其开设的布店字号，实即兼具商业销售和手工业加工功能的铺店，根本不是如作者所理解的"客店牙行""歇家（客店）牙行"。商品流通领域另有介绍贸易业务的牙行，而且布店字号无论收布还是销布，均仍需经牙行之手。

二是过度解读材料，延伸歇家的内涵和活动范围。这一点在高文与之商榷的有无"在京法司歇家""兵歇家""驿站歇家"和"解户歇家"等问题上，表现最为突出。关于"兵歇家"，我认为，高文所言是平实之论，经得起明代史实检验，而说"兵歇家"广泛存在，并有一定的职权和责任，具有准军营性质，恐怕夸大其事，难以凭信。关于"驿站歇家"，胡著所强调的乾隆初年的谕旨，从其"差押坊店歇宿"文字中，并不能确定差押人犯者是歇家，也得不出"'解户歇家'在清代是得到官方许可，且得到广泛推行"的结论。

三是有些论点不符史实，值得商酌。其一，胡著谓，明代海禁政策调整的方向有三，其中"三是部分开放海禁，如在福建设置月港等海关，在江浙设立吴淞港、刘河港、白茆港、福山港、定海等关口，这些关口多附于内地钞关之中，诸如浒墅关、北新关等"。又谓："明代共设浙江、福建、广东三个市舶司，但由于各种原因，其废立无常，有的停摆达数十年，加之贡期、贡品的限制，致使朝贡贸易处于时断时续的状态。"还谓："明中央政府开始接受地方政府通过'歇家牙侩'来主持海外贸易的经验，部分开放海禁。"明代初年厉行海禁，到了隆庆年间才在地方士民的反复呼吁下，改变政策，"准贩东西二洋"。海禁的同时，从永乐年间开始，明廷在广州、泉州和宁波设立三个市舶提举司，定向管理对外贸易事务。清初仍行海禁，但到康熙二十三年（1684），随着全国政局稳定，三藩告平，台湾底定，清廷全面解禁开海，在广州设粤海关，厦门设闽海关，宁波设浙海关，上海设江海关。明代的三个市舶司，在朝贡贸易过程中一直在发挥作用，并不是如胡著所说"废立无常"而"致使朝贡贸易处于时断时续的状态"。胡著所述万历年间明政府"部分开放海禁"，并设立吴淞港、刘河港、白茆港、福山港四港征收海船关税，则是将明代的内河钞关与对外贸易海关混为一谈。按照内河贸易体制，明廷在苏州近郊设有浒墅关，是七大钞关之一，因近海地区商民往往走海道经营，存在逃税漏税隐患，浒墅钞关乃于万历初年在相应海港分别设立税口，此非海关，由浒墅钞关增设，管理内河沿海贸易，自然归浒墅钞关管辖。清代设立江海关后，此四内河征税港口仍然存在。此举与开放海禁毫无关联。

其二，胡著先是在前言中提出，"会馆公所虽然感觉多是替代歇家职能兴起的，也有部分史料可说明他们之间的承接关系，但证据尚不充分"，后来干脆认定会馆公所由歇家牙行蜕变而来，其功能与歇家牙行相似并取代了歇家牙行。会馆公所是明清时期产生并得到发展的工商业团体。会馆主要是外地商人即"客商"在经营地的同籍商人的同乡组织，公所是当地手工业的同业组织，两者设立所涵盖的对象、范围和宗旨有较大差别。会馆较为普遍出现在明代后期，公所普遍出现在清代前期。会馆公所的设立，其同乡或同业的商务的展开，仍需在"牙行"制度下展开，也就是说，商品贸易均需通过牙人作为中间经纪活动才能进行。会馆公所与"歇家牙行"时间大体上是并存的，功能则大相径庭，其商业事务仍需通过牙行进行，会馆公所怎么可能"从'歇家牙行'经营模式蜕变而来并有所发展，又摆脱了'牙商'束缚"，并"取代'歇家牙行'模式"？内地和沿海的"歇家牙行"又怎么会"在乾隆时代"逐渐蜕变为"会馆公所"模式？

其三，有些表述恐属想当然之论，史实依据并不充分。如说"清政府采取了一系列削弱'牙行'垄断市场的措施，较为注重公平贸易"。在设立牙行的制度安排下，岂能随意说政府采取一系列措施削弱牙行垄断市场？又说"歇家把各种费用摊入田亩的做法，后来为政府推行均摊费用的赋役制度改革所借鉴"，不知依据何在？

如果仔细品读，全书在引文句读、材料引述、理解表述、文字录校等方面仍有不少疏漏舛误之处，此处不一一指出。诚然，任何一部学术著作，存在一些问题自是难免，套用前人陈说，此著瑕不掩瑜，有助于推进相关研究走向深入。

（原载《光明日报》理论版 2017 年 9 月 25 日，收入本集时稍有删节）

张勉治《马背上的朝廷：巡幸与清朝统治的建构（1680—1785）》评介

自康熙二十三年至乾隆四十九年（1684—1784）整整一个世纪中，康熙帝和他的孙子乾隆帝各自六次南巡，南巡既是康乾盛世的旷古大典，也是清廷统治稳固的典型象征。江苏人民出版社新近推出的由董建中翻译的美籍华裔学者张勉治的《马背上的朝廷：巡幸与清朝统治的建构（1680—1785）》一书（以下简称《马背上的朝廷》），循着近年美国学界颇为流行的"新清史"的意识形态路子，着重对乾隆六次南巡作了深度解读，提出不少新的看法，具见启示意义。

一、资料丰富，注释翔实

作者搜集和征引了相当丰富的一手资料，系统查检了中国第一历史档案馆的大量相关档案，充分引录了《清实录》和乾隆南巡结束后编纂的120卷《南巡盛典》，特别是乾隆皇帝数量惊人的御制诗，作者不惮烦冗，反复引录，以说明问题。全书不少篇幅叙述得相当精细，如乾隆六次南巡的队伍是怎么排列的，圣驾营帐是如何分布的，阅兵队列是如何布阵的；算账也很具体，如南巡的费用包括哪几类，花了多少钱，也作了估计；南巡过程中召试的情形，名次人数等，均极详细。从学术史的角度而言，注释翔实具体，准确无误，读者若作回溯性检索，基本无误，堪称规范。译者董建中则是清史研究专家，极为当行，故译文均是专业术语，相当贴切，并无一般译本常见的偏差。

按作者的说法，《马背上的朝廷》对于南巡背后皇帝的动机给出了一个更为复杂和更具历史场景的解释，作者尤其关注强调作为一种家产制统治形式的民族—王朝统治的建构和重构；同时深入探讨了地方对于南巡的反应以及大众对南巡的认识。

作者概念和理论先行，将皇帝巡幸定位为盛清时期家产制政治文化的核心内容，从家产—官僚制和民族—王朝两大主旨出发，尽力将南巡和巡幸还原为一种有着历史机缘的民族—王朝统治模式，认为清朝统治同时具有民族与王朝的向度至为明显，而南巡则是绝好的例证。18世纪清廷在中国内地所面对的政治问题与17世纪不同，他们是由于成功而不是由于征服所带来的问题，是接任者而不是征服者所面对的问题。盛清时期巡幸的恢复，是一项充满着意识形态色彩（即有着民族色彩）的事业，为的是伸张和扩大清的民族—王朝统治——这在本质上是家产制统治的一种特殊历史形式。乾隆南巡是他广泛努力稳固武备以及维护京营和驻防八旗声誉不可分割的一部分，清朝当权者在南巡期间所要表达的，既有军事的又有民族的意义。乾隆皇帝试图减轻地位优越的士人中间与日俱增的忧惧，因为"他们正逐渐地被来自长江北岸的富裕暴发户们所遮掩"；乾隆皇帝最早的巡幸活动有效地降低了江南在帝国礼仪中的地位，他通过诗作推动"马上治天下"正统化，既在内地也在塞外推进了朝廷的民族—王朝特权，到了18世纪中期，已将巡幸指定为"马上治天下"的一种精髓表现。在江南马上理政，这是新的意识形态领域，将满洲人特权延伸至江南——内地的经济和文化的绝对核心——的民事的行政与治理中。

作者的上述看法，为"新清史"找了一个实例作注释，旨在说明满族之所以能够统治中国两个半世纪以上，是因为保留了它的民族特色，而始终没有被汉化，南巡就是满族保持骑射马背上治国的典型例证。为了阐明这一主旨，作者将乾隆南巡置于西北战事的更宏大的背景中，通过西北战事的时代背景，试图更深入地理解18世纪中期内亚领土并入清帝国，是如何影响清朝在内地统治的进程的。

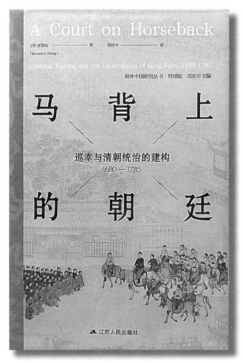

《马背上的朝廷》书影

二、对弓马精神的过度阐释

满族是否已经汉化或正在汉化，其实是一个不待辨明的问题。乾隆帝六次南巡，每次都要在江宁阅兵，以检阅八旗兵的骑射程度和尚武精神，然则每次令皇帝大失所望，情景堪忧。针对八旗弓马本事丧失殆尽的实际，乾隆帝赋诗道："八旗读书人，假借词林援。然以染汉习，率多忘其旧。问以弓马事。曰我读书秀，及至问文章，曰我旗人胄。"作者引录用了乾隆帝的大量诗作，这首颇能说明问题的诗却不知何以未引。在一线冲锋陷阵的八旗将士如此，贵为九五之尊的康熙和乾隆皇帝，也流连于江南山水，钟情于江南的声名文物，特别是乾隆皇帝，尤其喜欢苏式家具，常常在"苏宴桌"上，享用由其最信任的厨师张东官调理的苏州宴，平时更吟诵出了4万余首汉文诗。对这样言动起居的皇帝，难道可以说他们还没有汉化？对他们到"汉地"的频频南巡，难道可以说是发扬骑射精神仍然保持了满族特色的典型？

《马背上的朝廷》可商之处也较多。揆诸实际，乾隆帝明确南巡是在乾隆十四年（1749），首次南巡在乾隆十六年（1751），而西北战事结束于乾隆二十四年（1759），南巡早于西北战事结束整整十年，是不能看作西北战事的延续的。康乾南巡特别是乾隆南巡时期，清朝疆域底定，统治稳固，无论满族汉族，可称各族归心，观念日趋融合，民族隔阂日趋消融，随着科举考试的成功，江南士人精英大量地充实到清朝的治国理政队伍中，何来如作者所说的江南"士人身份的深深焦虑"和被"来自长江北岸的富裕暴发户们所遮掩"的"与日俱增的忧惧"？盛清时期的江南人文活动，展现出的完全是另外一番风貌。康乾南巡，皇帝自身表明心迹是"问俗观风"，乾隆帝更反复表明要尽孝道，其巡行时间，多在阳春三月江南风光最佳时节，怎么能够理解成如作者所说，"南巡是他广泛努力稳固武备以及维护京营和驻防八旗声誉不可分割的一部分。清朝当权者在南巡期间所要表达的，既有军事的又有民族的意义"？清代的江南，财赋甲天下，科第冠海内，始终是清廷关注的重心所在，康乾南巡正是江南在朝廷心目中有着突出重要地位的反映，而乾隆皇帝最早的巡幸活动怎么可能"有效地降低了江南在帝国礼仪中的地位"？乾隆皇帝拜江南老名士苏州沈德潜为师，与江南士人诗文唱和，诗作极为丰富，怎么成了作者所主张的"乾隆皇帝通过诗作推动'马上治天下'正统化，既在内地也在塞外推进了朝廷的民族—王朝特权；到了十八世纪中期，乾隆皇帝已将巡幸指定为马上治天下的一种精髓表现"？乾隆皇帝南巡，只在入城式时骑马，而入城后即住在精心布置的行宫中，怎么能够理解成在江南马上理政这种新的意识形态，"将满洲人特权延伸至江南——内地的经济和文化的绝对核心——的民事的行政与治理"中？乾隆《元和县志》是沈德潜主纂的，全方位地贯彻和体现了当时的主流价值观，怎么能够如作者所说，将其"解读为《元和县志》编纂者的一次有节制的抗争，甚至是破坏乾隆朝廷所积极推进的民族—王朝例外主义的宗旨"。

三、对社会反应的探讨不足

《马背上的朝廷》是全面论述乾隆帝六次南巡之作，但作者过于强调清朝民族—王朝统治的建构和重构，过度阐释南巡的弓马精神，因而对历次南巡的具体过程和细节却殊少考察。阅读该书后，读者仍然不知道乾隆六次南巡每次是从哪一天开始到哪一天结束？每次巡幸到了哪些地方？在淮安、扬州、苏州、杭州、江宁等城市停留了几天、是怎么活动的？又何以会有长短的不同？南巡过程中觐见了哪些人，地方绅士接驾的是哪些人？做了哪些事？听了几场戏？这些基本而又具体的内容并没有在书中呈现。看了书中列出的数据以后，即便能够复原南巡队伍的情景，乾隆六次南巡的过程仍没有完全展现出来。作者自认为，《马背上的朝廷》一书深入探讨了乾隆帝南巡行经之地的社会反应和大众认识。通读全书，笔者以为作者做得还很不够，诸凡江苏无锡耆老顾栋高对于南巡不以为然、浙江天台名士齐召南讥刺南巡意欲登临险要迹近不孝，绍兴知府如何潜布木石于河以抵制皇帝御驾临幸等，这些颇能说明江南士民反应的事例，书中殊少引述。

有关康乾南巡特别是乾隆南巡，有很多具体细节性的东西，其实张勉治先生并没有用，不知道他是没有看到，还是故意没有用。反映乾隆帝第一次南巡地方准备接驾情形的，就有无锡人黄印的《乾隆南巡秘记》一书，书中详细记载了当地迎驾的具体情形，两个大营盘、多少尖站，正路副路，征集了多少民夫，准备了多少条船，花费了多少钱，毁坏了多少坟墓，占用了多少粮田，给地方造成了多大的负担。像这些，张勉治先生都没有写。如果我们结合利用诸如此类地方记录，相信对于康乾南巡特别是乾隆南巡，可以获得一个相对公正客观符合当时实际的看法。

（原载《光明日报》2020年2月15日）

金题玉躞映华堂

——读点校本乾隆《江南通志》

涵括今江苏、安徽和上海二省一市的清代江南省，是最为突出的财赋重地和人文繁盛之地。反映江南社会面貌的省级志书，前有康熙《江南通志》76卷，中有此乾隆《江南通志》205卷，后有光绪《江苏通志稿》。康熙《江南通志》历时半年即成稿，疏漏甚多，光绪《江苏通志稿》未曾蒇事，乾隆《江南通志》历时整整5年，不仅在同地域几部省志中修纂历时最长，卷帙最为繁夥，而且比较同时代的各地省志，其编修历时之长居于第一系列，篇幅之大仅次于280卷的《浙江通志》。

乾隆《江南通志》的修纂，在明朝嘉靖《南畿志》和清朝康熙《江南通志》的基础上，创新体例，增设了《杂类志》，勒成十志六十八门，以纲统目，各门各目之下，诚如张乃格先生所论："或者以行政区划，或者以时代先后，或者以事件性质，或者以人物类型为标准。"（程章灿主编：《江南通志》前言，凤凰出版社，2019年，第10页）全志考订谨严，纠舛正谬，皇皇六百万字，全面而较为客观地反映

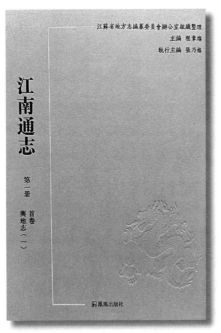

江苏省地方志编纂委员会办公室组织整理

主编　程章灿

执行主编　张乃格

江南通志

第一册

首卷

舆地志（一）

鳳凰出版社

《江南通志》点校本书影

了乾隆以前江南地域社会风貌，堪称一代名志。这部名志传世者有三种版本，即乾隆元年尊经阁原刻本、乾隆二年锓刻本和乾隆间《四库全书》本。三种版本总体上虽各有优劣，但均存在程度不等的错讹出入，难称善本。点校这样的一部名志，难度和工作量无疑相当大。

可喜的是，由程章灿教授主编、张乃格先生执行主编的点校本乾隆《江南通志》正式出版。点校者熟知江南范围志书尤其是省志修纂的历史，明了乾隆《江南通志》流布于世的三种版本，熟悉相关人名地名、地方文献以至制度职掌，足以胜任这一颇具挑战性的整理工作。凤凰出版社梓印的这部志书，繁体竖排，明黄色12册装帧，端庄古朴，书脊标明卷目，查检方便，翻阅该书，可谓赏心悦目。点校本《江南通志》（以下简称《通志》）的贡献体现在如下几点。

一是比勘三种版本，择善而从。点校本以乾隆元年刻本为工作底本，以《四库全书》本、锓刻本通校，采用本校法，勘定了三种版本中的舛误处。这可能是点校本中勘定最多、出注最多的地方，事例繁多，无待列举。这就实际上恢复了乾隆《江南通志》的原貌。点校者深知三种版本特别是《四库全书》本成书的背景，凡涉"贰臣"或前明遗老之作，相异处基本上都指陈出来。注文则既指出其差异处，更探究其原因，相当内行。诚然，若苟求而论，钱谦益黄山之游在崇祯十四年（1641），《游黄山记》此文收于其《牧斋初学集》卷四十六，刊刻于崇祯末年。《通志》收录时作"国朝"云云，似不十分贴切，其实应作"胜朝"；《通志》所收文字，与原著也稍有出入，间有删节；尤需注意者，原文九篇，而《通志》只收八篇，当然，《通志》既称"略"，则自无不妥。点校者细致比勘三种版本，改正了原来三个版本的错讹或不当，奉献了一个优于原本的最为完备准确的本子。

二是依据各种文献补正或改正，以臻完善。如第689页，据《汉书·地理志》，改"鲁地，奎、娄也分野也"为"鲁地，奎、娄之分野也"。第722页，太平县"江汉冈峦之滨带"，出注："'滨'，《方舆胜览》卷一五引作'襟'。"第772页，"予间立顾"，改为"予间立四顾"，并出注："据《古今游记丛钞》卷十五校补。"第780页，改"谢朓所云"，为"谢朓所云"，并出注："据《南齐书》四七、《南史》一九改。"凡此类补正或改正之处，不胜枚举，一一交代出处，正本清源，回归原样。点校做到这个份上，无疑是具见功力的。

三是核对原文，找出与原志所录舛异处。如第184页原志录李华《常州刺史厅壁记》，点校本厘定准确原文。第2876—2880页收录归有光水利文2篇，文字微有出入，点校本一一标出。第2876页，出注："'某'，《震川先生集》卷八作'有光'。"次页："'某'，《震川先生集》卷八作'愚'。"这类工作，显然是熟稔相关文献并下大气力才能做到。

四是指陈原志瑕疵，赋予原志恰当价值。如指出原书之误，考证原志之错讹，远远超出了一般的文献校点范围，要求非常精细谨严，增加工作量不少，不仅彰显了点校者的能力和阅力，也达到了文献点校的至高境界。

能够达到上述四点，点校本乾隆《江南通志》自然在句逗方面做得极为出色。全书六百万字，句逗准确，极为精慎，近乎完美，实属不易。诚然，这样大部头的文献，句逗一无出入，几乎也不可能。文中也偶有可商之处，如序言第16页顾琮序："而大江之委控，引上下具区之浸，资藉蓄泄，号为泽国，讵不信然？"似应断为："而大江之委，控引上下，具区之浸，资藉蓄泄，号为泽国，讵不信然？"第164页《舆地志》序言："其郡邑或沿唐、宋，或从近代或今，升州为郡，析县为县，无华离之地矣。"似应断为："其郡邑，或沿唐、宋，或从近代，或今升州为郡，析县为县，无华离之地矣。"第2874页："嘉定以南，华上以北，一望平芜。"应为："嘉定以南，华、上以北，一望平芜。"盖所谓"华上"，华亭、上海二县也。至于逗号句号，本无定规，可以不论。

此外，点校本敏锐地指出了原本的诸多重复收录处，但康熙十三年（1674）江苏布政使慕天颜《均田均役疏》，原书收于卷六十八《田赋一》，复于卷七十六《徭役》《慕天颜疏略》节略其文，两疏实为一疏，重复收录，而点校者并未指陈，且标点微异。此类小疵，仍复难免。

顺便说一下，乾隆《江南通志》是地方志尤其是省志中的佳作，自无疑议，然而由于成于众手，十羊九牧，难免无可挑剔者。该志在《艺文志》中列有江南第一部省志嘉靖《南畿志》，志文中也多有移录，修纂者肯定参考利用过，但在叙述该志成书的各家序文中，只字未提，不免有掠前人之美之嫌。再就大处而论，雍正时期，朝廷在江苏实施大规模清查积欠赋税钱粮，江苏布政司为此专门制定了清查《条议》，苏州府昭文等县也制定了《清查略节》。事体重大，关乎江苏社会和地方经济的走向，各地府县志，或多或少予以载录，作为反映其时全省面貌的乾隆《江南通志》，理应适当记录。可全书除了节录了雍正皇帝的几件上谕外，相关内容完全不见踪迹，明显疏漏。从小处而论，该志堪称精慎，主纂黄之隽似也颇为自得，然则如前所说《建业实录》误作《建康实录》之外，《筹海图编》误为《筹海图边》等，尚有一些，难称完美。我们评价此类地方志书，这些情形可能也要兼顾。

（原载《南京史志》2020年第2期，收入本集时稍有删节）

王云《明清山东运河区域社会变迁》序

京杭大运河，人尽皆知，是世界上最长的人工运河，其实远不止此。在明清时期，在近代海运兴起以前，运河也是全国政治信息沟通、南北物资输送、各地文化传播、全国人才交流的最重要通道。明清时期的人，凡是有一定文化的，中过举的，做过官的，可以说没有不经过运河的。其时的外国使节，无论来自早期"西洋"的东南亚以及东非各国，还是来自与中国一衣带水的"东洋"日本、琉球等国，无一不是取道运河北上的，甚至后来来自"西洋"欧美各国的使者，也有不少是由运河抵达北京的。运河，是联结中国南北、贯通中国与世界，集中展现明清政治、经济、文化和外交历程的人类宝贵遗产。

明朝代元而兴，山河一统，幅员广阔，"滇南车马纵贯辽阳，岭徼宦商横游蓟北"[1]，运河作为南北大通道，较之前代更为重要。明廷为了利用贯通南北的大运河转输漕粮，先于永乐九年（1411）由工部尚书宋礼、侍郎金纯重浚会通

---

[1]［明］宋应星著，潘吉星译注：《天工开物》序，上海古籍出版社，1993年。

河，负重载的大船得以通过；又于永乐十三年（1415）由平江伯陈瑄等开凿淮安附近的清江浦，引管家湖水入淮，设闸建坝作涵洞，以时启闭，从此漕船直达通州，大大节省了挽运之劳。①漕粮官物通过运河转输的同时，数量更为可观的民间商品也经由运河南北贩运。从此，在南北大运河上，商品流通极为繁忙。嘉靖、隆庆时江西人李鼎说："燕赵、

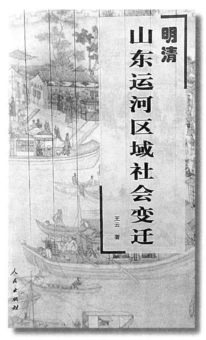

《明清山东运河区域社会变迁》书影

秦晋、齐梁、江淮之货，日夜商贩而南；蛮海、闽广、豫章、南楚、瓯越、新安之货，日夜商贩而北……舳舻衔尾，日月无淹。"②在隆庆时徽商黄汴所描绘的全国143条通道中，运河无疑是最为重要的物资流通通道。

运河流经山东近千里，使得山东在运河文化中的地位十分突出，明清时期的全国商品生产结构，使得山东运河的作用发挥得淋漓尽致。江南是全国最大的丝绸和棉布生产中

①［清］张廷玉等撰：《明史》卷八五《河渠三》，中华书局，1974年。

②［明］李鼎：《李长卿集》卷一九《借箸篇·永利第六》，万历四十年豫章李氏家刻本。

心，需要通过运河将成品销往华北、西北、东北的广袤地方，也需要通过运河输入原料、辅料等。诸如嘉定棉布，"商贾贩鬻，近自杭歙清济，远至蓟辽山陕"①，常熟棉布，"捆载舟输，行贾于齐鲁之境常十六"②，以致形成"吉贝则汎舟而鬻诸南，布贝则汎舟而鬻诸北"的商品花、布流通格局③，以致"秦、晋、燕、周大贾，不远数千里而求罗绮缯币者"④，必定取道运河，使山东临清、济宁成为运河上的重要商业都市，临清更成为全国最大的江南棉布中转都市。山东运河区域的地位如此重要，如能深入考察作出学理分析，无疑是富有学术价值和现实参考意义的。

有王云者，生于山东，长于山东，供职于运河边的聊城大学，熟知山东运河区域的风土人情，对山东、山东运河怀有深厚感情，她利用地利和感观之便，以近十年之力，较为全面深入地探讨了山东运河区域，撰写成《明清山东运河区域社会变迁》一书，对明清时期山东运河区域的社会变迁作了富有学术价值和现实意义的新探索。该书提供了诸多未见前人征引的碑刻、家谱及地方文献，并利用大量新资料，从新的角度，对明清时期山东运河区域的社会变迁、戏剧文化交流、不同区域民间信仰的相互交融，以及运河区域社会变

①万历《嘉定县志》卷六《物产》。

②嘉靖《常熟县志》卷四《食货志》。

③[明] 徐光启：《农政全书》卷三五《蚕桑广类·木棉》，上海古籍出版社，1979年。万历后期人王象晋在《群芳谱·棉谱》小序中说："棉则方舟而鬻诸南，布则方舟而鬻诸北。"

④[明] 张瀚：《松窗梦语》卷四《商贾纪》，上海古籍出版社，1986年。

迁的特点与趋势等作出了具有新意的分析，尤其在运河区域城镇的分布与空间结构特点、社会变迁的表现、深度及其特点，各地地域商人势力的分布消长、民间信仰的交融等方面，更多创见。全书立足新资料，没有凿空之论，运用历史学、地理学和民俗学等多种学科的理论方法，在厘清明清时期山东区域社会变迁的轨迹和揭示其特色与趋势方面作出了贡献，从而在一定程度上深化和推进了山东区域社会史、运河文化史和中国商帮史的研究。

《明清山东运河区域社会变迁》一书，既是国家社会科学基金课题，又是在博士学位论文的基础上修改提高而成。忆及数年前，聊城大学王云教授负笈南下，到南京大学历史系攻读博士学位。当时明清史方向的同届四位博士生，都有

王云（右一）与作者（居中）等在江苏淮安镇淮楼

一定的社会阅历，态度既极为自觉，快马自无需加鞭，治学又有一定门径，钻研极其用功，处世更懂得厚人惠人，互谅互助，常在一起讨论学问，其乐融融的光景，至今令人难忘。我以同行和朋友的身份与他们相处，与他们讨论交换意见，平时则只能靠他们自身利用南京大学学习条件（虽然简陋但是学术氛围较为浓郁的环境）自学。三年中，我既深受他们执着学问和惜时如金的感染，又从他们那里学到很多知识，所谓教学相长，到那时才有真正体会。对于运河文化，我完全不懂，对于山东区域，我更是一窍不通。王云就读期间，奔波于南京与聊城之间，常常有新的发现，不断访求到新的资料，喜形于色，相告惠示，我也倍感欣慰，深受鼓舞。我深深感佩王云的学术努力和学术业绩，又与她忝有师生之谊，现在能够优先读到她的成功之作，由衷地感到高兴，相信她能够以此区域史研究的力著为新起点，不断有学术的新创造。

明末清初的思想家昆山人顾炎武在其《日知录》卷十九《书不当两序》中认为，"凡书有所发明者，序可也"。笔者以为，王云的《明清山东运河区域社会变迁》一书，在探讨明清山东运河的社会变迁方面是有所发明者，是以乐为之序。

于南京港龙园寓所

2006年3月30日

（原载王云《明清山东运河区域社会变迁》，人民出版社，2006年）

姚旸《晚明江南民间艺术收藏研究》序

　　以苏州为中心的江南是驰名海内外的文献之邦，文化艺术品市场向称发达，明代中后期更形成了日益红火的民间艺术品收藏市场。万历时，文坛领袖太仓人王世贞说："画当重宋，而三十年来忽重元人，乃至倪元镇，以逮明沈周，价骤增十倍。窑器当重哥、汝，而十五年来忽重宣德，以至永乐、成化，价亦骤增十倍。大抵吴人滥觞，而徽人导之。"（《觚不觚录》，《景印文渊阁四库全书》第1041册，台湾商务印书馆，2008年，第440页）同时期徽州休宁的古董鉴赏家詹景凤曾得意地说："文太史初下世时，吴人不能知也。而予独酷好。……予好十余年后吴人乃好，又后三年而吾新安人好，又三年而越人好，价相埒悬黎矣。"（《詹东图玄览编》卷四，北平故宫博物院铅印本，1947年，第52页）明末嘉兴人沈德符总结其时收藏行情说："嘉靖末年，海内宴安，士大夫富厚者，以治园亭、教歌舞之隙，间及古玩。……比来则徽人为政，以临邛程卓之赀，高谈宣和博古，图书画谱，钟家兄弟之伪书，米海岳之假帖，渑水燕谈之唐琴，往往珍为异宝，吴门、新都诸市骨董者，如幻人之化黄龙，如板桥三娘子之变驴，又如宜君县夷民改换人肢体面目，其称贵公子大富人者，日饮蒙汗药而甘之如饴矣。"沈德符还说："玩好之物，以古为贵。惟本朝则不然，永乐之剔红，宣德之铜，成化之窑，其价遂与古敌。盖北宋以雕漆擅名，今已不可多得，而三代尊彝法物，又日少一日，五代迄宋所谓柴汝官（'宫'当是'官'字之误——引者）哥定诸窑，尤脆薄易损，故以近出者当之。始于一二雅人，赏识摩挲，滥觞于江南好事缙绅，波靡于新安耳食，诸大估曰百曰千，动辄倾囊相酬，真赝不可复辨，以至沈、唐之画，上等荆、关，文、祝之书，进参苏、米。"（沈德符：《万历野获编》卷二六《玩具》，中华书局，2004年，第653、654页）细细体味明后期江南文人的这些话，可以悟出，时人虽然间有异议，但大体上一致认为，明后期江南收藏古玩的风潮以及十分红火的藏品市场，是由苏州文人率先兴起和徽州商人推波助澜的，后来才逐步波及徽州等其他地区。

苏州文人兼具学养和资财，视收藏古玩为修身养性之物事，以拥有古玩为文化生活必不可少的内容，期待着

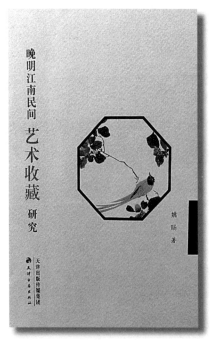

《晚明江南民间艺术收藏研究》书影

"挹古今清华美妙之气于耳目之前，供我呼吸；罗天地琐杂碎细之物于几席之上，听我指挥；扶日用寒不可衣饥不可食之器，尊逾拱璧，享轻千金，以寄我之慷慨不平"（沈春泽：《长物志》序，《生活与博物丛书·饮食起居编》，上海古籍出版社，1993年，第442—443页）。苏州当地人文震亨甚至形容当时各地收藏古玩习以成风，以至称为"姑苏人事"（《长物志》卷七《器具·扇》，《景印文渊阁四库全书》第872册，台湾商务印书馆，2008年，第70页）。

书画古玩市场兴起后，有无古玩，甚至有无元人倪瓒的作品就成为衡量文化素养是否风雅、区分雅俗的标志。崇祯十二年（1639），徽州歙县著名书画商吴其贞追忆道："忆昔我徽之盛，莫如休、歙二县，而雅俗之分，在于古玩之有无，故不惜重值，争而收入。时四方货玩者闻风奔至，行商于外者搜寻而归，因此所得甚多。其风始于汪司马兄弟，行于溪南吴氏，丛睦坊汪氏继之，余乡商山吴氏、休邑朱氏、居安黄氏、榆村程氏所得，皆为海内名器。"（吴其贞：《书画记》卷二"黄山谷《行草残缺诗》一卷"条，辽宁教育出版社，2000年，第62页）汪司马兄弟，即汪道昆、道贯、道会兄弟，其生活时代与太仓王世贞同时，可见苏州兴起收藏之风迅速得到了徽州文人和商人的响应。

苏州等地文人充分发挥其特长，站在艺术品市场的制高点上，开辟工艺品收藏新领域，高自标帜，自高身价，以广开财路；徽州等地商人财大而气粗，通过投资新兴的文化艺术品市场，追慕风雅，交结掌握话语权的苏州文人，既抬高社会地位和赢得市场形象，又牟取高倍的商业利润和无形资产，日益兴旺的艺术品收藏市场就在苏州文人和徽州商人的共同作用下兴起于苏州，波及江南，推播到全国，流衍影响于后世。

近年来，晚明时段大放异彩，有谓晚明变迁的，有谓晚明变局的，有谓社会转型的。无论怎么评价，其实其变化在江南表现得最为明显。明后期兴起的艺术品市场就是这种变化的一个方面。

学界对于明后期江南兴起的艺术品市场的研究，举凡藏品、收藏人、鉴赏人的情形，艺术品的创造、生产乃至作伪样态，艺术品的价格、价值、市场、流转景象，收藏者及经营者的商业竞争状况，文人收藏与社会生活的关系等方面，可谓成果丰硕，涉及广泛。然而从人文活动史、文化艺术史和社会生活史的角度而言，既有研究仍显得不够系统深入，可以学术性开拓和挖掘的空间也复不少。

姚旸博士自进入南京大学，先后在法律系、历史系学习，由本科而硕士而博士，后来又在文学院从事博士后研究，在法学、社会经济史学领域打下了较为扎实的学养基础，近年更专注于江南民间艺术品收藏史的研究，推出了新著《晚明江南民间艺术收藏研究》一书，寒窗勤读将近二十年，修得正果，实在是值得庆贺的事。作为他的业师，优先通读之后，深深感到，此书在已经较为深入的江南社会经济史和地域人文史领域添砖加瓦，一定程度上推进了江南地域史和文化艺术史的研究，在江南历史研究向纵深发展和文化遗产日益受到重视的当下，无疑富有学术意义和一定的现实参考价值。

全书辟为七章，围绕经济与文化，以人为中心，对明后期的民间艺术品收藏市场作了系统而又深入的探讨。全书系统考察了晚明江南的文物收藏，从文化、经济、社会等多个角度出发，着力客观全面地揭示其发展的整体样貌，尽量深入现象表层而揭示其发展本因与特色，同时直面其发展的一般状态，还原其存在的本来面貌，从而厘清了围绕收藏而产生的各类社会因素间的互动关系，清晰地展陈了晚明江南艺术品收藏市场的基本面貌。

全书从文人生活方式切入，较为深入地探讨了收藏古物、鉴评艺品在明人着意刻画的"闲雅"生活中占有的重要地位，认为明后期江南文人阶层对收藏的热衷程度正与该人群经济实力的发展情况相一致，与其追求"闲雅"的生活方式有关。作为经济发展的率先受益者，江南的官绅文士将愈来愈多的财富用于生活质量的提高及情趣生活的营造，在改善基本生活条件的基础上，依照自己的地位身份、知识情趣等进行了更高等级的生活规划，并最终塑造出一种典型的文人化精致生活模式。不论"治园亭""教歌舞"，抑或从事收藏，都成为以"闲雅"为名的文人生活的组成部分。在此过程中，收藏也无可避免地与财富挂钩，成为收藏者以高尚名目炫耀富贵财力的载体。艺术藏品为藏家家居环境营造之佳物，藏物更往往成为藏家精神情怀的寄托，藏品能够借由本身的艺术特性引发藏家感官审美与精神体悟上的跃升，完成物与人之间的共鸣。收藏在彰显藏家经济实力的同时，更能成为其显示欣赏品味以及社会身份的重要标志。晚明江南民间收藏的发展演变历程，足以反映其时其地社会整体经济环境与文化氛围，足以折射出商品市场运作模式以及消费心理的变化轨迹，对于我们理解其时士、商等阶层人群间的交往，艺术创作风格的嬗变与演进，以及文化心态的演化都有着极强的参照佐证意义。总的说来，作为寄兴遣怀的媒介，藏物在一定程度上脱离了单纯的艺术领域，而与藏家的艺术体悟、人生际遇发生着更为密切的关系。这样的论述和看法，应该说是颇有见地的，也是符合历史实际的，反映出了其时江南文人生活气息的重要方面。

全书更对艺术品收藏与江南文人的居室、江南文人的收藏与旅游活动、收藏家之间的交际交流作了细致系统的考察；对苏人滥觞——苏州在收藏风气推广中的引领作用，徽人导之——商人阶层的参与，作了历史性的阐述分析；对收藏家与收藏品、江南人独特的收藏品味、收藏家的资金来源途径等作了多方面考察，认为田产、经营收入之外，润笔所得几乎成为江南文人从事收藏乃至维持生计的主要经济来源。

全书着重探讨了晚明江南艺术品市场及其各种要素，主张明后期的江南艺术品市场出现了交易价格快速增长及流通速度明显提高等现象，藏物流通速度的加快还对购买者的经济能力、鉴赏水平提出了更高要求，并在商品化背景下导致藏品功能的异化，艺术品的经济价值与效能得到极大彰显，而这种变化的直接结果就是艺术品财富化程度的不断加深；认为市场化影响了艺术创作者的态度与价值趋向，越来越多的文人创作者开始转型，为响应收藏需求而进行创作，那些明代文人书画的领军人物往往也是经营性创作的最重要参与者，为社会需求而进行创作，就从根本上改变了明后期江南文人艺术的发展趋向及创作心态。书中对收藏家、古董商与收藏品的交易网络，除了像前人一样，对显性的或固定的市场作详细考察外，更对藏家与商人、收藏家之间的交际交往交换的无形市场作了开拓性探讨，将这种市场称之为"隐性网络"，令人有眼目一亮的新意。书中还从江南的书画保护条件、技术手段与艺术的双向追求等角度，对艺术品流通过程中赝品泛滥的社会背景与原因作了较既有研究更为翔实的探讨。

可以说，全书在江南艺术品市场的形成与江南文人生活的价值取向，市场化影响与艺术创作者的互动，艺术品收藏者、经营者及其收藏市场网络等方面，均获得了新的见解。

诚然，毋庸讳言，作者在书中考察到了明后期活跃在江南的一些徽州籍的代表性古董商人，却对江南吴中地区的艺术品收藏家如吴宽、陆完、王鏊王延喆父子、安国家族、王世贞兄弟、钱谦益等人的收藏及其流转活动，大多只作简略的考察，而深入翔实的探求，或许还有待于他日。相信姚旸博士以其厚实的积累，进一步开拓进取，当能在明清艺事收藏研究方面获得更大的成就。

于金陵定淮门外寓所

2010年4月3日

（原载姚旸《晚明江南民间艺术收藏研究》，天津古籍出版社，2017年）

徐永斌《明清江南文士治生研究》序

　　中国士大夫一向注重治生，孔子就说："富而可求也，虽执鞭之士，吾亦为之。如不可求，从吾所好。"(《论语·述而》) 孔圣人认为，如果为了治生求富，无论什么营生都是可以考虑的。时代的步伐到了明清时期，随着科举取士制度的日益完备高度成熟，捐纳制度的逐渐采行途径广开，文人中第的比率日益降低，入仕的竞争日趋激烈，读书从政之外，寻求谋生之方显得愈益紧迫，极为必要。

　　明中期嘉定人沈龄称当时"文士无不重财者"，江阴人李诩记时人重财数例：曾有人向名士常熟人桑悦求文，托以亲昵，无润笔，桑悦说："平生未尝白作文字，最败兴，你可暂将银一锭四五两置吾前，发兴后待作完，仍还汝可也。"苏州书画家唐寅，曾在孙思和家有一巨本，录记所作，簿面题二字曰"利市"。苏州文人都穆雅有"不苟取"之名，曾患疾，当有人求字时，以帕裹头而强起，旁人请其休息，都穆说："若不如此，则无人来求文字矣。"马怀德曾为人向祝允明求字，问其"是见精神否"(当时人以取人钱为"见精神"——范按)，祝回答"然"，并补充道："吾不与他计较，清物也好。"马又问何物，答称"青羊绒罢"。(李诩:《戒庵老人漫笔》卷一"文士润笔"条，中华书局，1982年，第16页）大名鼎鼎的苏州才子唐寅会试落第后，书画为生，赋诗描摹其生涯："不炼金丹不坐禅，不为商贾不耕田；兴来只写江山卖，免受人间作业钱。"（唐寅：《唐寅集》补辑卷四《题画一百十三首》，上海古籍出版社，2013年，第442页）更吟诗自嘲："抱

明清江南文士治生研究

Research on Scholars' Making a Living in South of the Yangtze River in Ming and Qing Dynasties

徐永斌 著

中华书局

231

《明清江南文士治生研究》书影

膝腾腾一卷书，衣无重褚食无鱼；旁人笑我谋生拙，拙在谋生乐有余。"（唐寅：《唐寅集》补辑卷四《题画一百十三首》，卷三《风雨浃旬厨烟不继涤砚吮笔萧条若僧因题绝句八首奉寄孙思和》，上海古籍出版社，2013年，第109页）这些当时声名赫赫后世景仰的江南文人，以书画易换衣食，获取润笔毫不含糊，活脱脱是文人治生的形象写照。到了嘉靖、万历之际，著名文人、官至兵部侍郎的徽商子弟汪道昆更曾借徽商之口说："丈夫不为名高，则为厚利，安能龊龊坐困乎？"（汪道昆：《太函集》卷二八《沈文桢传》，黄山书社，2004年，第605页）清康熙十七年（1678），连后来成

为著名理学家的陆陇其也认识到："农工商贾是其本业，不可谓之俗物。"他读著名的古文大家苏州人汪琬的《钝翁类稿》有关"今之君子，仰无以养其亲，俛无以畜其妻子，饥寒之患，迫于肌肤，此其时与古异矣。当不得志，其能遁世长往，浩然于寂寞无人之地哉？吾以是知其难也"一段时，大发感慨谓："不觉为之慨然，不得不令人思许鲁斋'治生为急'一语。"（陆陇其：《三鱼堂日记》卷五戊午中，中华书局，2016年，第136、137页）更有甚者，清初思想家唐甄（1630—1704），曾在苏州做牙人以谋生，有如此精彩问答，人问："学诗书，明《春秋》，合乎古人之义，人皆称为君子，可谓贤矣，而何乃自污于市？"唐答："今者贾客满堂，酒脯在厨，日得微利以活家人，妻奴相保，居于市廛，日食不匮，此救死之术也，子不我贺，而乃以诮我乎？"人问："民之为道，士为贵，农次之，惟贾为下，而牙人尤下，先生为之，无奈近于利乎？"唐答："吕尚卖饭于孟津，唐甄为牙于吴市，其义也一。"（唐甄：《潜书》上篇下《食难》，中华书局，1955年，第86—88页）唐甄与他人的问答，形象地说明，随着人生伦理与价值观念的变化，治生求利有了理论依据，文人对自己的治生生涯自视甚高，辩护起来显得底气十足。明清文人，治生为急，数百年间，前后一脉相承，赓续不断。

对于这种极为平常、极为普遍的明清时代文人治生现象，学界已经引起注意，在不同层面上作了一定程度的探讨，也有了较为显著的成果。但既有研究远没有揭示出明清文人治生的丰富而生动的繁复面貌，对文人治生极为突出的江南地区还殊少细腻的描述和精到的考察。明清江南文士是极为突出的著名地域文人集团，其生活状态富有学术意义和现实参考意义。徐君永斌，以其明清史学和文学的知识积蓄，最近数年肆力于明清江南文士的治生研究，搜集和征引了方志、文集、笔记等丰富材料，专门探讨江南文士群体的治生状况，撰成《明清江南文士治生研究》一书，为明清人文研究和江南社会生活史研究，奉献出一部颇有新意、较有力度的心血之作。

全书分为上下篇，上篇主要考察分析文士的治生群体、治生途径、治生用途及其治生原因，以江南为地域范围，综合考察明清文士的治生活动和特点，并辅佐以代表性事例和人物加以说明和验证，更在相应篇章中附以处于不同时代从事不同治生行业的代表性个案，比较不同时代江南文士治生的共性与差异及其原因；下篇探讨作者所定江南范围南京、扬州、苏州、杭州、上海、徽州六大区域内的文士治生特点，考察文人治生的行业，诸如处馆、游幕、书院、书画、刻书业、业农、经商等，并分析其侧重点。作者还在余论部分对文士治生与明清通俗文学的创作和传播的关系展开论述，以进一步论述文人治生与文学流播的关系。全书既分区域考察各地文人的治生情形及其异同，又分类型探讨江南文人治生的途径，更分析文人治生的用途和原因，既有总的论述，又择取各类代表作典型分析，清晰地揭示了明清江南文士的治生情形，较为形象地呈现出明清时期江南文人治生的风貌，从而较大程度上丰富和推进了明清生活史和江南人文史的研究。

永斌君为人朴实，凡事认真。承他厚意，感念师生之谊，每有新作，往往让我先睹为快。文如其人，《明清江南文士治生研究》一书，行文较为平实，较少跌宕起伏，虽略欠姿色，但提供了不少生动事例，作了不少学理分析。若能博采事例，分类深入探讨，在现在的基础上不断深耕挖掘，在已有框架下完善提高，相信一定能够达至更高境界，作出新的学术贡献。

于金陵草场门外寓所
2017年2月14日

（原载徐永斌《明清江南文士治生研究》，中华书局，2019年）

朱声敏《明代州县官司法渎职研究》序

    近年来，随着法制史和官箴史研究的较大推进，学界有关明代司法研究的源源推出，州县官的研究成果也较为繁夥，但相关成果主要集中在明代州县的建置沿革、行政地位、运行机制，州县官的施政环境、施政行为及心理，州县官的地方事务、司法教化等方面，而对于明代司法渎职尤其是州县官司法渎职的探讨，还殊为少见。

    明代无论朝廷还是地方官自身，沿用历代为官之道，临民行政均奉"清、慎、勤"三字诀为圭臬。其中的"慎"，即指慎重刑名，千万小心，十分敬畏，处理诉讼审理案件断案量刑必须慎之又慎。慎刑、慎判、慎罚、慎监，成为明代官员处理狱讼的基本要旨。不著撰人姓名的有位官员就总结出了"慎打三十二条"和"慎罚凡十六条"，青天大老爷海瑞在隆庆年间出任应天巡抚时就曾诚谕所属州县官，"凡听讼必须直穷到底，审之审之，始不惮烦；慎之慎之，终无姑息"（海瑞撰，陈义钟编校：《海瑞集》上册《督抚条约》，中华书局，1962年，第251页）。

    朱声敏博士，勤学好思，思维敏锐，读书时有新得，在南京大学攻读博士学位时，即特别属意于明清司法问题，后

中国社会经济史研究丛书

陈支平 主编

朱声敏 著

明代州县官司法渎职研究

天津出版传媒集团

《明代州县官司法渎职研究》书影

几经商酌，确定学位论文在明代州县官司法渎职范围。声敏君毕业后，又经潜心思考数年，增删损益，推出《明代州县官司法渎职研究》一书，向学界奉献了富有学术价值和有一定现实参考意义的重要成果。本人忝为他的学业导师，数次优先通读他的心血之作，深受启发，获益匪浅。

在我看来，《明代州县官司法渎职研究》一书，创新成功之处不少。全书从历史的维度，开创性地考察明代州县官司法渎职的各种表现，系统论述明代州县官司法渎职，将渎职限于司法范围，将渎职的研究对象定位于州县官；从司法立法、制度防范切入，考察法律制度、权力架构、思想教育及道德意识各方面，阐明明代州县官司法渎职的立法及其他预防措施，透视整个明代的司法、政治与社会；将明代律典以及一应条例、榜文、地方条约等法律性质规范作为司法渎职的立法文本较为细致地加以解读，并对各种立法规范及其前后演变尽量溯源述流，清晰地阐明了明代州县官的司法职能，详细地划分了明代司法渎职种类；将鬼神观念、报应文化，以至官箴教化及律令讲读、遣官会审等均纳入考察视野，全面而又具体地分析了各种规范州县官司法职务行为的措施，从而对明代州县官司法渎职现象作了系统的考察；透过对州县官在司法实践中与佐贰官、首领官、书吏、里老等各种力量关系的分析，探讨了各种势力对州县官司法权力运作产生的正反各方面影响，进而对明代州县官司法渎职的原因或背景做了较为充分的论述。全书在明代司法规制、州县官渎职表现与种类、司法渎职的制度防范与社会影响等方面的论述，均有一定新意，从而拓展和深化了明代政治史、法律史及官箴史的研究。

作者认为，明代继承和发展了历代的立法成就，对官吏司法责任也规定得更为全面，法律形式多样，处罚原则明确，通过以上各种法律形式，从接受词状，到勘验、取证、羁押，再到审讯、判决、执行，在任何一个诉讼阶段，明代均设立了完善或者比较完善的规范对州县官进行约束，以杜绝司法过程中的滥用职权、徇私枉法或者不负责任的行为。为保证州县官在司法活动中律己守法、恪尽职责，统治者还采用各种措施以约束州县官的行为和思想。首先，进一步完善司法权力架构，加强权力制衡；其次，在制度建设上，统治者还预设了诸多防范制度；再次，统治者重视加强对官吏的思想道德控制，利用传统的鬼神崇拜、善恶报应观念和清廉、仁恕、公正、勤慎的官箴劝诫培养州县官忠君爱民、慎刑重狱的意识。明代空前完善的司法责任追究原则，对于防止州县官司法渎职，维护法律的严肃性、维护社会的公平正义具有重大的积极意义。这些看法，较为精准地把握了明代法制尤其是司法渎职的内容和特点。

诚然，明代州县行政、司法是清正还是窳败，前后又如何发生变动，牵涉面十分广泛，制度的规定与实际的运作又有何种程度的脱节，还有赖于学界的深入探究。《明代州县官司法渎职研究》一书，对于明代州县官各类司法渎职的实际情形的论述，有些地方也稍显乏力；对于州县官司法渎职的影响因素的探讨，有些地方还欠深入细致；论述吏胥对于州县官司法渎职的非制度性矫正作用，内容还显得较为薄弱；制度规定禁止越诉，而乡绅、生员、讼师等影响州县官司法审判等情形，尚未提及。可见，明代司法渎职的研究还有较大空间，可以向纵深进军。相信声敏君在今后的研究中，可以百尺竿头，更进一步，作出更大的学术贡献。

于金陵龙园北路寓所
2016年5月6日

（原载朱声敏《明代州县官司法渎职研究》，天津古籍出版社，2017年）

阳正伟《"小人"的轨迹:"阉党"与晚明政治》序

阳正伟君,2006年考入南京大学历史系,从事明清史方向的研究,撰写了较为优秀的硕士学位论文《善恶忠奸任评说——马士英政治行迹研究》,2012年,其论文正式出版,对马士英重新评价,认为马士英不是"奸臣",而顶多只是"骑墙者"。获得硕士学位后,正伟君百尺竿头,更进一步,考为博士生,继续从事晚明政治史的研究。在前番研究的基础上,他精心修改充实博士学位论文,最近又推出新著《"小人"的轨迹:"阉党"与晚明政治》。全书多所考辨,以崇祯二年(1629)的"钦定逆案"为线索,先弄清阉党入案原由,然后探讨阉党的形成及相关政治活动,认为"东林总体上或许要优于阉党,但也并非毫无瑕疵""东林为了私利,也会抛却公义",进而说"这些也是我对其难以产生好感的原因所在",因为,"东林的阵营、行事均非纯忠,说他们成员龙蛇混杂,在不少事情上是公义与私心夹杂,或许更为客观;以东林的是非为是非,先入为主以东林为'忠臣',反对者则为'奸臣',是有失公允的"。他自认为:"本书立论都力求依据史料考据与事理推断,不同于以往褒东林贬阉党的基调，而是对东林有较多批评，为阉党说了些'好话'。"正伟君憨厚朴实，勤于思考，时有新得，本人忝为他的博士生导师，于他的晚明政治史事研究，未能有所指点，而承他信任，现在先期通读全书，看到他敢于创新立新，在学业上不断有所收获，倍感高兴。此书也确如作者所自许的那样，搜集了诸多一手材料，凭借史料分析推断，故全书基础牢靠，殊少凿空之言，持论也切合晚明时势，较为客观，一定程度上推进了晚明史尤其是晚明政治史的研究。

近年来，随着明史研究尤其是明清社会经济研究的不断深入，晚明研究似又重放光彩，鸿篇巨制源源推出，有谓晚明社会转型的，有谓晚明社会变迁的，有谓社会转型与文化变迁的，有谓晚明大变局的，更有高度评价晚明呼吁走进晚明的。毫无疑问，晚明社会发生了明显变化，这种变化在中国历史的进程中有着极为重要而突出的地位。从这个意义上说，进一步探讨晚明时代变迁中的人物群相，看看时代活动者在变迁的时代是如何活动的，他们的活动又对那个时代的变化产生了哪些影响，在那个时代的盛衰过程中具有什么样的分量，换句话说，他们应该担负什么样的时代和历史责任？阳正伟的《"小人"的轨迹："阉党"与晚明政治》一书，全面展示了阉党及其对立面的众生相，无疑为我们认识晚明、评价晚明提供了历史活动者和创造者方面的丰富内容。

说到晚明，说到晚明人物的评价，正伟君对东林多所批评，而为阉党说了些"好话"。其实明末清初的人，包括东林遗孤、东林后人，痛定思痛，即对东林有所批评指陈。如夏允彝说东林与非东林一样，"疑其异己，必操戈攻之""异己者虽清必驱除，附己者虽秽多容纳""东林中亦有败类，攻东林者间亦有清操独立之人"（夏允彝：《幸存录》"门户大略"条）；吴暄山所谓"南党固多小人，东林岂尽君子"（史惇：《恸余杂记》"东林缘起"条）；清初《明史》撰稿者朱彝尊所谓"究之东林多君子，而不皆君子，异乎东林者不皆小人"（朱彝尊：《曝书亭集》卷三二《史馆上总裁书》）。诸如此类，持论为人习见。然则夏允彝还有话："其领袖之人殆天渊也。"当局者迷，旁观者清，经过了四百年左右的今天，我们似乎可以更加超脱、平允、客观地来评价晚明时代的众生相了。东林不皆君子，但毕竟多君子，异乎东林者不皆小人，但毕竟多小人。如果我们硬要对晚明人物群体分类贴标签，东林的人品风节，总体而言，优于非东林及阉党，殆可断言。此外，我们评价东林与非东林各色人群，似乎应将其领袖人物、主体骨干与一般人员

鼓楼史学丛书·区域与社会研究系列

阳正伟 著

"小人"的轨迹：
"阉党"与晚明政治

"我们必须承认，要想正确解释清楚东林运动，而不带引江中的反东林集团进行厂己的解释是不可能的。以阅党深深打下了烙印这种有关这些伪仅的偏见遮掩了的，在正处字符里所得保的历史发现仍留下的尽烘据的思想，而不是田片只关于他们的有意义的整理。我们要必定中立的对这种日己不同，不带目的的随性带关的意，反对贝东林政治人物一位关不定像的本质，这样的看法当然是错误的。"

—[美]贾登凯《政治和林运动》

中国社会科学出版社

《"小人"的轨迹："阉党"与晚明政治》书影

分开，前期和后期分开，群体与个别分开。如果各打五十大板，不分早期晚期，不分主要骨干还是附丽之徒，恐怕无益于真正认识晚明社会。

明末清初人费密说，"论事必本于人情，议人必兼之时势"，今人钱锺书先生说，"追叙真人实事，务要遥体人情，悬想事势，设身处地，揣摩忖度，庶几入情入理"。说到晚明人物的评价，说到晚明人物的历史责任，也许是论题主旨所在，正伟此书殊少涉及晚明诸位皇帝。在我看来，明朝之亡国，东林与非东林，正人与阉党，乃至晚明时代的所有人均逃脱不了干系。如果我们探讨明朝覆亡的原因，硬要寻找负担历史责任的人物，晚明的万历、天启、崇祯三位皇帝，应该首先进入我们的视野。

我们依循从史料出发的路子，来看看时人和后人是如何评价晚明这三位皇帝及其统治下的世风的。

万历后期，吏部尚书赵南星说："天下之私最便而得利最厚者，莫过于吏部。今之士人以官爵为性命，以钻刺为风俗，以贿赂为交际，以嘱托为当然，以徇情为盛德，以请教为谦厚。闻有司管选者，每过朝退则三五成群，如墙而遮留之，讲升，讲调，讲地方，讲起用。既唯诺矣，则又有遮留者，恒至嗌干舌敝而后脱。一至署中，则以私书至，其三五联名者谓之公书，填户盈几，应接不暇，面皮世界，书帕长安。"（赵南星：《赵忠毅公集》卷三《陈铨曹积弊疏》）。万历四十三年（1615），致仕乡居的嘉兴人李日华记当时情形道："对客，阅邸报。客因举时政阙失，曰：'主上不效不庙二十余年。储宫撤讲又十余年。瑞王逾二十五六而请婚无期。惠、桂二王年俱十六七以上，而选婚无日。福邸宠数逾制，田连三省，管业召佃不属有司，同于有土，有人。开店卖淮盐，又侵入长芦，分国利病。边臣希功邀赏，阉竖四出为虐。八坐之位，止三尚书，五侍郎，而侍郎注籍者三，尚书未任者一。……闽浙弛禁，番舶恣行。今岁大比遣试，时至五月，云贵尚未有人。修桥建寺，动支巨万，浸浸福利之惑。夫主厌事则纲维不张，相无权则股肱废坠。'因相与咨久矣。"（李日华：《味水轩日记》卷七，万历四十三年五月二十三日，上海远东出版社，1996年，第462页）崇祯初年，上虞人倪元璐说："自神庙中江陵相以健败，后之执政者阴擅其柄，而阳避其名。于是乎以惯眊为老成，以顽钝为谨慎，以阴柔为和平，以肉食素餐为镇定，一切疆事、朝事置之度外，而日与传灯护法之流弥缝补苴，以固其富贵。"（倪元璐：《倪文贞集》卷一九《与杨武陵相国》）清修《明史》本纪第二十一《神宗》赞曰："神宗冲龄践祚，江陵秉政，综核名实，国势几于富强。继乃因循牵制，晏处深宫，纲纪废弛，君臣否隔。于是小人好权趋利者驰骛追逐，与名节之士为仇雠，门户纷然角立。驯至愍、愍，邪党滋蔓。在廷正类无深识远虑以折其机牙，而不胜忿激，交相攻讦。以致人主蓄疑，贤奸杂用，溃败决裂，不可振救。故论者谓明之亡，实亡于神宗，岂不谅欤。"

《明史》本纪第二十二《熹宗》赞曰："明自世宗而后，纲纪日以陵夷，神宗末年，废坏极矣。虽有刚明英武之君，已难复振。而重以帝之庸懦，妇寺窃柄，滥赏淫刑，忠良惨祸，亿兆离心，虽欲不亡，何可得哉。"乾隆时沈德潜《咏三朝要典》诗有谓:"熹庙御极颓乾纲,疏远保傅亲貂珰。茹花委鬼互虬结,薰天势焰何披猖。守原之问史贬斥,况令妇寺紊朝常。顾命老臣半诛戮,朝应血裹投圜墙。清流白马祸更惨,一网尽矣空岩廊。"(方濬师:《蕉轩随录》卷九"三朝要典"条)

明末人陆启浤记,崇祯二三年间,"有人揭长安门云:'督抚连车载,京堂上斗量。好官昏夜考,美缺袖中商。'又有人续其后云:'铨司二万外,科道十千头。今日求人了,明日受人求。'癸未有二十四气之谣,又有人题其后云:'二十四气,酒色财气。金银满赢,便是一气。正人君子,只怪铅气。'"(陆启浤:《客燕杂记》第99条,邱仲麟标点,《明代研究》第15期,第173页)崇祯六年(1633),归国的朝鲜奏请使洪霙被仁祖问及明朝实况,回答说:"物力不如昔日之全盛,而士大夫贪风大振云矣。"崇祯九年(1636),朝鲜人金埈在其《朝京日录》中记:"近来缙绅之间,贪风益炽,向贿者,以黄金作书镇,挟于册中,而进之。金价甚高云。"他又记道:"外有奴贼,内有流贼,天旱如此,而朝廷大官只是爱钱,天朝之事亦可忧也。"清初万斯同批评崇祯朝朝臣争斗时说:"矧其时生灵涂炭,锋镝满于天下,士大夫犹哄堂斗室,狱讼弗休,不知有宗社,何有于封疆耶!帝固曰诸臣尽败亡之徒耳,反而求之,不知将自居何等也!"(万斯同:《明史》卷二六《庄烈皇帝本纪四》)清修《明史》本纪第二十四《庄烈帝二》赞曰:"在廷则门户纠纷,疆场则将骄卒惰。……然在位十有七年,不迩声色,忧勤惕励,殚心治理。临朝浩叹,慨然思得非常之材,而用匪其人,益以偾事。乃复信任宦官，布列要地，举措失当，制置乖方。祚讫运移，身罹祸变，岂非气数使然哉。"

对于上述万历帝的怠政和崇祯帝的举措失当，辅弼之臣也随时提过建设性意见，试举二例。神宗时，大学士叶向高说："今天下必乱必危之道，盖有数端，而灾伤寇盗物怪人妖不与焉。廊庙空虚，一也。上下否隔，二也。士大夫好胜喜争，三也。多藏厚积，必有悖出之衅，四也。风声习气日趋日下，莫可挽回，五也。非陛下奋然振作，简任老成，布列朝署，取积年废弛政事一举新之，恐宗社之忧，不在敌国外患，而即在庙堂之上也。"（《明史》卷二四〇《叶向高传》）崇祯时，"帝操切。温体仁以刻薄佐之，上下嚣然。士升因撰四箴以献，大指谓宽以御众，简以临下，虚以宅心，平以出政，其言深中时弊。帝虽优旨报闻，意殊不怿也。"（《明史》卷二五一《钱士升传》）然而，无论是叶向高所述的危亡五端，还是钱士升指出的皇帝应具的四箴，两位人主均未听进去，而稍作更张。

试想，万历帝二十九年晏居深宫，不理朝政，接到大臣奏章后往往留中不发，官员缺额往往不补，酒色财气，举止乖张，国家财政入不敷出；天启皇帝不但庸懦，而且顽劣，宠信魏阉，完全不尽人主责任；崇祯皇帝操切疑忌，内廷边事，频繁易人，前后五十相，很少保全。前后三位最高统治者、大明国祚的延续人，可以说均无力驾驭大局，任用正人，反而倚重宦官，或坐视上下懈怠废弛，或放任大臣明争暗斗，终至溃败鱼烂而不可收拾，一步步走向覆亡。似这样始终未能反省求己而诿过于人，一味地将亡国责任完全推至大臣头上的皇帝，难道不应负责？难道不应进入研究者的视野？

《战国策·赵策二》载苏秦之语曰："臣闻明主绝疑去谗，屏流言之迹，塞朋党之门。"嘉庆二十五年（1820）春日经筵讲题"为君之道，在知人，在安民"，嘉庆帝借题论述阐发道："安民为致治之要，知人为安民之本""为人君能哲而惠，则所知皆正人，所用尽贤臣，岂患民不安乎？既为人君，孰不愿天下乂安，兆民乐业？所以不能如愿之故，由于不能知人，不能用人也。"（《清圣宗实录》卷三六七，嘉庆二十五年二月己丑）反观晚明三帝，不能绝疑去谗，是以不能塞朋党之门，未能切实履行为君之道，是以不能知人用人安民安天下，是以覆国亡身，葬送了大明江山。

正伟君现在转换角度，探讨晚明政治，看到东林的缺陷，注意到阉党及非东林也有可取之处，虽然有些考述还显得不够有力，有些观照还不够全面，有些探讨分析还不够深入，但毕竟向全面客观评价晚明各阶层的所作所为迈出了有力的一步，相信朝着这个路子走下去，正伟君定会取得更大的学术成就。

（原载阳正伟《"小人"的轨迹："阉党"与晚明政治》，中国社会科学出版社，2016年）

张晖《清代江南寺院经济研究》序

业内普遍认为，江南社会经济史研究已经相当深入，江南的宗教信仰研究也不乏重要成果，但不知何故，论者均忽略了寺院经济在江南地域范围内具有极为重要的地位，却殊少专门研究，从这个意义上说，张晖的《清代江南寺院经济研究》一书，填补了这一学术缺项，颇具学术意义；而当下江南佛寺香火旺盛，经济力量雄厚，从这个意义上说，该书又具有一定的现实参考价值。

全书搜集和征引了较为丰富的江南佛寺志、碑刻和地方文献等，以杭州净慈寺、江宁灵谷寺、常熟三峰寺、常州天宁寺、江宁大报恩寺为典型，由寺院管理切入，较为细致地考察了清代江南各地寺院收入的各种来源及其比重，指出清代江南寺田的主要来源是施主捐赠，田产是寺院最重要的产业，其来源构成非常多样，既有官府的拨赐，又有施主的捐赠，还有僧人的购置，不同性质、规模的寺院，三者所占的比重并不一致，施主的捐赠是最普遍的来源；江南寺院的收入除了田产最重要的就是经忏佛事，寺院为士绅、富户举办一次水陆法会，可以获得大笔的酬金，但经常为平民做小型佛事，也能取得不菲的收益，香火钱收入很不稳定，而主要

《清代江南寺院经济研究》书影

取决于香客的数量，香客的大多数是平民，房产、刻经是特殊产业，其来源主要是官方的赏赐，而不是士绅的捐助。

全书又以杭州净慈寺和常熟兴福寺为例证，探讨了寺院修建的方式及其经费支出情形，认为清代江南寺院的修建可以分为创建与修缮两种情形，前者需要增加寺额、占用地基，后者只是对原有寺院进行翻修，或者在旧址上进行重建。朝廷为了限制寺院的数量，严禁民间创建寺院，民间为了逃避官府的管束，只得建造简陋的庵堂。朝廷对于寺院的修缮，无论官民都采取放任政策，不许扩建的条款形同虚设。清代江南梵刹林立，官修的寺院只占极少数，而且集中在江宁、镇江、苏州、杭州等政治、军事重镇。江南其他区域的寺院远离权力中心，基本上得不到官方的赞助，只能依靠民间力量进行修缮。士绅、土豪作为地方事务的领导者，担负起修缮当地寺院的责任。平民百姓捐款不多，但能贡献大量的人力、物力，节省工程的开支。寺院利用自身产业进行常态化的修葺，有助于延长建筑的寿命，减少修缮的次数。

全书更分析了寺院日常开支的种类及其比重；较为深入细致地论述了清代江南寺田的经营方式，指出其收租方式与租额都受到附近民田的强烈影响，清代江南寺田的赋税额与当地民田差异不大，但寺田之间差异很大；并以江宁大报恩寺为典型案例，进而分析了江南寺院的经济结构，指出其具有明显的商业化和私有化的趋势。

全书从而开辟出清代江南寺院经济研究的一片领域，在清代江南寺院的收入来源、经营方式及其租额、寺院的经济结构等方面，均获得了具有说服力的新结论，一定程度上推进了江南经济史和佛寺社会史的研究。

诚然，作为一项开拓性研究，《清代江南寺院经济研究》一书有些地方的探讨论述还显得较为薄弱。明清之际江南士人多有佛性，遁入空门者也复不少，他们与寺院的关系如何，他们在江南寺院香火盛衰方面起了怎样的作用，全书几乎未曾涉及。香火钱是寺院收入的重要来源，书中的相关考察显得不够。清代江南寺院经济状况前后变化较大，相关论述也略显不够深入。

明末清初的思想大家昆山人顾炎武在其传世之作《日知录》卷十九"书不当两序"条中认为，"凡书有所发明者，序可也"。张晖君为人诚恳，做事踏实，学业勤奋，时有新得，而文如其人，实事求是，有些地方虽铺陈发挥略嫌不足，但全书发覆发明之处着实不少，现在在其博士学位论文的基础上，又稍作推衍深化，推出新作，作为他的学业老师，我倍感高兴，相信他百尺竿头，更进一步，一定能够不断奉献出学术成果。是以乐为之序。

于金陵龙园北路寓所

2016年11月18日

（原载张晖《清代江南寺院经济研究》，东北师范大学出版社，2016年）

以全球化视野研究明代历史

——在"明朝及其所处的历史时代"国际学术研讨会上的发言

尊敬的各位领导，各位专家，各位同行：

大家好！

首先，受中国明史学会会长商传教授的委托，我代表中国明史学会和全体与会学者向举办此次明史国际学术研讨会盛会的廊坊师范学院致以诚挚的敬意，向邀请我们出席盛会的明史与明代文献研究中心主任南炳文老师致以衷心的谢意，向"明朝及其所处的历史时代"国际学术研讨会的隆重召开致以热烈的祝贺！

清初大学者保定容城人孙奇逢说："学术之废兴，系世运之升降，前有创而后有承。"（孙奇逢：《夏峰先生集》卷四《北学编序》，《续修四库全书》第1392册，上海古籍出版社，2003年，第64页）能够传承才能创新，推陈才能出新。今天，来自世界范围内14个国家和地区的170余位明史研究学者会集到地处京师门户的廊坊师范学院（中国境内的明史国际学术会议已开了17届，一次研讨会还从未有如此多的国际学者出席），进一步探讨明朝及其所处时代的各个问题，堪称盛况空前，蔚为大观，这本身就是世运隆盛、文化繁荣、学术创新的象征。

近年来，明史研究日益深入，成果极为丰硕，明代历史尤其是晚明历史似又重放光彩，鸿篇巨制源源推出，有谓晚明社会转型的，有谓晚明社会变迁的，有谓社会转型与文化变迁的，有谓晚明大变局的，更有高度评价晚明呼吁走进晚明的。毫无疑问，晚明社会发生了明显变化，这种变化在中国历史乃至世界历史的进程中有着极为重要而突出的地位。

这种变化既是中国历史走向的结果，更是世界历史发展的结果，是中国社会进入世界体系或者如今人所说全球化的结果。说到全球化，有人将其推得很前，认为12世纪以前即已全球化。在我看来，真正意义上的全球化，还是要到15、16世纪之交东西半球贯通以后，才形成所谓世界体系。世界大航海、地理大发现时代，郑和下西洋，从南中国海，经印度洋，直抵阿拉伯海、红海，西方持续的远航活动，从欧洲到美洲的航路、从非洲到美洲的航路、从欧洲绕过非洲到亚洲的航路接轨，从南美洲到亚洲菲律宾的新航路的开通，从而把世界上有人居住的各大洲（澳洲除外）联系起来。随着美洲的"发现"和世界新航路的贯通，美洲黄金的大规模开采，奴隶贩运制度和殖民制度的迅速确立，地理概念的不断扩大，美洲、欧洲和亚洲之间的往来迅猛发展，世界历史真正进入了东西两半球联为一体的新时代。从此以后，西学东渐，东货特别是中国的商品西输，美洲白银、日本白银源源输入中国，中国对外贸易政策改变，中国人走向世界各地，中国社会也发生了深刻变化，进入了前人所说的资本主义生产方式的萌芽或今人所说的市场经济的萌芽时期，中国人的生活方式和思想意识也发生了很大的变化。

这样的史实，大家是耳熟能详的。所以，有些学者主张的中国社会长期停滞没有发展的看法，既不符合历史实际，方法论也有问题，接近历史虚无主义。但又有些学者说，直到1800年，中国社会最发展，在全世界范围内最先进，以后才成分水岭，每况愈下，恐怕既无材料依据，也缺少说服力，近于虚妄。而我们研究明史或清史的学者，若是明自明而清自清，自分畛域，不作前后观照，看不到或否定了前后之间的联系，恐怕也不利于全面把握中国社会的基本面貌。

清中期"江左三大家"之一、史评大家常州人赵翼形容当时的诗坛是"满眼生机转化钧，天工人巧日争新"（赵翼：《瓯北集》卷二八《论诗》，上海古籍出版社，1997年，第630页）现在的明史研究，拜时代所赐，也是充满生机，巧变百出。此次会议，各位名流就提交了很多角度新颖、富有创意的鸿篇雄文。只要我们与时俱进，开阔眼界，以全球化的视野，又脚踏实地，潜心研究，尽量挖掘资料尤其是域外资料，全面传承，一定能够出新出彩，开创明史研究的新境界，赋予明朝在中国乃至世界历史进程中的恰切地位。

2017年5月13日

明代南京的历史地位

——在南京明孝陵世界文化遗产二十周年纪念会上的主旨发言

南京，江南佳地，六朝旧都。明时先为都城，后为留都，其政治地位极为重要，文化影响十分深远。

一

朱元璋在南京建立明朝，立纲陈纪，重现汉唐威仪，中华文化赓续不绝，根本不是如人所说"厓山以后无中华"。洪武二十八年（1395），詹事府丞杜泽赞颂道："京师天下之本，万邦辐辏，重译来庭，四海之所归依，万民之所取正，非远代七朝偏据一方之可侔也。"（杜泽：《洪武京城图志》序，1929年印本）

朱元璋奠立的明代制度，不仅恢廓传承中华传统，稳定运营，而且垂范后世，对后世也有着十分深远的影响，为同样有着276年国祚的清朝所继承。所谓清承明制，六合一统，多民族融合的大中国屹立东方至今已近800年，中华民族统一性和连续性的特点，由南京充分地展示出来。

南京南北交汇，融汇天下，城市山林。南京城营建历经20余年，都城城周96里（实为33.676公里），开设城门13座；外郭城，长度旧称180里，实际约60公里，开设城门16座。加上宫城、皇城，南京城形成了四座城池的完整宏大的城防体系，堪为天下第一大城。

作为都城，南京不仅拥有世界范围内最长的城墙，而且耸立着宏伟的宫殿，繁多的百官僚署，分布着公侯官宦的众多宅第，呈现出规整有序的格局。城内交错着十几条大街，而且大多极为宽广，"虽九轨可容"。朝廷将近百万人有计划地安排在城区的各个部位。东起大中桥，中经内桥，西迄三山门，南至聚宝门的不规则三角形地带，是最为繁盛的工商区，众多的工匠被安置在这一地带。沿秦淮河的南侧，以聚宝门为界，左为游乐区，右为风景区。沿河与风景区之间是功臣宿将丛聚区。大中桥以东，南迄正阳门，北至太平门为皇宫官僚区，宫城以北一带中安置了部分富民。自鼓楼岗起以西以北地区，较为空旷，人烟寂寥，为京卫仓储区，分布着诸多卫所和仓场。这样的布局结构是完全适应王朝统治需要的。宫殿和最高衙署别为一区，以显示君权神授，官贵民贱的神圣性；将富民就近安置，既便于掣肘，又便于利用；功臣贵戚占据了临近市廛、风景幽雅的舒适地段，表示明朝对他们的酬赏和特殊照顾；为了保持军队的战斗力，将他们分布在远离城中心的地区；五城兵马司和府县官署置立于人口集中区，显然为便于监督和利于治安；而工商区的严格划定和坊厢制的构思，则更是为封建官府随时役使并为大批官僚的糜费需要服务。明初的南京，"天街半是五侯家，处处燃灯斗月华。自是帝城春色早，千枝万树一齐花"（黄姬水：《白下集》卷六《都留元夜二首》，日本京都大学藏复印本，第4页），呈现出一派壮丽辉煌的景象。

直到16世纪后期的万历中期，意大利传教士利玛窦在其《利玛窦中国札记》中描述道："它真正到处都是殿、庙、塔、桥，欧洲简直没有能超过它们的类似建筑。在某些方面，它超过我们的欧洲城市。……在整个中国及邻近各邦，南京被算作第一座城市。"（参见何高济等译，何兆武校：《利玛窦中国札记》，中华书局，1993年）南京以其龙盘虎踞的自然形貌、山水城林的秀丽风光和殿廷楼宇的雄伟气概，既是全国统治的心脏，也是适合普通大众生活的城市。明代南京的城市格局直到20世纪30年代和80年代才被打破，前后至少延亘了6个世纪。

二

南京既是全国的政治、军事和经济中心，也是十分突出的文化、人才中心，展现出都城的独特魅力。

明初，南京开设了历史上最大的国家教育机构国子监，就读者不仅来自全国，甚至来自朝鲜、琉球和安南等国家；永乐初年，朝廷汇集3000多文人学士，历经数年，编纂成22877卷、3亿7千万字，迄今为止中国历史上规模最大的类书《永乐大典》；一次次召请内地高僧和番僧举办大型法会，为朝廷上下、军民人等祈福；郑和率领举世无双的庞大船队，前后七次从南京龙江关出发，完成世界航海史上的壮举；决策全线贯通了大运河，奠定了4个多世纪的南北大通道格局；历时十六七年，营建了被人赞叹为"中国之大古董，永乐之大窑器"的大报恩寺塔，成为15世纪南京闻名于世的地标性建筑。

南京更是明朝对外交往的窗口，各国的朝贡使节不绝于途，永乐时期郑和下西洋期间，东南洋乃至东非30多个国家和地区的使节云集于此，展示出中外友好交往的恢宏景象。

明代南京始终是全国主要的书籍刻印中心。南京国子监刻印过《元史》《元秘史》《大明律》《大诰》，以及大部头的《大藏经》等书籍。民间雕版业兴盛，上至典章类书，下至诸子百家，无所不刻，无所不能刻。普通木刻书版外，还运用了木活字和铜活字的方法刻印书籍。自明中期起，开始流行红、黑两色套印的书籍，并且出现了多色套印的彩色木刻画，刻印书籍的方法极为先进。南京书楼林立，册籍充栋盈架，成为全国著名的四大藏书区之一。

南京优越的客观条件，信息交流极为便捷和文化底蕴深厚的人文环境，非常适合培育文化果实。南京先为都城，后为留都，是最有学问和文化素养者的汇集之地（最有姿色的佳丽麇集场所），一批批硕学鸿儒和各色特异人才在文学艺术领域的耕耘，更是成绩卓著，大放异彩。明代的南京，是中华民族共同体意识汇集之地，为官者、客寓者、从文者与南京当地人一起，共同造就了明代南京文化的辉煌成就。

三

南京为明代主流思想的形成和发展提供了宽广的舞台和肥沃的土壤。在哲学思想方面，明廷将官方哲学确定为程朱理学，作为统治臣民和牢笼士人的基本思想，是在南京定下的。提出"心""事""理"三者合一，"天地古今，宇宙内只同此一个心"，主张"随处体认天理"的湛若水，出仕后一直在南京任高官，创建书院，注力于讲学。在明代思想界影响最大的王阳明，在南京任职期间提出了著名的"致良知"学说。主张格物在致知，以"气学"著声于思想界的罗钦顺，前后在南京任高官整整20年。发展了王阳明的心学，并提出"百姓日用之道"即是"圣人之道"的泰州学派的创始人王艮，曾多次游学南京。主张不以孔子之是非为是非，提出"穿衣吃饭便是人伦物理"等启蒙思想的李贽，曾在南京为官，多次活动于南京。

值得注意的是，南京还是各种对立思想交锋的场所。耿定向和李贽，前者讲正学，后者持异端，互相诘难辩论，各展其长。

南京以包容和开阔的格局，对前来布道和传播科学知识的西方传教士利玛窦，更是持欢迎态度和支持精神。利玛窦北上传教，常遭阻隔，而南京士大夫为其传教大开方便之门。工部主事刘斗墟将新盖的官邸以半价出售，供其礼拜传教。南京礼部尚书王忠铭为其联络相关事宜，并陪同前往北京。地方最高官员应天巡抚赵可怀从驻地句容来到南京，将利玛窦接到句容，挽留款待了十天，与利玛窦讨论数学问题，并为利玛窦在自己的香堂中修建了一个祭坛，分别时还送给利玛窦一大笔钱作路费。最具己见的李贽三次与利玛窦相见，切磋讨论。后来官至大学士的上海人徐光启在南京结识了利玛窦，从其学习天文、历算及枪炮等西方知识，与利玛窦在南京合作翻译了《几何原理》等书。号称中国天主教三大柱石之一的李之藻曾在南京为官多年，加入天主教，在南京编译了《同文算指前编》。曾任南直隶督学的杨廷筠，也加入了天主教，出资修建圣堂，宣扬西学。南京开时代风气之先，利玛窦等人的传教事业能在中国打开局面，南京地方人士、南京的官员是出了大力的。在东西贯通的时代背景下，明末南京成为西学东渐的重要场所。

南京在文学、书法、绘画、篆刻、戏曲、文物收藏赏鉴等方面，均是全国重地，颇有贡献。明代南京还是佛教胜地，寺院集中，名刹众多，刊印的佛教典籍有着无与伦比的地位。有明一代，有成千上万藏、部、函的《大藏经》、四经和杂号经从南京印出，流布全国（参见何孝荣《明代南京寺院研究》，中国社会科学出版社，2000年）。

四

明代南京始终是明朝统治中国的中心。南京既是开国都城，又是留都，还是开国皇帝朱元璋陵寝所在，因而始终是明朝命祚希望所在。当正统十四年（1449）"土木之变"发生，英宗北狩，翰林侍讲徐珵即力主南迁都城回南京。直到清朝底定，明朝遗老顾炎武等人仍视钟山为明祚的象征，时时顶礼而膜拜之。清朝统一全国后，南京降为省会，但统辖两江地区，相当于现在的江、皖、赣、沪3省1市。在清廷统一南方各地的过程中，南京是大本营。朱元璋推翻元朝的统治，在南京建立明朝，后来孙中山等革命党人推翻清朝统治，民国肇建，定都南京，就是十分自然的事。

明代南京是明初宫阙陵寝之所在，形胜险要之所系，府库图籍之所储存，全国财赋辐辏之地。它既是全国的统治中心，更是南半个中国的经济中心，经济地位某种程度而言甚至较北京更为重要。无论政治，还是经济与文化，南京在历史上都具有举足轻重的地位。南京的历史，在辉煌的中华文明发展史上，闪耀着璀璨夺目的光辉。

朱元璋在南京厘定的一代大明制度，对后世的重要影响，即或直接与南京有关者，也复不少。进入清代，直到清后期，凡属明代南直隶地域范围的人，均自视为"南京"人。日本江户时代（1603—1867），前往日本长崎通商贸易的江皖"唐人"，通常自称来自"南京"或苏州。近代中西通商兴起以前，英国东印度公司从中国江南进口的棉布，称为"南京布"。直到现在，在云南、贵州等西南地区，原来来自明代南直隶地区或南京城的后人，仍有不少自称是"南京人"。

明代南京，具有极为突出的历史地位，承载和寄托了沉重的时代责任和期待，作为世界文化遗产熠熠生辉。

赋税甲天下，科第冠海内

——探寻江南地域文化演进的路径和特色

　　江南是中国一个极为重要的区域，经济昌盛、文化繁荣、人才荟萃互相辉映、社会相对安定，一定程度上决定了中国社会的发展速度和发展方向，堪称中国社会发展演变的缩影。长期以来，江南地域文化一直备受国际学人和社会各界的关注。

　　我主持的国家社科基金重大项目"江南地域文化演进研究"，将立足于地域视野，在鸿篇巨幅的历史长卷中，通过运用历史地理学与经济史、文化史、思想史相结合的研究方法，对江南地域历史文化进行穷原竟委、细致入微的考察，以呈现其发生演进历史与内在特质规律。课题着重研究政治嬗代、水利兴废、士人科考、商人商帮、城市生活、乡村变迁、艺文创作、民间信仰、大众心态、社会风尚，以及中外交流与江南地域文化等各方面的关系，展示江南地域文化的丰富内容，划分江南地域文化的发展阶段，总结江南地域文化对地方经济社会发展乃至中华文化传承的借鉴意义。

　　吴楚纷争、吴越争霸、孙吴立国、东晋南渡、安史之乱、宋室南迁、大明一统、民国肇造，2500余年间的政治嬗代对于江南地域文化的形成发展产生了深远的影响。课题以时代为经，分为四个子课题。

一是从尚武好勇到斥力崇文：江南地域文化的移易与转型——先秦秦汉六朝时期。秦汉以至孙吴时期，是江南地域文化的重要转折期。南朝是北方人口继续南迁和江南社会政治经济相对稳定的时期，也是江南地域文化转型以至繁荣时期。江南文化呈现出明显的地域特征，又自觉承载了中华文明的统绪，呈现出向地域之外的开放性超越，从而为后来新的统一帝国文化的出现奠定了坚实基础。

二是从气尽山空到国命所在：江南地域文化的底定——隋唐宋元时期。隋朝统一，以迄盛唐，作为六朝政权核心区域的江南，政治上受到刻意的抑制。"霸气尽而江山空，皇风清而朝市改"，政治上的冷落反而带来了江南社会的安定。江南凭借着自身优越的自然条件，在安定的社会环境下经济获得了长足发展，安史之乱后承担起维系国命的重担，"赋出天下而江南居十九"，江南成为全国财政经济重心，中国历史上延续千年的"南粮北调"格局由此形成。社会局势的长期安定、财政经济上的强势，使"江南"这一地域概念也从秦汉以来广义长江以南地区，逐渐演变成专指今苏南浙北的狭义的江南。唐末五代，黄河中下游地区藩镇割据、军阀混战，而江南地区却保持着持续发展，五百年不见兵燹。北宋时期，全国政治中心虽然处于黄河中下游地区，但江南依然保持着强劲的地域优势，以至北宋灭亡后，江南之地还能够维系南宋命脉近150年，为保存中原文化作出了重大贡献。

元代，江南社会依然稳定，经济持续发展，为此后的地域发展及对全国的贡献奠定了基础。

三是从赋甲天下到冠绝海内：江南地域文化的辉煌——明至清前期。明清时期，江南享有崇高的政治、军事地位，同时也是当时全国的经济、文化中心。江南的农业和手工业生产始终走在全国前列，先进生产关系的萌芽由此产生。江南商品生产发达，商品流通规模空前，全国各地地域商帮云集。杏花春雨，涵育了一代又一代灵秀聪颖之士，江南成为全国最为重要的人文奥区。"不识大魁为天下公器，竟视巍科乃我家故物"，明清两代，全国四分之一以上的进士产生在江南。科考名次江南人最为显赫，明代状元近四分之一和清代状元半数以上出自江南，榜眼、探花更不在少数，三鼎甲往往为江南人囊括。其时，江南的城市化迅速发展，涌现出大批市镇，形成全国少见的城镇群，都市文化引领全国。江南对外交流居有地利之便，布列对外通商口岸，成为对外经济文化交流的窗口，先后与日本、欧洲等地保持着频繁的经济文化交流。高度繁荣的经济和在全国独特的地位，使一些新的思想观念、新的文化艺术逐渐成长，江南的学术文化一直处于全国领先地位，涌现出大量的文学家、思想家、艺术家、藏书刻书家和各类学术大师，诗文、书画、戏曲成就独领风骚，学术流派众多，成就显赫，他们将学术研究同当时的政治、经济和社会实际情况结合起来，提出了一系列改革社会思想、政治制度和经济制度的言论，走在时代前列。

四是从丰亨豫大到半壁江山：江南地域文化的近代演变——清后期至民国。晚清以来，江南地域文化的演进集中反映了中国"千百年来所未有之大变局"。北洋时期，江南是中国的经济核心地区，又是地域文化特征明显有别于以北京为代表的"京派文化"的"海派文化"基地。在南京国民政府时期，江南地区更成了这个政权的政治、经济、教育、财政基础。江南地域文化事实上是当时的主流文化，表现出明显的动态发展特色，始终与时俱进，并具有开放性、包容性、领先性等优势。江南地域文化很大程度上清晰地透视出中国现代与当代文化的来龙去脉。

江南地域在文化、艺术、教育等各领域获得快速发展的同时，江南民众在精神上也逐渐形成了自我认同，并且这种自我意识还得到全国其他地域民众的认同。自然环境优越、物产资源丰富、开发程度高超、经济发展强势、民众生活富裕、教育科举发达、文化艺术繁荣、社会局势安定，生活精细、语言绵软、民众文弱、处事精明、善领时尚，已经成为有别于其他地域的江南印象。

（原载《光明日报》2011 年 10 月 26 日）

差之毫厘，谬以千里

——说说计量研究

从事明清史研究，随时随地会接触数据，计量研究显得十分重要。然而如何进行计量研究呢，笔者以为有几点值得讲究与重视。

一、能量化者尽量量化

笔者曾研究明代江南丝织业，发现明代后期除了赋税钱粮有加派，随着统治者生活的日益奢靡，朝廷对丝绸需要量也有加派，对丝绸生产重地江南各地不断加大派织数量。有关历次加派量，《明实录》多有记载，应该较为系统，于是笔者系统地摘录《明实录》中的相关数据，结合文集和《明史·食货志》等记载，对整整有明一代丝绸的加派量作了较为系统的统计，以量化的形式说明了朝廷丝绸加派的程度，再考证当时江南官营织造的实际生产能力，纠正了《明史·食货志》中的夸张性说法。再如清代在江南江宁、苏州和杭州设立三织造，几乎与清朝历史相始终，但对于三织造的生产规模和织造数量，既有研究往往避而不谈，未能作出起码的说明。笔者系统检阅中国第一历史档案馆所藏钱粮奏销档、三织造档，以及户科题本等，摘录三织造每个织局的历年生产量、解运量和钱粮报销量，对清代前期三织造生产稳定时期的生产能力和实际生产量，分织局作了数量统计，具体地阐明了三个织造局的生产规模和织造产品。再如清代乾隆二十五年（1760）统一天山南北后，直到咸丰三年（1853）太平军占领南京，朝廷每年通过江南三织造办解一批丝绸，运到新疆天山南北伊犁、喀什噶尔等六个点，用于交换各地盛产的马匹羊只及毛皮等，称为"贸易绸缎"。但这种贸易绸缎的数量到底有多大，或者说它究竟以多大的规模展开，有关文献记载既混乱，又不确切，学界仅凭零星记载，作出的估计往往极为悬殊，个别研究仅凭若干数据，便过度发挥，认为其贸易规模不断扩大，以证明内地与边疆的关系日益紧密。其实在中国第一历史档案馆收藏的相关档案中有着完备的记录，前后94年，无一或缺。笔者查阅档案，摘录每年定织丝绸总量、三织造之间的分派量，价格报销量、六个贸易点的分配量，以及这种绸缎的色彩等，分别制成"贸易绸缎数量及其地区分配表""贸易绸缎品种比例表""贸易绸缎色彩表"和"江南三织造丝绸贸易及其销银数量表"，对贸易绸缎的总量、各个织造局的承担量、报销银数以及六个贸易点的具体分配量，确切地作出了数量上的分年统计，将各种估计改定落实为数量上的精确统计，全面地反映了贸易绸缎的基本面貌。

二、无现成数量的，争取转换而成量化

有些问题，并无现成的数量记载可资利用，似乎令人无从着手，但如果通过转换，也许也能作出数量上的估计或统计。如著名的中国文化地理专家陈正祥先生，20世纪五六十年代，担任联合国农业委员会、粮食和农业组织以及国际地理学会的土地利用委员会等组织的委员，均曾要求其提供中国蝗虫灾害分布的地图。他突然想起八蜡庙，凡有八蜡庙的地方，一定是受了蝗虫灾害的地方，假如绘制出八蜡庙的分布图，那么蝗虫灾害图也就出来了。于是他专门从各地方志中寻找八蜡庙、虫王庙和刘猛将庙的记录，将其注录在地图上。经过八个月工夫，制成一幅《中国蝗神庙的分布图》，清晰地标明了中国蝗灾的地区分布。这实际上是利用资料，将单个记录转换成系统数据的一个成功事例。再如笔者研究明清江南进士，原无现成数据可资说明，但历科殿试后，留下进士题名碑录之类一手材料，可以对各科的进士按地区要求作出数量统计。于是笔者利用朱保炯、谢沛霖先生合编的《明清进士题名碑录索引》，辑录江南八府每科中第进士数量，绘成"明清江南进士在全国的比例图"，制成"明清江南各府进士比例表""明代江南进士分县统计表"和"清代江南进士分县统计表"，既对江南进士作了数量上的总计，图绘了明清两代江南进士在全国所占的比例，又对江南各府和各县的进士数量作了地域范围内的具体统计，为分析江南进士的地位、作用以及与其他地区的比较奠定了坚实的数量基础。

三、既作数量统计，也需注意相应问题，有所讲求者

一是用以统计的数据要尽可能齐备。毫无疑问，数据越齐备，所作统计越精确，越可靠，也越有说服力。如上述清代江南三织造的丝绸产量和"贸易绸缎"量，如果仅仅依据其中的几年数据，就不足以反映全貌，没有充分的说服力。前人仅仅依据少量数据，就得出诸多结论，其结论就难以凭信。二是所用数据要可靠，或需经过精心考订，不能随意选择材料，甚至视相左的材料而不见。如探讨清代江南棉布加工业踹坊的数量，有专家为了论证苏州应雇踹匠人数之多，依据许涤新与吴承明先生主编的《中国资本主义的萌芽》和洪焕椿先生的说法，认为"仅康雍乾时期苏州的踹坊就达六七百家之多"。其后辗转相引，蹈袭此说。其实关于清代苏州踹坊及其雇工数量，雍正八年（1730），浙江总督李卫曾奏报："从前各坊不过七八千人，现在细查苏州阊门外一带，充包头者共有三百四十余人，设立踹坊四百五十余处，每坊容匠数十人不等。查其踹石已有一万九百余块，人数称是"。由此奏折和参考其他碑刻、文集、方志、笔记等相关记载，可以确知当时苏州包头有340余人，开设踹布作坊450余处，所谓"六七百家踹坊"之说，至今未见任何史料依据。三是对史料不能任意想象与发挥，作过度解读。如有专家为了论证江南不产铁而用铁量浩大，以论述江南商品流通量之规模，引用周之龙《漕河一览》卷十一《海船铁锚》"有重千

钧者"这则材料时，未作鉴别，并且以此为依据，轻率地下结论说："按每钧30斤计，则一锚重约30000斤。如海船用五、六锚，则制作这些锚需铁15—18万斤之多。……清代中期年造海船100艘，需锚铁1500—1800万斤（7500—9000吨）。"其实清代一艘海船的载运量，大约在15万斤至30万斤之间，铁锚重量等于或接近载重量，绝无可能，而且一艘海船根本无需用五六只铁锚。实际上，有史料记载："大铁锚轻重，视船之大小，又有二锚、三锚之分，由此渐杀，制皆仿此。"其重量为："大锚重一千四百斤，二锚重一千二百斤，三锚重七百斤。"也就是说，一艘海船用锚三只，全部重量至多仅为3300斤，与论者所估算的15万斤至18万斤出入真不可以道里计。四是量化研究需要符合常识。如时下盛行的明清农田复种指数的论述，美国学者彭慕兰先生主张有到200%者，此为凿空之论。盖因明清江南种植稻麦一年二熟，而要移栽水稻，就要留出至少十分之一的田地休闲以作秧田，所以即使复种指数最高，也不会超过190%，200%只是有违农事常识的纸上泛论。五是若作数量比较，必须要合理比较，或有可比性。如有专家仅仅依据织机的数量记载，就说清代吴江盛泽一镇的丝织业比苏州府城还要发达，因为晚清时盛泽镇的织机多于苏州城。其实盛泽镇的织机，都是简单的小型织机，所织多是平绸，只要织匠一人即可操作，而苏州城的织机是花楼机，织造高档缎匹，每台织机需要织工二至三人方可操作，仅从织机的构造就可知道，苏州城的丝绸织造水平远在盛泽镇之上，而断不会得出相反结论。也就是说，不能仅凭织机的数量，就来比较两地丝绸技术水平的高低。再如有人研究鸦片战争后清代苏州丝织业账房的发展，依据民国二年（1913）实业司的调查统计材料，计算出战前战后各开设了多少家账房后进而认为，"战后67年与战前138年相比，'账房'数量由11家增为57家，增长4.2倍"。事实上，调查材料只是反映，调查时尚有账房57家，其中开设于鸦片战争前的为11家，而不是说，战前总共开设了11家，不能将11家与46家来作简单类比。至于鸦片战争前真正开设了多少家账房，是难以知道的。这是研究者作了不恰当的比较，自然难以取信。

（此为11月20日于安徽师范大学召开的"2013年全国博士后论坛"上的发言）

（原载《安徽师范大学学报》2014年第1期）

朝鲜人崔溥《漂海录》所见中国大运河风情

15世纪末期由朝鲜人崔溥撰写的《漂海录》，是明代第一个行经运河全程的朝鲜人的逐日记录，生动形象地展示了当时大运河的交通情形和沿岸风貌，富有史料和学术价值。

一

朝鲜成宗十九年、明朝弘治元年（1488）闰正月初三，朝鲜济州等三邑推刷敬差官崔溥闻父丧，遂登船奔丧，不幸遭遇风浪，漂流海上14天，历尽艰险，二月十七日在中国宁波府属地获救登岸。在中国官员的护送下，从宁波沿着运河北上。一路上过驿过闸，历时44天，成为明代时行经运河全程的第一个朝鲜人。崔溥回国后，立即奉李朝国王之命撰写经历日记，七天后向成宗进呈日记。此日记是谓《漂海录》（收入韩国林基中编《燕行录全集》第1册，东国大学校出版部，2001年；又可参见葛振家点注本，社会科学文献出版社，1992年）。

在崔溥行经运河前后，中国官员和商人、日本贡使等，都有人留下了经过运河的记录。而较之中国朝廷命官如正统四年（1439）大学士江西泰和人杨士奇的《北京纪行录》和《南归纪行录》（《东里续集》卷四八《北京纪行录》、卷四九《南归纪行录上》、卷五〇《南归纪行录下》，《四库全书》本）、正德年间翰林编修江西分宜人严嵩的《北上志》和《西使志》（《钤山堂集》卷二七《北上志》和《西使志》，嘉庆十一年刻本），嘉靖年间日本贡使策彦周良的《入明记》（牧田谛亮：《策彦入明记的研究》所附《策彦和尚初渡集》下，京都法藏馆，1955年），崔溥行经运河，事地人物，皆属新鲜，因此对所见的一切似乎皆有兴趣，在在留意，细心观察，甚至进行比较，作出自己的判断。崔溥所记运河一线，各种地名多达600余个，其中驿站56处，铺160余处，闸51座，递运所14处，巡检司15处，浅19处，桥梁60余座。值得注意的是，很可能是由策彦这类贡使编写并对后世经商路程书有着明显影响的嘉靖十四年（1535）的《图相南北两京路程》，记录地名近300个，所载运河交通情形差可比肩《漂海录》，但完全没有铺的记录。至于明后期中国商人为经商方便专门编写的路程书，只为有裨日用。隆庆四年（1570）徽商黄汴的《天下水陆路程》（《北京图书馆古籍珍本丛刊》第82册，北京图书馆出版社，2000年）和天启六年（1626）徽商憺漪子的《天下路程图引》（杨正泰校注本，山西人民出版社，1992年），关注地名和里程，专记驿站和闸名，其余事项很少。可以说，无论在崔溥之前还是之后，无论中国人还是日本人，时人有关运河沿线交通情形的记载，还从未见有如崔溥的《漂海录》那样详细具体者。

二

崔溥一行由运河北上，沿着驿站行至食宿，将这些驿站名称一一记录下来，第一次全面系统地反映了明代中期运河全线的交通状况。

明朝在洪武元年（1368）即在全国各地置水马站、急递铺，水马站后在洪武九年（1376）改为水马驿。崔溥记其所见道："水有红船，陆有铺马。凡往来使命、贡献、商贾，皆由水路，若或因旱干闸河水浅不能通船，或有火驰星报之事，则由陆路。"崔溥所说，与明廷有关水马驿的定制是符合的。

崔溥记录了设在运河线上的急递铺。由明代的各家运河水程所记可知，除了崔溥，行经运河者都没有记录沿岸的铺，这一点，成为《漂海录》迥异于其他水程类记录的明显特色。崔溥详细记录了运河沿线调节水量以利漕运的船闸；见到并记录了运河沿线的递运所，这基本上是同类书籍所缺载的；见到并记录了运河沿线掌管地方治安的巡缉机构巡检司，这些巡检司，不见于崔溥以前的行经运河记录，直到嘉靖年间的同类记载才较多；记录了在浅滩处为挽舟设立的交通设施浅铺；记录了吕梁大、小二洪的气势和过洪的惊险经历，栩栩如生；对运河上的堤坝堰闸等交通工程设施也作了总体性记述。这些描述，将明代运河交通情形描摹得相当具体到位。

崔溥在总述了行经运河驿站等名称后，又进一步介绍道："盖扬州府近南京，只隔三驿，且闽、浙以南皆路经此府以达皇都，故驿路甚大。陆驿相距或六十里，或七八十里。水驿则自武林至吴山三十里，自潞河至会同馆四十里，皆水路中之陆路，故相距近，其它则或六七十里、八九十里，或过百里，相距甚远。铺之相距或十里，或二三十里。自扬州后，水边又设浅，或六七里，或十余里以记里。"这是目前所知关于明代运河全线交通设施的最早而又较为系统全面的记载。

崔溥在其《漂海录》中，留心观察运河交通，记录了未曾为前人所注意或因习以为常而未曾记载的有关驿站、急递铺、浅铺、递运所、巡检司以及堤闸堰坝桥渡塘等大量运河交通设施的内容，有些交通设施，既不见于前人记载，也不见于后人记载，只存在于某个特定时期。依据这些内容，结合相关文献特别是地方文献的记载，对照崔溥前后的同类记载，我们不但可以了解明中期特别是15世纪后期运河交通的基本情形，而且可以观察到明代交通特别是运河交通设施的完善或废坏程度。

三

明中后期的运河沿岸城镇特别是江南运河沿岸城镇，是当时中国商品经济和社会文化最为发达的地区，运河的经济文化往来也是最为繁忙频盛的。崔溥一行经过运河，留下了对运河经济文化交流和运河沿岸城镇面貌的系统而又完整的描述，这些描述为崔溥《漂海录》以前乃至以后相当长时期的同类记载所不备，因而弥足珍贵，颇具价值。

崔溥记杭州，"接屋连廊，连衽成帷，市积金银，人拥锦绣，蛮樯海舶，栉立街衢，酒帘歌楼，咫尺相望，四时有不谢之花，八节有常绿之景，真所谓别作天地也"，是关于杭州最早的总体描述。记吴江县城，"屋伟壮丽，下铺础砌"，是极为难得的资料。崔溥描写镇江的情形，无疑补充了重要材料。崔溥所记镇江城北江边的西津渡，丰富了西津渡的具体内容。崔溥所记高邮州州城，是非常难得地反映高邮面貌的一条记载。崔溥具体翔实地记载了淮安，既补了相关志书之阙，又较为全面地展示了明中期淮安的风貌。所记济宁，"水皆从济宁中分，城之东畔洸河，西畔济河，二河萦抱，合流于城南底"，运笔简洁。所记华北最大的商品转输中心临清，"楼台之密，货财之富，船舶之集，虽不及苏杭，亦甲于山东，名于天下矣"，不独及时地记录下了明中期临清之兴盛，南来北往商贩之活跃，兼且对临清作出了符合实际发展程度的定位，在城市史特别是明代运河城市史研究中有着不可忽视的意义。崔溥等亲见盗贼劫夺船筏，相与搏击，简直就是当时运河社会治安的实录。崔溥看到了四方商旅云集德州城的盛况。接下来的描述，勾勒出了运河自天津至通津驿近三百里间一派荒凉萧瑟的景象，而通州城又给人拔地而起的感觉，通州城的轮廓也呈现了出来。

崔溥沿着运河一路北上后，并不满足于对运河线上各地城镇的单个描述，而是对运河南北风情继续发表总体性的看法，说大江以南，"闾阎扑地，市肆夹路，楼台相望，舳舻接缆"，珠玉金银之产，农副产品之富，"甲于天下"，而江以北，"若扬州、淮安，及淮河以北，若徐州、济家、临清，繁华丰阜，无异江南，临清为盛也。其他若官府所治之城，则亦间有富盛繁伙者，若镇、若寨、若驿、若铺、若里、若集、若嘴、若厂、若湾、若坞、若坝、若闸、若迁之间，人烟不甚繁盛，里闾萧条"，对运河城镇的定位相当准确。

崔溥的记述，清晰形象地展示了明中期特别是15世纪后期运河沿岸的市井风情。可以说，在综合性、系统性和整体性上，崔溥的《漂海录》不但时代最早，而且在明代的同类记载中也是唯一的。

（原载《光明日报》2009年2月24日）

第十届江南社会史国际学术论坛圆桌会议引言

现在外面是风雨如晦，我们室内却鸡鸣不已，热烈地讨论江南社会史的问题，非常感人，也非常兴奋。刚才唐力行老师说他已经年近七十周岁，今天是我六十岁的生日，年届花甲。最近两年我一直在考虑一个问题，就是清初的思想家孙奇逢说的"学术之废兴，系世运之升降，前有创而后有承"。他认为学术的废兴关乎世道的兴衰，前有创，而后有承。我的理解是到了一定年纪的人，作为前辈，要考虑创新的问题，而年少的后辈，要考虑传承的问题。我现在的年纪介于既不能创、又不能承的年纪，但是感慨很深。

来开会前的三天，我邀请了台湾暨南大学的徐泓教授到我的课堂上作讲座。徐老师主要介绍了何炳棣先生治学的一些做法。他总结说，何炳棣先生一生中的每一个选题都是具有开创性意义的。譬如何炳棣先生关于科举家族向上向下流动的研究，非常有名；还有就是讨论清史在中国史上乃至世界史上的地位，其实现在"新清史"研究的很多问题都是由此引发的；第三是他研究明清的商人会馆。

这些给我印象很深。

徐老师对于何炳棣先生一生治学的评价，让我联想到了唐老师的研究路径。如果要进行总结的话，可能也是三个方面。唐老师早年研究明清的商人商帮以及近世社会的变迁，我觉得这个选题是具有开创意义的，这个研究大概是在三十年前。唐老师的第二个研究是江南的边缘与核心，就是对苏州和徽州进行比较，这个也是有开创意义的。我这个人眼界很窄，总是在江南这个小范围内转圈子。第三个选题就是研究近世中国社会的变迁。这就是学术领军人物的学术眼光，不但入流，而且引领潮流。在唐老师等人的带领下，最近三十年，尤其是最近十年以来，我觉得江南史如果作为一个地域史、地方史来研究，似乎不像别的地方史研究那样后继无力、后继无人，反而是越来越兴旺的。唐老师主持的这样的江南史会议一年开一次，复旦大学邹振环老师主持的会议两年开一次，其他还有若干单位，譬如苏州大学、华东师范大学、苏州科技大学、浙江师范大学，以及浙江大学，也都是一到两年开一次会，还有我们南京大学敲敲边鼓，偶尔开开会。在这期间，产生了很多成果，涌现了很多优秀的学者，我觉得开创和传承都做得比较好。

还有一个问题，就是如何评价三十年来，或者近十几年来我们的成果。关于这一点，几年前王家范老师也曾经有过思考。刚才唐老师也指引我们，对近十年来的成果进行总结。我们这十年来到底取得了哪些成就？还有哪些不足？还有哪些地方我们有可以开拓的余地？这次会议我们有些论文就做得非常好，所以我个人感到非常欣慰，非常高兴。我相信我们江南这个小天地会越来越广阔，成果会越来越多，人才会越来越多。

2015年10月22日

大力推进近代工商实业的研究

——在纪念荣德生先生140周年诞辰大会上的发言

尊敬的荣德生先生的子嗣的各位代表、各位领导、各位专家、各位嘉宾：

历史研究是一切社会科学的基础，承担着"究天人之际，通古今之变"的使命。今天，我们在这里隆重纪念荣德生先生140周年诞辰，就是要总结探讨荣氏先贤创办的辉煌的近代工商实业的丰富遗产和现代价值，弘扬近代无锡仁人志士实业救国的开创奋斗精神。荣德生先生等前贤创办近代工商实业，就是无锡近代社会经济发展的典型，应该其来有自，值得我们好好探究。

1.无锡诞生荣家等近代工商实业，是无锡社会经济发展变迁的重要标志，深入开展无锡荣家等近代工商实业的研究，对于探讨近代无锡民族工业的兴起之路和无锡商帮的活动历史富有学术意义。

现在描述无锡商帮，一般均从近代说起。其实早在明后期，无锡商帮已然兴起。清前期，无锡人"非求生于近邑，必谋食于他乡"，在全国最重要的工商业城市苏州主要从事面馆和副食如肉铺等经营活动，乾隆二十二年（1757）起即建造同业公所，作为同业议事和办理善举的场所。自后，直到苏州商业不太景气的清末乃至民国初年，苏州的面馆业是由无锡等地商人经营的，其兴盛时，开设的面馆业在百家左右，从业人数多达二三百人。数百年的老店松鹤楼，就是无锡商人开设的。

在鸦片战争后，全国最大的通商口岸上海，无锡商人十分活跃。光绪末年，日本在上海的东亚同文书院调查后列举其时在上海的商帮，就有宁波帮、无锡常熟帮等11个大帮，以及江北帮等小帮。无锡商人与常熟商人合在一起，其地位超过苏州等地商人，跻身大帮之列。在上海，无锡商人自称："我无锡、金匮两邑谋生沪上者，约数十业，最万余人。"（光绪十三年《建造锡金公所崇谊堂公所捐启》，《锡金公所征信录》，1911年）曾任上海县学教谕的无锡人宣敬熙也说，太平天国平定后，无锡人迁居上海"暨流寓生业者最数万人"。同治初年，无锡商帮就在上海南门外购地，设立锡金崇谊堂义冢，埋葬贫乏同乡棺木。光绪十三年（1887）开始，集资扩建崇谊堂，为锡金公所，到十九年（1893）完工，"乡人岁时会集"。无锡商人自称在上海"均以米业贸易""锡金米石各粮食运沪销售为一大宗"，他们将家乡等地的米粮运销到上海，与常熟米商一起，提供了上海所需的米粮。锡金公所所需费用，即从无锡运沪销售的米麦杂粮的捐助款中支出。1905年，无锡成立锡金商务分会时，推举在上海经商的无锡籍工商实业家、上海商务总会会董周舜卿为总理。

无锡向上海提供米粮，是有着历史渊源的。无锡盛产稻米，又系水运码头，集中了江南出产的优质粳米，稻米贸易历史悠久，地位重要。明代万历时期的浙江人王士性，就在其《广志绎》中，将"无锡之米"与苏杭之丝绸等同时列为商品出产或集中之地的"天下马头"（王士性：《广志绎》卷一《方舆崖略》，中华书局，1981年，第5页）。明清之际，无锡米粮转输业日益发达。鸦片战争后上海开埠，成为全国最大的通商都会后，所需粮食稻米急剧增加，除了源源输入长江上中游的籼米和东北、华北的杂粮外，仍要依赖江南当地盛产的优质粳米作为食用口粮。道光初年开始，清廷改河运漕粮为海运，原来集中河运的漕粮改向上海集中，无锡之米聚集更多，堆栈业因时而兴，光绪十九年（1893），无锡成立锡金储业公所（参见《无锡储业公会改建议事室记》，碑存无锡吴文化公园。唯碑文中所述太平天国后漕粮采运制度，恐与史实不符，是以不采）。其时无锡已为全国闻名的长江四大米市之一，无锡出产和在无锡加工的米，就成为上海米粮的极为重要的来源。无锡米粮交易和堆栈业极为兴盛，绍兴、苏州等地商人也常前往无锡购运米粮，无锡商人得地利之便，从事米粮贩运，自具优势。

清代，无锡并不种植棉花，但纺纱织布却极为发达。黄印《锡金识小录》说："吾邑不种草棉，而棉布之利独盛于吾邑，为他邑所莫及。乡民食于田者惟冬三月，及还租已毕，则以所余米春白而置于囷，归典库以易衣。春月则阖户纺织，以布易米，而食家无余粒也。及十月田事起，迫则又取冬衣易所质米归，俗谓'种田饭米'。及秋稍有雨泽，则机杼声又遍村落，抱布贸米以食矣。"所出布匹，"捆载而贸于淮、扬、高、宝等处，一岁所交易，不十数十百万"。因此，"无锡为布马头"（黄印：《锡金识小录》卷一《备参上》，第7—8页）。

无锡原来并不以出产蚕茧出名，鸦片战争后，随着上海生丝出口的日益增加，无锡农民受利益驱动，纷纷改为种桑养蚕，成为五口通商后新兴的最早最大的蚕丝生产基地。光绪十二年（1886），无锡开始设烘茧的茧行，光绪三十年（1904）开始有丝厂。到1909—1910年，据日本人调查，无锡已有茧行195家，占全江苏250家的78%，高达浙江全省茧行的一倍以上（《无锡杂志》"蚕业号"，1926年4月；《清国蚕丝业之一斑》译文，分别转引自高景岳、严学熙编《近代无锡蚕丝业资料选辑》，江苏人民出版社，1987年，第21、23页）。所以上海丝厂依赖无锡之茧，无锡商人以经营丝茧为大宗行业。

简要梳理了清代无锡的生产经济结构和商人经营特色，近代无锡崛起的工商实业家多以面粉、棉纱和生丝为主业，就顺理成章。这就是，无论荣宗敬、荣德生先生，还是薛氏、杨氏等无锡大实业家，他们以敏锐的眼光，抓住机遇，又熟知无锡的特色和优长，充分利用时代和地域的实际情形，发扬光大了清代前期以来无锡即已崭露头角的民生日用的大宗行业，在晚清、民国初年激烈的市场竞争中不断开辟市场发展壮大（1902年3月，荣宗敬、荣德生兄弟的保兴面粉厂建成投产，发展到民国初年，荣家在上海和无锡建立起面粉巨业，清末苏州面馆业所需面粉有着直接的供应渠道）。

2.近代无锡荣家等工商企业，在中国近代民族工业中具有鲜明的特色，进一步探讨荣家等近代无锡实业的发展路径，对于促进当下民营经济的健康发展，以至对于推进地方经济和社会发展不无现实参考意义。

荣氏企业的经营，积累了丰富的成功之道。其中，产、供、销的完备结合，就相当突出。马俊亚认为，"荣家企业中，产供销的结合非常完备""荣家企业不但规模庞大，而且产、供、销的结合非常完备，这为一定程度上的操纵市价准备了条件"（马俊亚：《规模经济与区域发展——近代江南地区企业经营现代化研究》，南京大学出版社，1999年，第23、109页）。

马俊亚的研究又认为，荣氏企业中最有特色的管理是荣德生在无锡申新三厂试行、后在荣家企业中推广的"劳工自治"。1928年，申三设"劳工自治区"，1933年正式形成规模。全区分宿舍、合作社、事务部和"工人自治法庭""尊贤堂"和"功德祠"共四个部分。我的理解是，"劳工自治区"通过保证和改善工人生产生活条件，激励工人竭力为企业效力；通过工人自我管理、自我约束，以至自我裁决，提高工人的地位和价值，激发工人的主人翁意识。

荣德生先生等发展工商实业，不独在发展经济本身，而且是全面的、综合的、前瞻性的发展。如对于人才培养，南通张謇、无锡荣家均极为重视。据马俊亚研究，从1906年至1947年，荣氏兄弟先后在无锡创有公益小学和竞化女学各四所、公益工商中学一所、大公图书馆、豁然洞读书处、梅园读书专修班、申三子弟小学、江南大学；在上海创有申新子弟小学、申新及福新职员养成所等（马俊亚：《规模经济与区域发展——近代江南地区企业经营现代化研究》，南京大学出版社，1999年，第98页）。荣德生先生还请人编写思想品德教育读本《人道须知》作为教材，捐款资助交通大学图书馆。荣家注重培养人才，专业教育、职业教育以外，也注重通才教育和社会教育，在提高人的全面素质、提高全社会文化水平方面作出了贡献。

无锡一向是科举教育重地、人才大县。在科举最为发达的江南地区，明代无锡进士数位列第三名，清代进士数位列第七名，极为突出（范金民：《明清江南进士数量、地域分布及其特色分析》，《南京大学学报》1997年第2期，第176页）。1947年，江南大学开校典礼上，当时的教育部代表在致辞中寄语说，江南大学"足以领导江苏文化，堪与美国私立耶鲁、哈佛大学并驾齐驱，促进江南建设，前途灿烂，实无限量"（《私立江南大学举行开学典礼·教部代表致训》，载陈文源主编《荣德生文论存稿类选》，古吴轩出版社，2015年，第479—480页）。荣德生先生140周年诞辰、荣家企业创立110多年、江南大学创立近70年，今天我们探讨荣家等企业的发展特色，总结一百多年来无锡经济和社会发展的路径，观照当代无锡经济和社会发展的地位与特色，我想应该是极具现实参考价值的。

3.近代无锡荣家等工商企业，在中国近代史特别是民族工业史和江苏地方经济发展史上具有重要地位，构成中国近代经济史和江苏地方史的重要篇章。全面深入探讨荣家等近代无锡企业，探讨荣家等企业的重大社会影响，是摆在我们

经济史学界面前的重要而又紧迫的课题，亟需有所突破。

近代民族工业，是中国经济史学界极为重要的研究领域，学界长期关注，取得了丰硕的成果。我们江苏的学者，近年来在无锡荣家研究、南通张謇研究，以及近代江南现代化研究、商人商帮研究等方面，均有不俗的表现。即如著名的中国近代经济史学家、已届耄耋之年的顾纪瑞先生，利用原始账本簿册，对庆丰纺织公司1922—1936年的运行状况，作了深入细致的分析，很不容易。然而，纵向来看，如这样的精品力作还不多见，很多企业还未作深入研究，民族工业存留下来的卷帙浩繁的珍贵资料公布得还不系统，有些基本上尚未整理，更遑论研究。从横向来说，上海、天津、重庆、武汉，以及诸多二线城市的企业史研究大多进展神速，大部头、有力度、有深度之作源源推出，相形之下，作为民族工业重地的无锡企业史的研究，力度就显得不够，成果也不明显，近年更是渐见萧条。无论从纵向和横向意义上来说，近代荣家等民族工业的研究就显得十分必要和紧迫。

近代荣家等民族工业，就其资料的丰富、内容的重要和研究的空间来说，前景可谓宏阔。即如荣家等近代企业的创立，其劳动力来源一项，就是一个很大的研究课题，牵涉方方面面。因为人力资本的运动，而带来的人的生活观念、生活方式、社会关系的变化及其后续效应，我个人认为就极富挑战性。"惟桑与梓，当恭谨止。"我生长在锡北农村，幼时常听说村人某某老辈，由某某长辈带到上海学徒，后来创办无锡钢铁厂（即今无锡第三钢铁厂）。实际上，这些均是近代无锡民族工业和实业家兴起后的产物。诸如此类的大问题、大工作量，根本不是传统的、个体式的、自发式的、零敲碎打式的研究所能完成的，而必须要政府、研究者和社会各界的通力合作，通过集群式的、大规模的、有计划的重点投入，才能持续实施，不断推进。我省是经济大省，也是文化教育大省、人才大省，相信通过各界的不懈努力，一定会在近代民族工业等大课题的研究中有所突破。十年以后，当我们再来纪念荣德生先生150周年诞辰时，或许就能初见成效。是所期待！

非常感谢大家！

2015年9月16日

志谢人文

——京都大学人文科学研究所外国人研究员的临别感言

1998年，我首次来到东瀛古都京都，承京都大学人文科学研究所岩井茂树教授引领，参观该所分馆图书室，缥缃盈屋，铅椠插架，天禄珍本散发出诱人的墨香。当时寻思，何日得以尽情披览这些天壤间珍藏，庶不枉忝为明清史学人。感谢人文科学研究所给了我极为难得的机会，在这布满神宫名刹的最佳人居胜地愉悦充实地度过了2004年8月至2005年2月的半年客席时光。

每天我迎着朝阳，见到两棵楠木大树，就倍感振奋，心情舒畅，人文科学研究所（以下简称人文研）本馆到了。在安静的办公室，我心无旁骛，没有俗务纠缠，也无局外闲人打扰，可以专心致志地看书，思考问题。每当看书累了，抬头远望，正面是逶迤的北山，右前方是高耸的比叡山，左前方是明媚的岚山，满眼苍翠，顿觉神清气爽，真有"身在他乡不知客"的感觉。

半年中，我往返于外表朴实而极为便利的本馆和造型别致且典藏丰富的分馆，多年来一直想看的书，诸如黄希宪

日本京都大学人文科学研究所迎新聚会合影（前排左二为作者）

《抚吴檄略》、祁彪佳《按吴檄稿》、张国维《抚吴疏草》等明人文集和《南京都察院志》等稀见本子，都得以慢慢消化；也得睹久欲一见的《荷兰商馆日记》和大量的明治政府商工局的在华视察复命书等；更利用人文研提供的有利条件，两度前往东京，凡国会图书馆和东京大学东洋文化研究所所藏的清代江南的有关文书，皆得以如愿寓目；日本学者有关明清江南和长崎贸易等论著，更有机缘尽情拜读。其间又恭逢人文研建所75周年，浓重的学术气氛，展示出人文研充满人文关怀的勃勃生机。人文研的学者以认真读书、善于读书、长期读一种书而名闻天下，这次有岩井茂树教授主持的"元代的法制"的研究班，精读《元典章》。我所在的南京大学历史系，元史研究颇有声于学界，业师陈得芝教授乃元史专家，惭愧的是，以前我从未好好读过《元典章》。日本学者对《元典章》的精心解释和钻研劲头，直令我汗颜不已。网络不独指互联网，经济贸易、商人活动，皆成网络。笼谷直人教授主持的"帝国与网络"的研究班，视野开阔，群彦有来自西洋南粤者，总结性学术报告会，一律以英语为交流手段，名副其实是网络班。

半年时间只是一瞬间，过去的半年，是我过得最有意义、最为愉快的半年，必将成为我最值得回味和留恋的半年。短短的半年，给人文研增添的麻烦却是难以细说的。事务室管外事的、主会计的和司收发的先生女士，不厌其烦，有求必应，盛情感人，特别是图书室的工作人员，尤其是铃木小姐，每次辛苦地负重送书，最让人难以忘怀。人文研各位学者的学问和人品，严谨的工作作风，待人的真诚宽厚，更会永远留存在我的心中，那种"观乎人文，以化成天下"的胸襟和造诣，无疑会感化愚昧，惠泽后世。我将人文研当成了自己的

日本京都大学人文科学研究所北白川分馆

家，对人文研的一草一木怀有感情，我会留恋这里的快乐时光，我会珍念京都大学人文科学研究所对我的厚爱，我向研究所的全体表示诚挚的谢意和良好的祝愿，祝各位先生身体康健，一切如意！祝研究所繁荣昌盛，蒸蒸日上！

（原载日本京都大学人文科学研究所《人文》第52号，2005年6月）

江南农村生活的回忆

我是1955年旧历十月二十二日出生的，1979年9月离开江南的水田考进南京大学。自懂事之日起，直到离乡进城，一直是农村实行人民公社化时期，进城次年，家乡无锡县内推行家庭联产承包责任制，体制稍变，江南农民的生产和生活方式都发生了史所未见的巨大变化。本人有幸，适逢其时，成为亲历者，后来又从事江南历史研究，前后观照，如今追忆，其情其景，如在眼前，挥之不去。

无锡城东约20公里，横亘着东西6华里的胶山，胶山北麓中部偏西2华里处，坐落着我的家乡小村——范家水渠。我村北离公社所在地张泾镇4里，西南离查桥镇6里，东南离安镇5里多，东北离东湖塘镇9里。我村村民的日常经济活动，世世代代基本上在此范围内展开。①

行政上我村在清初属常州府无锡县，清雍正三年（1725）分设金匮县，即属金匮县境。民国元年（1912），合并无锡、

---

① 镇上的百货日杂等店是每天营业的，但出售苗猪、小羊、小兔等家畜的市场并不是每天开市的，而是各镇有固定的日期，称"落"，每旬一天或两天，如张泾镇是逢五逢十，查桥镇是逢四逢九，安镇是逢三逢八，民间称"四落""五落"之类。

金匮两县，仍为无锡县。1949年中华人民共和国成立，沿为无锡县。1962年7月1日，无锡县由无锡市划归苏州专区公署管辖。1983年3月1日，江苏省实行市管县体制，撤销苏州专区，无锡县改隶无锡市。在此时期，我村就属张泾公社山峰大队。张泾公社共有19个大队，附带一个锡北蚕种场，辖有自然村220个。山峰大队共有17个小队，11个自然村，全大队共有250户左右人家，1421亩在册田土，户口数大约处于全县平均状态。范家水渠与紧邻的相巷2个自然村，组成青年、水渠和相巷3个小队。我家属青年小队，初成立时有13户人家。我在家乡24年，在无锡乡下度过了值得回味的青少年时期。

一、学校生活的回忆

我与大多数农村小孩一样，按要求虚龄8岁入学，于1962年暑期进入村南数百米的费家堂小学（原为朱家观音堂，今已无存）。小学课程简单，作业很少，所以书包很轻，有的同学连书包都没有，根本不存在今日的家教、补课之类，也无成绩排名之说。我入学时，姐姐在六年级，哥哥在三年级。我们姐弟三人的学费，因家庭生活困难，通常是减免的。春天时光，每天下午三四点钟，放学后，我们就可上胶山游玩，在安行人墓（明代东林人士安希范之墓）骑石羊石马，在墓圈的大青石板上跳跃，比试个子高矮。有时也会爬山，在树丛中采摘野果，嚼着茅毛针（茅草叶芯中长出的嫩穗）回家。我们单独或结伴上学，低年级同学排队回家，

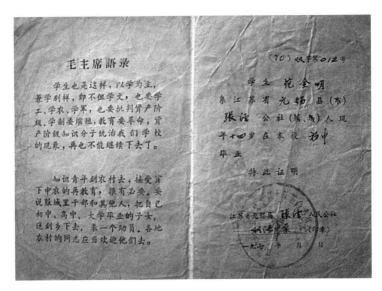

作者初中毕业证书

在村间小路上一天两个往返，未听说有如今日的道路交通安全等问题。我们唱着《社会主义好》《我们走在大路上》和《听妈妈讲过去的故事》等歌曲，生活清苦，但没有精神压力，无忧无虑地生活着。平时食物匮乏，也很少有玩具（有时有自制的木头手枪、铁环之类），最盼望的就是六一儿童节，学校会举办"钓鱼"、猜谜等活动。当然，穷人的孩子早当家，我们上学，不少人早饭是自己一早起来烧的，不需要大人专门侍弄。整整六年，在经济困难时期我读完了小学，于1968年7月毕业。

小学毕业正值"文化大革命"时期，前两年中学停办，1968年中学下放大队办学，我家所在的山峰大队和南邻的胶山大队合办初中班，课堂设在我村西南的费家堂村我大姑母家。三间平房，两个大队连续三届的小学毕业生50来人合成一个初中班。两个教师，一个教数学，一个教语文，轮流上课。上课并不正规，上下午各上二三节课，中间打打乒乓球什么的，未学到多少书本知识。

一年后，公社又在我村西北的沿河双泾桥北垦建乡办中学，我即进入双泾中学（现已无存，只有一棵松树尚存）。新建的双泾中学，实际只是初级中学，接纳来自公社南片的联丰、南光明、协新、山峰和胶山5个大队的小学毕业生和初一学生（张泾南片另有泾南大队的学生进入公社所在地的张泾中学），初一和初二各两个班。我们原来初一班的不少同学不再上学，继续上学的，与来自南光明大队的同学合成一个班，为初二（1）班，联丰和协新两个大队的学生合为初二（2）班，另有初一两个班。按"文革"的要求，一个班就是一个排，全校就是一个营。初中印象较深的，是搞军训，学校请来从部队转业或复员的干部当教员，教我们在操场上或抽水渠道（当时正在筑费家堂村东从大河通向山坡的灌水渠道）的路基上练卧地侧身前进运动，操练后"拉练"步行到常熟。好像是秋天，沿着小路，由东湖塘、陈墅、港下，经常熟县练塘镇，到达常熟，在一家毛织厂睡了一夜，第二天步行返回。当时响应毛主席"学制要缩短，教育要革命"的号召，初中缩短为两年。就这样，我在两个地方各读了一年初中，于1970年7月毕业。

初中毕业，上高中要凭大队推荐。优先得到推荐的当然是军烈属子弟、干部子女，以及有门路人的子女，我虽出身贫农，"根正苗红"，但未获推荐。双泾中学的校长严国坊先生，是从无锡县师范学校（梅村）毕业的中年教师，行政能力极强，干劲冲天，记得住每一个学生的名字，当时已调任新建的夹山中学（在张泾镇北6里的夹山南坡）校长。大约对我留下了读书较好的印象，利用他的能力（他当时兼任公社教育革命领导小组成员），临开学时，又希望我大队推荐两人到夹山中学（张泾中学是公办中学，有名额限制，夹山中学是民办实际上是社办，不限额，而且严校长希望他赏识的同学能到夹山中学），意思是希望我和我村另一个读书较好的女生能够升入高中。但是我们两家都不知道这一信息，前往夹山中学报到的就是另外两位同学。一个多月后，家母知道了此事，就到夹山中学找到严校长，为我恳求升学机会。严校长承诺，今年已无可能，明年可以再给名额。当时学制改革，1971年暑期不招生，延到1972年3月，在严校长的安排和大队领导的协调下，我才得以上了夹山中学的高中。这样一来，上一级的同学不少是我的初中同学，同级的同学是新认识的，我的中学同学也就特别多。

高中两年半，印象特别深，于我后来的人生影响也特别大。夹山中学有初中、高中各两个年级，共4个班（学生来自张泾公社北片和南片部分地区以及八士公社的部分村庄。后来1975年夹山中学不再招高中，前后仅招了两届高中生。校址现为镇敬老院和公墓）。南片的同学因为离家较远，都是寄宿。学校原来是农校，有山地36.7亩，种植小麦、山芋（即红薯）等粮食作物，栽有桃树、花生、玫瑰花等，间或种点西瓜，圈养猪羊，办有小工厂，加工生产工业螺丝和畜用土霉素等，一应农活主要由学生完成。我们亦工亦农，每到周末，白天，学生会在校长和高加仁等老师的带领下参加生产劳动；晚上，学生会轮流值班在车床上加工螺丝。暑假，会有同学留校看护西瓜地和猪羊等。记不准是1972年还是1973年暑假，我和好同学蒋静良就曾在校值守。受严校长的信任，我还是全校学生生活委员，负责分配农活、发放饭菜（我和学生生活组的几个同学每天一日三餐在食堂发放饭菜，然后与同学合桌吃饭）。平时，我们偶尔也会到东边的寨门镇购买猪饲料和烧饭用的燃料等，临近寒假，可能会前往张泾镇出售苗猪和山芋等。我们不能自给自足，但学校的副业、农业、加工业收入实际上有一部分贴补给了学生。学生住宿不收费，不交学费，书本费很低，一学期只是一二元。学生的饭米是自带的，学校不收加工费，蔬菜是免费的，学校不时提供荤菜（因自养猪），在山芋出产季节，早餐每人可能会多出一只山芋（山芋还用来育苗出售）。真正实践着毛主席"教育与生产劳动相结合"的教导。每到星期六下午，我们结队回家，星期一早晨，带了一周之内要吃的咸菜萝卜干（食米通常是一两个月挑一次）回到学校。南北往返，人多热气高，形成一道风景。

我们虽在社办中学上高中，要干一定的农活，但读书学习抓得很紧。严校长不知如何网罗了一批有真才实学的老师，如教我们语文的林先老师、数学的顾秉正老师、物理的高加仁老师和化学的胡南山老师等，言传身教，对我们影响很大（教师来自公办与民办、代课几个方面）。除了白天学习，晚上我们通常是在教室自习中度过的。全县差不多每学期都要举行语文或数学单科摸底统考，在严校长等师长的调教下，我们的考试成绩不但往往比张泾中学同年级考得好，而且在全县范围也小有名气，据说前几名通常出在我们班。这一点，后来在恢复高考时也显现出来，我们这些高中未好好"念书"的农校班，就有数人考取了大学，下一个年级考取大学的人更多。我本人后来能考取大学，应该说就是在高中两年半间打下的基础。

二、生产劳动的回忆

1970年7月，我从双泾中学初中毕业，即辍学在家，参加生产队的农业劳动。记得是次年春天，我到镇北去修筑公路锡沙线（无锡至沙洲）的张泾段，自带铁耙、挑筐，早出晚归，中午在附近的农家借地烧饭。秋冬时节，生产队轧稻，大人在轧稻机上脱粒，我等男孩即搬柴（将在脱粒机上轧去稻谷的稻柴及时搬到柴垛那里去）。冬春之交，将河泥从河岸挑到灰池里，因为年纪小、个子小，主要是给大人装担。两项活都不算重，但一刻都不能离开，一刻也不能停顿。所得工分通常是半工（男劳力是一工，妇女是七分，少年即半工）。两个年头，几乎每天从事此类辅助性农活。

1974年7月，我从夹山中学高中毕业。当时大学已恢复招生，推荐"工农兵上大学"，但是我刚毕业，还不够条件，作为农民劳动几年后，推荐又轮不到我，因此就在老家参加农业劳动，前后整整五年。当年冬天，全县大兴水利，全公社各大队分段包干，开挖南新河（张泾镇南西部，离大河较远，农业灌溉汲水不便，交通运输数个大队到镇上均向西绕道到三坝桥，再向北由锡北运河方能抵达），我被安排在大队工地食堂，协助会计记账算账，协助厨师烧饭。后来公社在北境泉山筑梯田，我又参加了一二十天的山田垦荒劳动。

次年3月，大队选送我到公社稻麦良种场培训（全公社19个大队，每大队出一个青年）。良种场在镇北4里的乌土坝村，有田近百亩，说是为本公社提供优良稻麦种子，实际是试种稻麦主要新品种，积累资料与经验。我们先是住在村民家中，由场里聘的一位村民专门为我们做饭，我们每人自带米粮，公社提供每天0.15元的"菜金"，后来转移到场里自建的宿舍。场部一排房子，是在平整坟地后建起来的，时间

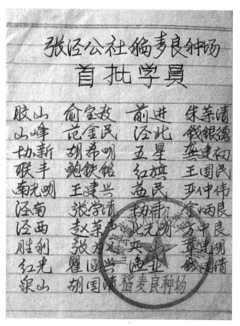

张泾公社稻麦良种场首批学员名单

一长，原来墓穴的填土下沉，露出了原形，我们的竹板床基本上多架在原来的墓穴上，因为是集体同居，倒也不觉得恐惧。清明节前后，时届前季稻育秧，春寒料峭，水温仍凉，我们赤脚在田中培育秧苗，寒冷彻骨。负责领导我们的公社农技员蒋先生，正当盛年，似乎是先进工作者，要求我们每天劳动不少于8个小时，因此每天出工，很少休息。将近一年下来，所谓培训，从未上课，事实上未学到多少专业知识。

1975年底，我回到大队，参加生产队的劳动。来年3月，大队突然通知我，任命我为大队农技员（后来了解到，我们19个学员，只有我和益民大队的严仲伟被任命为大队农技员）。我既兴奋，又紧张，紧张的是我年纪轻轻，没有农事经验，如何能担此"指导"农业生产的重任？

1976年，不但从全国范围来说非同寻常，即使就江南的农事生产来说，也是一个特殊的年头。夏天长时期高温，记得沉痛悼念毛主席逝世后的9月18日，仍然高温，无丝毫秋天迹象。正常年景，立秋后移栽的后季稻错过了灌浆期，稻子就会无收，至少大为减产，那年居然仍获丰收。这种特殊年景，对我这个初出茅庐的农技员，立马就来了个考验。10月，大队长周忠良带着我去验看费专生产队的一丘移栽后的后季稻，问我能否有收。我脱口而出，时间已过，不能抽穗灌浆，此田会绝收。不料后来却获丰收，我洋相出足。那一年后来又持续高温暖冬，可是次年春天却迟迟不回暖，当时称"冬暖春寒"。结果小麦年前即拔节，而春天又不能"返青"，县里逐级传达，统一行动，今天是敲麦，明天即改为松麦田，我传达公社指示，每天在反复。现在看来完全是瞎折腾。

我不懂农事，不懂乡间处事习惯，在其他工作上也大吃苦头。按上级政府规定的种植要求，前季水稻多少，西瓜多少（只占1.5%），冬作小麦多少，油菜籽多少（榨油食用），红花（用作肥料的草本植物）多少，均有严格比例，每年年前即已规划好，叫"一年早知道"。本大队有粮田1421亩，此面积实际是需交公粮即农业税在册粮田面积，而非实有面积，实有面积大约多出10%。于是各队往往多种西瓜、油菜，增加副食产品面积。我工作认真而刻板，到每个小队一一核对，了解到实际种植面积。等到每季种植结束，大队向公社、公社向县、县向专区提供报表，汇报种植情形，我即将计划和实际种植的两种情形同时汇报，在规定面积旁注明实际面积。此举给公社一级统计带来不便，公社农技员王先生大为光火，劈头盖脸将我痛骂一顿。加上平时他教导时，我总要申辩，或表明看法，年初规划、年终总结他到我们大队的分现场作指示，以及平时到田间地头指导生产时，不免有点书生气，说话直白邋遢，小队长和农技员常常揶揄顶撞他，我也不予制止，他便将火气出到我头上，公社开会时动辄点名批评我。吃一堑，长一智，后来我按照规划，每季种植一结束，即交出准确无误的报表，平时向各小队农技员虚心请教实际经验，并加紧学习《科学种田》上所载的理论知识，全大队的种植也未出什么问题，他则反而不断地表扬我。这种经验，对我后来理解历史上的土地册和钱粮征收册有实册、白册两种册子大有好处。所有官府统计或地方志上记载的田地钱粮数字，实际大多只是额定数字，而非真实数据，定额之外，民间另外有账。凡是历史研究者，或是现今实际工作者，此点不可不察。

我高中毕业后的前三年，已值"文革"后期，公社鼓动社员干活，强调"开门红""闭门红"，即大年初一出工劳动叫开门红，大年三十出工叫闭门红，只有除夕下午不出工，烧年夜饭。广大社员日出而作，日没而息（夏天"双抢"和深秋种麦或农活紧张时常常"开夜工"），终年在田里劳碌。每天上午，队里哨子一吹，社员们陆续出工到田头，中午广播一响（10时50分），妇女回家烧饭，男子则往往"磨洋工"准备收工，劳动没有积极性，工效很低。特别是1976—1978年的三年中，又是"农业学大寨"的高潮时期，无锡县是"学大寨"的先进县，不断召开水稻、小麦生产现场会，大搞农田水利基本建设，大搞整田平地，推行百分之一百种植双季稻，又强调"以粮为纲"，片面追求高产稳产，创建吨粮田（每亩田一年的总产超过2000斤），水稻单产创千斤大关。单一农业种植，农活比正常年景更多，社员一年四季365天，几乎每天一天到晚干活，无一天能够歇息。我作为大队干部，国家并不付工资，而所得是工分补贴，需要凭工分参加本生产队的"分红"。每个大队干部蹲点一个生产队，带领社员参加生产劳动。我先是蹲点在邻村的徐东队，后来蹲点在同村的水渠队。白天，除了大体上一天两圈巡行在全大队范围，传达公社生产要求，了解生产情况，掌握生产进度，解决一些具体的种植、施肥或农药施用等实际问题外，基本上在蹲点队劳动；晚上，则回到本队"开夜工"（通常是收稻、翻土、场上脱粒等活）。好在我年轻，不像广大社员或别的大队干部有家庭负担，回家还要抓紧时间喂养看管小孩、做饭、洗衣、养猪、种自留地等，我回家即有饭吃（家母因身体虚弱，长年不参加集体劳动，在家做家务），还可稍微歇息片刻，平时利用开会等公事，还可得到体力上的调整。即便如此，繁重的体力劳动，至今给我留下了深刻的印象和身体方面的不少后遗症。

较为突出的是以下几种农活。一是双季稻抢收抢种。种植双季稻，两熟变三熟，用工量增加了三分之一，而且从前季稻开镰收割，到后季稻移栽完工，集中在7月25日至8月8日，即大暑后到立秋的不到半个月的时间内，时间特别紧，气温特别高，用工过于集中，工作量特别大。当时将抢收前季稻、抢栽后季稻称为"双抢"。"双抢"时，因为时间紧张，各级要求"早上一片黄，中午一片黑，傍晚一片青"，即完成收割，运走前季稻，施上基肥，重新灌满田水，耕翻土块，平整水田，移植上后季稻。收割稻子和插秧等活，其实并不算重，只是长时间弯腰，腰酸背疼而已，所以男女老少都能参加。最重的是割稻后的挑稻和施肥挑灰、平整水田，均是水活，稻担、灰担、连泥带水，每担在150斤左右。尤其是稻担，一旦挑上肩，就不容许停搁（双季稻谷最易脱落，若停搁在地，必有一斤左右损失），无论多远，就得一直挑到稻谷场上。所以，"双抢"之活，就是泥水和着汗水的拼命之活，社员整天泡在泥水和汗水之中，况且田中有蚂蟥吮吸，傍晚有蚊蝇叮咬，一天下来，真的是苦不堪言。常年下来，风湿病、关节炎，就是这样患上的。现在无锡地区作物种植恢复为一年稻麦两熟，种稻仅用秒田机将麦田稍微浅翻，也不播秧苗，用插秧机插秧，农作时间和劳动强度大为缩减。前后相较，真不啻天壤之别。

二是开挖麦田暗沟。20世纪70年代中期，江南"双三制"比例扩大，晚茬麦田面积多，无锡县全面推广沙洲县塘桥公社和本县玉祁公社蓉西大队晚茬麦高产经验。为在有限的时间内抢种和追求高产，播麦时改变传统做法，先开沟后种麦，田外沟、田内沟相配套，改田内沟为狭沟，浅沟为深沟，明沟为暗沟，以排除地面水，降低地下水和浅层水，解决三麦湿害；施足基肥，薄片深翻，精细整地（县里号召将

农业生产工具铁耙、铁锹、挑泥铁丝筐

土块整细至"下层拳头大，上层鸡蛋大"），坽阔3米左右呈瓦背形，所谓"薄片深翻山芋坽"，催芽播种，匀播浅种，拍麦保墒，晚种争早苗，力争在每年的小雪前一周即11月15日左右种好晚茬麦。全县三麦亩产逐步达到250公斤左右。[1]江南水田是黏性土，土块特别紧密结实，开挖"暗沟"最为吃力。所谓暗沟，是为了增加麦田面积和提高麦田泄水能力而挖成的麦田沟。其做法是，先在稻板田上隔一定距离（一般每条竖暗沟的间距不超过4米，横暗沟不超过30米），开一条宽0.26~0.3米、深0.33~0.26米的浅沟（也称上层沟），从浅沟挖出的整块泥土用作深沟（即下层沟）的盖板泥，上层沟泥块暂时放在田面。然后，用一种狭长的铁锹在上层沟中间开一条宽0.06米、深0.4米的下层沟，边开边把盖板泥盖在下层沟的"肩胛"上。盖土时，把留有稻桩的一面朝下，以增加盖板泥的拉力，再把一些碎泥铺在沟面，然后施基肥、耕翻作畦。把畦作成两边低中间高的瓦背形，以利于地面水加快向暗沟渗漏。[2]要在坚实的黏土上开挖深一尺二寸的暗沟，既有一定的技术要求，更需相应的体力，又是弯腰作业，手压脚踩，一天下来，无不腰酸背疼，手心起泡，以至出血，夜晚睡觉，肩膀还隐隐作痛，不知如何躺法是好。如此精耕细作，每亩产量能够达到五六百斤。现在江南农家

---

①参见新编《无锡县志·农业·作物栽培》，上海社会科学院出版社，1994年，第219页。

②参见许谷秀《耕耘续记——农业、农村工作四十五载手记》，中国农业出版社，1999年，第378页。

种麦，或用机器稍为秒翻表层土后开沟，或仅在稻板田上用开沟机纵横各开两条十几厘米的明沟，将土洒盖在麦田上，产量却也不低，高者可达七八百斤。

三是罱河泥。江南水田，专以河泥和猪羊灰作基肥，罱河泥，既增了肥料，又清了河道，一举两利，如此往复循环，水田种植处于有机的良性状态。但罱河泥之活极苦极累。罱河泥往往是秋冬之际，天寒水冷不说，要将数十斤近百斤的河泥从河中捞起，并非易事。我们罱河泥，往往不用小木船（因平时无甚用处，所以一般生产队无此小船），而用五吨水泥农船（一般每队有一只），船大舷高，泥从河中提起放到船里，极为费力；满船后舀泼到岸上更非易事。社员往往戏称，会进出"小肠气"，其苦状难以想象。如此做法，苦则苦矣，但将从稻田中流入河中的肥泥挖起来又运回稻田，年复一年，保持平衡，大大小小的河道保持着清洁畅通，真正的生态良性循环。现在再无人罱河泥，河身日高，小河无不淤滞，大河也少畅通，所以极易形成水田内涝。

四是开河。当时大兴水利，大搞农田基本建设。我乡张泾公社一带属高平漕河农业类型区，灌溉较为困难，患旱而不患水，于是公社每年冬天开挖一条3~5里长的南北向横河。1974年底开挖南新河，次年开挖西新河，1976年开挖北新河（一年开一条河，这些河多未达到预期效果，通航有困难。后任书记筑张泾镇南的马路，有些地段两边高中间凹，雨天泥泞难行，社员戏称"杨书记修的是旱新河，沈书记修的是水马路"，比喻极为形象）。北新河开挖时，本人参加了所在青年小队的开河劳动。我们自带铺盖，住在当地人家，早出晚归，挑着一百几十斤重的泥担，河底爬到河岸，除了吃饭，从早到晚不歇肩。如果天晴还好，若遇雨天，或地下水位较高时，将泥担挑到河底时，光两只铁丝的空担（泥筐由毛竹片编成大半圆形，铁丝挽成镂空的底，易于装倒泥土）就足有三四十斤重。一天下来，腿肚子酸疼难忍，到家无不倒头便睡的。公社开河，劳动强度还有限，1978年兄长曾应征到吴江开挖太浦河①，河面开阔，工时紧张，各地又军事化作业，比学赶超，力争上游，据说工程相当繁重。但最重的活，可能是浏河的拓浚工程②。我的高中同班同学周惠仓，于1976年参加浏河工程。据他回忆，浏河宽120米，分两半开浚，即宽60米，深10米。河身烂泥松疏，容易塌陷，民工赤脚挑土，使出浑身力气在步道上爬上爬下。泥筐中的湿土掼不干净，空筐常有几十斤重。凌晨夜晚，寒霜浓重，一天下来，分不清是霜水还是汗水。劳动强度如此之大，但伙食稍好，每天有荤菜，工分算三工。各营（张泾公社派出的民工组成一个营）为了抢进度（开河因为土方有斜坡，进展越慢土方量越多），每天开夜工，只能吃到一条雪片糕。

---

①太浦河西起东太湖口，东至上海黄浦江，全长57.5公里，其中江苏省苏州地段长45公里。该河1958年苏州地区首次开挖，但未达标。1978年由国家投资，分3年完成。当年苏州专区8个县12万民工，于1978年11月20日开工，计划2个月完工，无锡县承担的工程到12月8日即竣工，提前41天完成。参见新编《无锡县志·水利》第263页。

②新编《苏州市志》第二卷第三节《骨干河道工程》（江苏人民出版社，1995年，第149页）记载：浏河，"1958年冬至1980年，先后分7期全线完成拓浚任务。国家投资1607.42万元，出动民工33万人，完成土方2363.6万立方米，挖废、压废土地7608.28亩，拆迁民房1万余间"。

后来学了历史，了解了明清以来江南农业生产状况，联想当下的农业种植结构和家乡农民的劳动状况，前后比较，毫无疑问，在我高中毕业后回家干活的"农业学大寨"的几年间，江南农民的劳动强度比起以往更大，江南农业精耕细作的程度是空前的，农田复种指数之高是空前的，大型水利工程如太浦河的开挖、望虞河的疏浚、塘浦河渠的及时清淤，蜘网状的河道周围贯通，农田水利建设之好可能也是空前的。在公社稻麦良种场的经历和回到生产队数年种植双季稻的经历，也使我不时联想起后来所了解到的清代康熙后期苏州织造李煦推广双季稻的成效不彰，以至不了了之。李煦试种双季稻之所以未能大面积推广，盖因苏州以北江南地区的总积温每年比现在还低两度。我们在20世纪70年代通过尼龙薄膜育秧、施用化肥等现代手段，仍不能确保后季稻有收，全年统算经济效益则很不划算，所以在农民有了种植自主权后的80年代，无锡地区就恢复为单季水稻种植，然则何况两个半世纪前，李煦岂能成功。此点，值得今天个别不顾事实泛论李煦推广双季稻成就的学者引起注意。

三、农家生活的回忆

吃食堂。在我记事之日，无锡县同全国其他地区一样，开始进入了人民公社化时期，"大跃进""共产风""浮夸风"越刮越烈。每家每户的灶头被拆掉，改为集体吃食堂。至今记得的是，我村的食堂就设在我家和相邻的叔父、族兄三家人家的第一进屋里，三四间房子拆掉墙壁，连为一排。社员集体劳动，食堂由专人烧饭，一日三餐，食堂按人头定量供应，社员每家排队领取。我家大小五口人，每餐是一斤米的稀饭，装满一粗瓷钵。没有油水，没有菜蔬，没有副食，自然吃不饱。大人吃不饱，还要干活，秋天翻种稻田，翻出三棱草的根（一种块茎类野生植物，粗细如香杆，味凉，微苦）小孩抢着捡了往嘴里送。自留田里的萝卜、山芋之类，自然早就被翻了不知多少次。现在才知道，1962年4月，集体食堂解散，恢复社员原有的生活方式，人民公社组织趋向稳定，但粮食紧缺、生活困难的情形仍然延续了一段时期。我上小学一年级，每到课间休息，饿得慌的时候，会拿出装了"统糠"①的小酒瓶，用麦秆吸糠，或者干脆倒在手里大口吃，很呛，但感觉很有滋味。没有糠吃的同学，羡慕得会哭。后来大姐告诉我，那是父亲得了浮肿病，大队里配给的糠，一般人是没有的，父亲舍不得吃，省下来给我吃的。记得食堂解散，分米到户，有天晚上，我妈在往瓮里装米，后来听说是75斤，我第一次见到这么多白晃晃的米，高兴地说，从此我们家吃不了了，母亲只是朝我苦笑而已。父亲裁缝学徒出身，自小常挨饿，饱尝饿的滋味，吃食堂期间又常年吃不饱，因此与多数老辈农人一样，养成了吃粥后舔干净碗的习惯。乡间流传"白米饭好吃田难种"的谚语，农人珍惜粮食，一至于此！"粒粒皆辛苦"，其实农人体会最深。

买口粮。人民公社的生产和经营，是公社、大队、小队

①米糠分统糠和细糠两种，统糠是稻谷脱去谷壳表皮后的粗糠，细糠是将糙米加工成精米时形成的优质糠。

"三级所有，队为基础"，小队作为独立核算单位，自负盈亏，直接组织生产和收益分配。生产队社员的口粮，实行以定产、定购、定钞的"三定"为基础，超产多购多吃，减产减购少吃，基本口粮加劳动粮的分配办法。经济分配是在兼顾国家、集体、个人三者关系前提下，坚持"各尽所能、按劳分配、多劳多得"原则，社员按实做工分参加分红。集体经济部分提取公积金，一般控制在可分配总数的3%~5%。公积金部分用于维持扩大再生产，公积金不超过2%~3%，用于补助"五包户"等困难户。这种体制，自然对于壮劳力、强劳力和劳动人手多的农户是有利的。我父母亲年老体弱，父亲在整田平地时受了伤，劳动所得工分低，母亲长年有病，基本不参加生产队集体劳动，所以每年挣得的家庭工分很少，年终分红，通常不足买口粮（成人每年520斤稻谷，小孩打折），还要用现金贴补才能买回口粮，否则就由队里作为公粮卖给国家。这种状况，直到我的哥姐辍学参加集体劳动后才逐渐改变。

日常生活。因为劳动力不足，我家的生活就要过得比别人家艰苦些。日常三餐，早餐是稀饭，萝卜干咸菜；中午是米饭，两三样蔬菜（菜油很少，一度时期常以猪油炒菜时在锅底划几下），很少有荤菜；晚上是与早晨一样的稀饭（一干二稀是无锡人的生活习惯，至今多数人仍是如此）。食堂刚解散时，我家的中饭，最上面往往铺了一层山芋块，我们小孩尽量吃那山芋饭，下层的纯米饭留给我父亲吃，因为他要劳动。孩童时代，最盼望能吃到好东西的时候，是这样几种情形：每到冬天，生产队分红时，往往会聚餐，叫"吃冬"，队里出粮食，买了鱼肉菜蔬，全队人不分老幼悉数参加，可以大吃大喝。"吃冬"那天，无论大人小孩，一个个兴高采烈。每到年底，生产队会"捉鱼"，请人来用网拖鱼，总数一二百斤，每家可分十几斤。分到鱼后，我妈会将鱼肉身段腌好贮藏起来，头尾当天即烧了给全家吃，其味感觉鲜美无比。还有就是盼望着到邻村和尚桥的干姨妈家（她家只有一养女，条件较好，常会请我们吃饭）吃猪肉馅馄饨。1969年上村办初中，夏天厨房屋顶塌了，我妈在饭锅沿上烘了一圈的麸皮饼（小麦磨成面粉时分离出来的麦皮），腌菜馅，加了糖精。我回家吃了中饭，揣了几个在口袋，下午饿时又拿出来吃。好同学陈汉汉（后来官至甘露乡党委书记，因病去世）吃了一个再讨一个，连称好吃。可见其他人家的生活也好不到哪里去。

节庆娱乐。公社化时期的无锡农村，没有多少娱乐生活。"文革"期间，盛行样板戏，我们大队排演的《红色娘子军》锡剧，小有名气，在周邻村庄乃至隔壁公社演出，村民欣喜若狂。1977年春，东邻的东湖塘公社造了所大会堂，现在看来规模设施相当一般，但在严禁建造楼堂馆所的大背景下，还被上级点名批评。大会堂建成后，每天放电影，我们收工后步行十几里路前往大会堂看电影，我往往能从大队米厂借到唯一的一辆自行车，后座带着本队的会计春甫叔，其感觉之好当不下于现在开宝马车在高速公路上奔驰的"土豪"。农家娱乐留下最深印象的是春天的"游山"。游山就是今人所说的庙会游节场。老家周围有不少山岭，有山的地方大多有节场，有游山的传统习俗。南面的梅村镇有太伯庙，节场是二月初九;本乡北部寨门附近的黄梅山是三月初三;东邻东湖塘公社北部的黄土塘是三月半;西邻八士公社的芙蓉山与斗山是三月十八(后来学了历史,方知清代《无锡县志》即将芙蓉山记为"清明山");老家所在的胶山是清明节;位于东亭公社的祇陀寺是四月初八。每届节场日子,亲戚都会前往吃饭游山。胶山的清明节,前后历时三天。我家的亲戚,大约三桌。每年母亲精心准备,竭诚宴请。说是宴请,无非是些时令韭菜、马兰、黄豆芽,外加五花肉、鲢子鱼和自酿的老白酒之类。酒肴并不为丰,我家已是竭尽所能,两三天下来,恐怕要吃掉我家三四个月的费用。至于节场上兜卖的小商品,历史上应该主要是小型农具和吃食,在公社化时期,农具由镇上的商店出售,所以节场上只剩了甘蔗、荸荠等水果,麦饼、饼干等吃食和泥燕子、纸风筝等小玩意。饶是如此,饭后的胶山玉皇殿下、涤砚泉旁,酒足饭饱的游人,人头攒动,群情兴奋,煞是闹猛。

农家生活的收入来源,靠生产队的工分,多数人家只能维持食粮,其他饮食佐料、衣服、人情往来等费用,就要想办法开辟来源。其来源主要有这么几项。

一是圈养猪、羊、兔。猪养到106斤,卖给公社食品站(实际多不出什么收入,只是利用了平时的糠秕食物、残食剩汤等养成),羊则两种,湖羊和山羊,山羊食用,湖羊还可剪羊毛。兔也有肉兔和拉毛兔两种,后者主要可以不定期将兔毛卖到公社收购站增加收入。每家养猪、羊,既可增加收入,又可得到很好的有机肥,输到集体田(一定时期作价,但大多时间段是无偿的)或自留田里。一段时期家家养拉毛兔，收入好像增加不少。

二是种自留地。按公社规定，每人有0.1亩自留地，归各家自行种植。农家所食蔬菜，基本来自自留地。种得好的，可以出售一部分（如西瓜、韭菜、大蒜等品相好的尽量优先卖钱）。在我上初一那年，周围村庄流行种玫瑰花，我家也种了将近三分地。每到春季花开，采摘花蕾，连夜捻开花瓣，烘干后出售（据说，用以炼玫瑰香精，价格较高）；来不及做、烘的（玫瑰开花时间集中，做花、烘花费时，一般人家往往来不及），就采摘盛开的鲜花出售。那年春天，我每天清早起床，先与家人一起摘花，然后卖到查桥镇的收购站（并不是每个公社的收购站都收购），回家吃早饭，通常已是九、十点钟，然后再到村办初中上学。自留地上的作物，夏天多种山芋，秋成后种上青菜萝卜。青菜乘鲜担卖到无锡城，萝卜等"暴腌"两三天，队里或村里凑足一船，也卖到无锡城。为此，我们往往夜里开船，30里水路，摇船4个小时左右到无锡城，次日清晨出现在大街小巷，青菜一角三斤，萝卜每斤一角左右，惠农桥、吉祥桥、清明桥，连续几年的秋冬，会有我们兄弟俩以及全水渠里人的身影。卖菜最难过的，无过于菜卖不掉，还要费力挑回来，最累的，无过于回程时，为了省2角船钱〔轮船由无锡工运桥（俗称大洋桥）到三坝桥，船资2角，若到张泾桥，是2角5分；到三坝桥后再步行4里许到家，可以省5分钱〕挑担步行回家。然而这种自留地的自由种植，在"文化大革命"的后期是不被允许的，所谓"割资本主义的尾巴"，一度稍微超过自食面积，即被大队来人铲除掉。

三是开展手工业副业生产。此类生产，各村五花八门，不拘一格。如黄泥湾村以做吃饭桌出名，联丰大队杜冲桥村金姓以卖豆芽菜出名，邻社东湖塘华歧村以卖布出名，本村则有木匠、裁缝、白铁匠、剃头匠、漆匠、箍桶匠、厨师等，种类齐全。不过，这些匠人实际上都是季节性工作，只有在农闲时节才能外出打工。家父是远近闻名的中式裁缝，每到秋成后，会有同行来请（家父在1949年前即在无锡城里开张一家"春秋"服装店），到无锡城里去做衣裳，直到过春节才回家。若不到城里打工，每届冬令，各家添置衣裤，家父也常常带了家兄应人家唤找，在邻近人家做衣服（主顾家提供较为丰盛的饭菜，一天付以2元左右的报酬，一度交到生产队每天1.5元以作误工费）。有些社员，每年秋高气爽稻香蟹肥时光，还会偷偷地在夜里张网于大河上捉螃蟹（在"文革"后期我任大队干部时，此类行为因为可能会影响白天的生产劳动，故不被官方允许）。煤油风灯一盏，微弱灯光下，一夜不睡，往往会有四五只共重一斤左右的螃蟹，能够卖得六七角钱（相当于一斤猪肉钱）。如此这般，我家也与广大农户一样，利用各种生计贴补家用，维持着简单的温饱生活（除了吃食堂时期，我家基本能够吃饱，但很少有鱼肉荤菜，说不上有什么营养）。

有些年景，还会有些特殊的副业生产。1970年冬天，我辍学在家，正值家家户户时兴纺棉纱，即将领来的棉花加工纺成纱线，交还棉纱，获取纺纱加工费。无锡市和上海市，均是著名的棉织业重点城市，无锡市分布着国营的几个大型棉织厂（"一棉""二棉"以至"四棉"），大约一时之间纺纱速度跟不上织布，就将棉花发放到乡下来手摇加工。就在这个背景下，我家与村人一样，成天纺纱。父亲每天领取2斤棉花到家，我们姐弟三人专事"摇纱"，父亲做些前后期的辅助工作（摇纱前将棉花搓成棉条，纱纺出来后从竿子上络到络车上，绕成一股一股），母亲则从事烧饭、洗衣、养猪等家务。次日，父亲即以纱换棉，如此循环往复。纱分粗细两种，粗者加工费低，产量较高，一天两斤，可以早早完工；细者加工费高，每斤6角左右，产量较低，我们姐弟三人从早到晚，不稍间断，到下午五点左右才能纺成两斤纱线。领取棉花的地方有两处：一处在村后的米厂，二百米路，不花多少时间；另一处远在东湖塘镇，往返需3小时，而且因数量有限，需早早排队。为了确保能领到棉花，常常半夜即起，寒冬腊月，我哥或我随同村人一起去排队，从周家阁、华歧等村穿村而过，对付着群狗的袭吠，天未亮前到达东湖塘镇南棉花发放点，可以说是饥寒交迫。有时起得早（无钟表看时间，凭感觉起床），天寒地冻，实在寒冷，走到中村，到砖瓦窑烘烘，身体回暖后再继续前行。如此两个冬天，基本一天到晚不停，虽然清苦，但活不算重，而且收入可观，生活也能得到改善，中午吃饭时常常能吃到猪油渣（一种大概是食品厂用膘肥肉熬炼猪油后的残渣），嚼在嘴里，特别香美。现在回忆起来，不禁使我想起后来才知道的历史知识。清乾隆时人黄卬《锡金识小录》中所描写的无锡东部乡村每年冬天响彻纺车普遍纺纱的场景，两百年后，我们仍在重复先人的副业生产，其情其景，何其相似尔。然则所谓的雇主，已不是个体商业资本，而是国营工厂。这种经验，也可以使我对当今的相关专业研究成果作出肯定的回应，就是个别专家认为纺纱是一门相当专门的技术，非经二三年学习不能熟习，一天的产量达到12两（16两制）也不太可能。实践出真知，以我的体会，纺纱人皆能之，妇女、孩子手脚灵活，尤其容易熟练，每天四分之三斤的产量，一般人即轻而易举。

有一段时间，在农闲时节，我们为火柴厂装火柴盒，将散乱的火柴棍按一正一反方向理顺装满。每盒约装95根，每十盒一分钱。收入微薄，聊胜于无。

也会开辟路子增加收入。1970年起，无锡县委提出"围绕农业办工业，办好工业促农业"，加强对社队工业的领导，发展社队工业。1975年8月，江苏各地前来无锡参观，县委书记王敏生作"办好县社企业，加快建设社会主义新农村"的专题汇报。次年，无锡县社队两级集体工业产值首次超过农业总产值。1978年2月，江苏省委在全省农村工作会议上推广无锡县走农副工结合道路，高速度发展农业生产的经验。同年8月25日，中国农田基本建设办公室所办简报载文介绍无锡县"立足主业办工业，办好工业为农业"，减轻社队负担的经验。9月27日，《人民日报》头条报导无锡县城乡工业密切协作，推动农业高速度发展的消息，并配发题为《高速度发展农业的一条道路》的社论。10月15日，无锡县以"农业学大寨"先进典型单位，参观全国广交会展览。①在此期间，县级开办县属企业，公社开办社办企业，大队小

①参见新编《无锡县志·大事记》及卷七《乡镇工业》，第286—287页。

队开办队办企业。①本村的三个小队，因地制宜，迅速敲起了炉芯，为无锡、苏州，甚至常州、上海等地的煤炉厂提供炉芯，一时之间远近盛称"炉芯村"。炉芯制作工序简单，材料只是泥土，我们到新开河的河冈上刮回一船船细土，和了沿胶山村民挑卖来的黏性较高的黄泥，装入专制的铁壳内，逐层敲实，脱掉铁壳外圈和内芯，几分钟即可敲一只，搬到场上晒干，即可运送售卖。炉芯制作简单，但运输较为费力。每只重六七斤，体积也大，一船近万斤，三人担挑二百米到大河装船，每人二十余担，整整半天。下午摇船出发，水路一百多里，次日一早抵达苏州颜家巷上货。摇船十几个小时，三人轮流，几乎不能歇息。一趟下来，精疲力尽。但队里规定，装运一船付以报酬28元，我们看在收入较高的分上，商定全体社员排班运送。以橹摇船不但费力，还需技能，狭窄的河面，特别是不碰不擦穿过小小的石拱桥，不使船靠岸（一旦靠岸就要有人在船头撑开）而顺利行驶，是要点水平的。我的摇船水平就是在长途的运炉芯过程中不断得到提高的。摇船重载和逆风时甚为吃力，不用劲，可能不进反退，每次定会肩膀酸疼，浑身似散了架，但回程时若遇到顺风，也有身心愉悦之时。船到吴县黄埭荡时，常常是东南顺风，蓝天白云，清风吹拂，水鸟凫藻，空船在开阔的河面上疾驶，迎来一片片水草，轻松、舒畅的感觉就会涌满全身，又有二十几元的收入，一种成就感油然而生。敲炉芯活不算苦，收入较为可观，我队连续几年收入在全大队位居

---

①后来苏南的乡镇企业，就是在此基础上兴盛起来的。

摇船前往苏州必经的黄埭镇中香花桥（2023年摄）

前列，我个人的工分，每年达600工，每工4角，一人所得即有240元，全家合计应该远超全县平均收入水平。[1]主要靠着连年的生产队分红收入（其时我姐已出嫁，我父亲加上我们兄弟俩，算三个整劳力），1978年春，我们在老宅基上翻修了两间简易楼房（原来的一进三间老房，前后墙是砖石，狭窄矮小，内墙是土坯，地面是土，不知建于何时，因为倾斜，我印象中就拉正了两次。每到黄梅季节，到处漏雨，常常夜里起来调整小床的方位，清早起来，先要将雨水舀出屋），住房情形大为改善，至今还能供我回老家时歇宿。

农家家庭收入并不限于此类，其实还应计入小孩的贡

---

[1]许谷秀《耕耘续记——农业、农村工作四十五载手记》第5页记："无锡县在1978年是全国有名的'高产穷县'，人均收入只有124元。"

献。我的小学与初中，实际是割猪羊草的生涯，除了上学，就是割草。家里的猪羊草，春天割草供当日用，夏天草茂，多割了晒成草干备冬天用，所需草食以及切猪草，基本是由我们姐弟三人包掉的。在人的食粮都吃紧的年代，猪自然只能以吃草为主（所以我们的猪要养到出售达标的106斤毛重很难）。上学前，往往先要割一篮草，放学后、节假日也必须割草。割草是我们农家孩子的自觉行动。"文革"期间，农田全部用于粮食生产，田边地头草越长越少，越长越慢，无形中增加了割草的难度，以至于"文革"后期数年中，要到无锡、苏州城里去割草（城里河岸边、工厂围墙外，往往草较茂盛）。

　　成人或大龄孩子的另一项活计就是耥螺蛳。每当夏天，我们兄弟两个会像其他不少村民一样，隔三岔五地到向东十

农家草篮（大）与镰刀

几里的范围内搲螺蛳。其法是用一根长竹竿，顶部装上三角形状的纱线或尼龙线网，在河底上铲，筛掉河泥，提起竹竿，螺蛳就在网里了。下午出发，一人搲，一人捡，傍晚归来，通常可有二十来斤。次日卖到张泾镇，每斤四分，总共可卖一元左右。劳作时，饿了渴了，捧几口河水，也无卫生问题。当时高中书本费每学期一二元，我以此收入交每年书本费。

江南水乡青少年生活最值得回味的，其实是钓鱼、钓黄鳝与青蛙等，不但有趣，而且有收入，可以改善生活。钓鱼通常是在没有归属权的大河里钓。每当暑期，我会在大河的米厂或双泾桥南埭两边的河滩垂钓，运气好的话，一早或半天可有一两斤。嘴大的昂刺、土婆，以及草鱼、鲤鱼很好钓，唯有鲫鱼嘴小难钓。捕黄鳝之法较多，专业者是用鳝篮，放在稻田里，鳝鱼游进去后，就出不来，次日去收篮即可。我们用的是另外几种方法。第一种方法是"放钓子"。用将近一市尺的蒿杆，下垂一条近二十厘米的绳线，线上是一个用大头针弯的钩子，称"钓子"，装上蚯蚓，每天傍晚放入稻田，次日一早"收钓子"，凡是四棵秧苗纠缠在一起的，必有一条鳝鱼在钩上。每天放数十杆，大约十分之一有收，可得一二斤。第二种方法是白天钓洞里的鳝鱼。人走在田埂上，见到洞口，就将装有蚯蚓的钢丝钩子伸进去引诱。眼见得洞里的水往外涌，就是有鳝鱼将会来咬钩。鳝鱼咬钩后，就将钩子往洞深处拖，则水往洞里退。人力自然比鳝鱼的力道大，相持数秒，鳝鱼就会被拖出来。第三种方法是晚上用手电筒照。鳝鱼伏在稻田里，手电筒光一照到，我们就用一种用竹片做的夹子轻轻夹起来。第四种方法是等到秧苗长到较茂盛时，鳝鱼排卵，会在洞口吐泡沫，泡沫下必有较大的鳝鱼，我们对着洞口往里送浑水，鳝鱼从出气洞退出来，后半段先出来，毫无防备之下就被捉住。第五种方法是到稻子收割或撒播麦子后，将冬眠的鳝鱼从洞中掘出来，但颇费心力，又会毁坏麦田。我常用的办法是前四种。特别是少年时，黄梅天赤了脚放鳝鱼，每天收获一二斤，用来自食，增加营养，或卖给村人，可获二三角，不无小补。钓青蛙（即田鸡）则有二法。一是夏天，在黄豆田或芝麻地里钓。青蛙很笨，看到植物丛中有东西在动，以为是虫子，就会扑上去咬，而且被拉出来后还死死不放。二是夜晚用手电筒照。青蛙味美，自用或出售，与黄鳝收益相同。只是钓青蛙是在夏日正午，天气炎热，照青蛙则用手电筒，较为费钱。

　　"民以食为天"，当时不独副食品奇缺，就是粮食也严格按标准定量供应，所以出门开会办事，均要自带米粮。我当大队农技员时，平时到镇上开会，若半天则回家吃饭，若一天则自带半斤米到在乡镇企业工作的亲友那里搭伙。我大队与东湖塘苗圃场是跨社友谊大队，偶有活动，也需自带米粮。有次到双泾中学为学生作农业技术讲座，老师说"菜金"由他们凑，米请我自带。后来我辞职不当大队农技员，公社安排我到水泥预制厂当厂长，我在那里劳动了半天，交了半斤伙食米。唯有例外，是每年年底到县里开总结会或规划会，一连数天，住在县招待所，伙食较好，好像不要带米粮。1976年，我们县开三级干部会，四菜一汤，我们的大队代书记就吹嘘说我们的吃饭标准相当于党的"十大"。县里开会有饭吃，以至于老农技员常会对我说："金民啊，我们又要开会啦！"言下之意是，我们又有饭吃啦！说到吃饭，只有每年开河时，通常由生产队出米，大队或公社提供"菜金"，每天能有一两味荤菜。西新河开挖时，我在食堂发放给每位民工的饭菜，中午有两块红烧肉、一碗白菜或青菜，晚上两块带鱼、一碗菜。这样的开河，很有点历史上帝制时代的"以工代赈"，稍有区别的是，生产队还会记工分。

综上所述，如我般江南农家，在公社化的20多年中，在那"农业学大寨"和商品物资都要凭票证（农民除了每年每人发一丈六尺布票，少量食糖、煤油票外，不发其他如粮食、肉、蛋、鱼、豆制品、食油、建材等票）的特殊年代"战天斗地"，但又切实贯彻"以粮为纲"的政策，只是单一的粮食作物种植，而杜绝了农业多种经营的路子，增产不增收，农家只能男女老少齐发动，充分利用地力和人力及其他自然资源，千方百计开辟谋生路子，尽量压缩开支和限制消

江苏省布票

费，只能勉强维持着温饱生活，又从牙缝里省出食物，从而支撑着"鱼米之乡"的美名（我任大队农技员的几年，据说整个苏州专区8个县，每年向国家提供了50亿斤商品粮），绘制出锦绣江南的画卷。

（原载《江南社会历史评论》第16期，商务印书馆，2020年，收入本集时稍有删节）

书房琐语

藏书琐忆

　　我真正有自己的书房已经很晚了，应该从1998年夏搬入高教新村有单门独户的住房起算吧。1986年，从南大毕业留系工作后，差不多平均两年搬一次家，而且前三次均是一间，后两次是合套户，一家三口挤在单间或一间半房子里，自然不可能有"书房"。女儿做作业，妻子偶尔写科研文章，本人伏案看书写作，结婚时请木匠做的一张写字桌，通常情形下是我霸占的。硕士和博士学位论文以外，前后发表了50篇左右学术论文，《江南丝绸史研究》和《明清江南商业的发展》两本专著，就是在那张布满了斑斑汗渍的书桌上完成的。现在想想，真的对不起我的家人。

　　高教新村的住房，号称三室一厅，有了厅堂，有了卧室，有了厨房，西南朝阳一间就做了书房。房子装修时打造了四个顶到天花板的双层书橱，贴墙一字排开，橱内塞满了常用的书，中间一张大桌子，居然像模像样成为书房了。说到书房，不免惭愧，我的藏书其实很少。父母不识字，我们

作者书房之一

那个文正公的后代居住的范家水渠，从明末天启年间至今近四百年来我是第一个大学生。上大学时好像一本书也没带，最初工作的十几年间，既买不起书，也没地方放书。所以买书藏书定下自我约束的三原则：大部头书绝对不买，图书馆有的书原则上不买，一次性阅读的书基本不买，而专买专收工具书、数据性质的书，相关学人的著述，或借阅困难的书。

书不多，书房十几平方米又不大，但我辈舌耕为生，与书为伍，天长日久，也居然积起上万本书。书一多，放书就很伤脑筋。先是由妻子设计出每一层可放双层的书架，就是每一格中放置一个8厘米高的长条小板凳，这样可以在里层放置一排小32开本的书，仍能看到书脊上的书名，可以检阅。因此之故，我最不认同时下出书的所谓个性化，不管开本大小，奇形怪状，奢华包装，不但靡费漫无节制，而且很不利于放置。后来搬到现今居住的龙园北路80号，又学同事夏维中教授等人的办法，在较为宽敞的厅里动起脑筋，除了电视机的位置，一壁全部打造成书架，可以放置一些豪华的巨型图册。如此这般，还是难以容纳，就只好侵占收贮衣服的壁橱、相对宽敞的女儿的卧室。继而请示妻子，蚕食她的一个书架中的一两格。还是容纳不下，就只能将书堆在地板上，搁在阳台上，风晒雨侵，虫噬蠹食，也就顾惜不得了。行文至此，不禁想起复旦大学葛剑雄老师1995年请我与春声、支平兄到他学校附近的家，好像两室一厅的房子，葛老师颇为得意地介绍他定做的铁质书架，简朴结实，可以根据书籍的开本调整层级的高低。如今看来，如此螺蛳壳里做道场，功用毕竟有限。

书房小，摆放则更费斟酌。重要的书、常用的书，自然放在目力所及的显要位置，不怎么重要、不常用的书，自然放在第二排或下层，或壁角柜底。天长日久，不少书根本找不到。忆及2004年秋，到东京大学东洋文化研究所大木康教授的办公室，寒暄坐定，目力所及，主人将我送他的两本著作放在底部的里层，见我眼光扫过，主人反应敏捷，连连打招呼，同时将书移至上层外排。其实大可不必，大木康先生根本不会想到，他赠我的《冯梦龙〈山歌〉的研究》和《明代江南出版文化の研究》等代表作，因不常参考，我是否陈列在书架上都记不得了。书架外层，每排书上仍有十多厘米空档，于是塞满了书，至于是否犯了古人不在书脑上压书的古训，那就顾不得许多了。

四壁除了门窗都排了书橱，条轴、镜框之类就没有了位置，因而我的书房没有任何字画尺幅。记得1996年春，安徽师范大学校长、明清史学家张海鹏赠送的刘禹锡诗的条幅，高中语文老师林先生为我写的中堂对联等，均曾在高教新村的书房展挂过，后来藏书与日俱增，只好收入箱箧中尘封。2001年，业师陈得芝教授题签的斗方"前疑惟辨，旧史惟新"，有黄庭经书法之风，熠熠生辉，我托高手精心装裱一过，但至今尚未挂出。我的书房，有书而无书卷气，也是一个特点。

我是从事史学教学和研究的，职业特点，凡事总往年代上想，总以为，人文类书籍的价值与日俱增，越早越好，版本越齐越有意义。所藏虽谈不上明椠清梓，更遑论宋板元刻，但自我感觉也有一些可以派上用场、可以传之后世的书。如近当代中国社会经济史学家吴承明、李文治、傅衣凌先生等人的著作，先师洪焕椿先生的著作，当代明清史学名家方行、韦庆远、郭松义、杨国桢先生等人的著作，海外学人如日本的明清史学家森正夫、川胜守、夫马进、松浦章、岸本美绪、岩井茂树、大木康等人的著作，无论原著，还是译本，以及我国台湾明清史学家如徐泓、林丽月、刘石吉、赖惠敏、邱澎生、邱仲麟、巫仁恕等两代人的著作，基本是齐全的；同辈友人，如时下风头正健的唐力行、李伯重、赵轶峰、陈宝良、陈支平、陈锋、许檀、常建华、王振忠教授等人的名著，自不待言，在我的书房中大体上都能找到。当然还有一些书，说不定南大图书馆或南京图书馆等江苏地面上的图书部门也未必收藏，如日本学者山胁悌二郎的《长崎の唐人貿易》，森正夫的《明代江南土地制度の研究》，夫马进的《中国善会善堂史研究》，砺波护、岸本美绪、杉山正明的《中国历史研究入门》等名著，中国第一历史档案馆编的《中国第一历史档案馆馆藏朱批奏折财政类目录》《明清宫藏中西商贸档案》和《康熙朝汉文朱批奏折汇编》等，都是有裨实用的书籍。至于本人的专业明清史范围的主要工具书，更无待细言，置备是较为齐全的。书是看的，有用就行。新冠肺炎疫情期间，图书馆利用不方便，我不出家门，居然完成数篇论文，审读了多篇学位论文，说明我的藏书是可以派点用场的。只是因为早年手头紧，薪俸低，价格稍贵一点的，或成套的，或大开本的，大多未买，现在拜改革开放之赐，感谢国家和学校，提高我等学人待遇，买书基本不

作者书房之二

成问题，不再缩手缩脚，于是将一套中的缺册配齐，将小开本换成大开本（如《中国丛书综录》由32开本换成16开本），将盗版本换成合法本（如《儒林外史》、钱锺书《围城》之类）。所藏之书，就成了同一版本而印刷年代不同的五颜六色的拼镶本。手头的铅印《清稗类钞》，一套13册，就有1984年11月的初印本到2003年8月的第3次印刷本三种颜色。所藏书籍，同一套书，印次、颜色不同，可能是我书房的又一个特色，清晰地留下了我买书藏书的印记。

书一多，如未全部上架，临到用时，查找就成大问题。当时来书时，可能随手一扔，现在想起要用，翻箱倒柜，层层挪动，弄得满头大汗，往往仍不见踪影，而过了一段时间，说不定又自行冒出来了。我记性不好，藏书又无章法，因而苦头吃足。其实此种情形，恐怕较为普遍。前几年常去日本参加学术活动，尤其喜欢参观日本学人的办公室，都是满满当当的一屋子书。听老友岩井茂树先生介绍找书"经验"，自己的书，需要时往往是找不到的，还是到图书馆去借阅比较省事。日本学人通常是办公室与书房合二为一的，国人办公室与书房远隔数里，临时到图书馆借阅很不现实吧。"书到用时方恨少"，变成了书到用时找不到，住房不宽敞，实在苦恼！穷人做学问，就要瞎费多少无用功！

书一多，只进不出，就难以为继，找不到放书的空地方，就只能随时清理。利用清理之机，不但清理掉长久不用往后估计也无甚用处的书，而且可以"发现"冷落已久还有保留价值的书，更往往能清理出买重甚至屡次重复的书。但每次理书，总是战绩不佳，于己有用的书自然不能扔，于人或许有用的书也不宜扔，眼下无用但日后或许有用的书舍不得扔，签名本不便扔，师友、同事以至学生的书不能扔，屡屡搬家随自己搬迁的书不甘心扔，内容平平但装帧精美的书不忍心扔，搜集成套的书扔了对不起自己，这样一来，每次能剔除的总是微乎其微。如能清理掉数十本书，清出一方小天地，免不了窃窃自喜一番，高兴一阵子。只是心情喜悦为时甚短，要不了多久，通过买书和接受师友赠书，清出来的方寸空档就会迅速完全填充，而且陈陈相因，继续漫无边界地扩展开去，只能望书兴叹而已。

买书散记

读书的人，免不了要买书，读书固是人生乐事，买书却往往苦不堪言。早先曾寄希望于书店预订，终因延时误事看冷脸，而放弃了享受这一种服务的权利，自己在书店中转。偏偏书店有时像与读者捉迷藏，一些学术著作会不知插到哪个货架上去，真是"书海无涯苦作舟"了。

本地买不到的书，只好上外地找。于是，开会出差，顺道转书店成为第一要务。自己去不了的地方，也要托朋友，找同事，问出版社，书款加邮费，还要欠人情。于是也免不了常为别人买书。寄书记账，烦是烦，也算是一种"学术交流"吧。

买书历有年数，渐渐变得乖巧起来。我辈寒生，囊中羞涩，要买连年翻番而又贵于普通书的专业书，自然仔细权衡是否非买不可。以我之体会，印数在七千以上，可以慢慢斟

上海师范大学徐茂明教授与作者在书房（2021年7月20日）

酌，两三千则不能掉以轻心，一千以下则无论多贵绝无回旋余地。

买书常会买师友的书，虽然那书未必于己"有用"。学者穷数年甚至十数年之功，节衣缩食，交过出版补贴，好不容易出得一书，也有卖不动者，如那些凝结一生心血的学人文集，读者似乎最不领情，七折八扣、脏兮兮、可怜巴巴地缩在不起眼的地方，如果著者是我师友，总要买上一二，虽然于事无补，买了心里总会踏实些。

但是买得最多的，还是自己的书。学人无长物，以互赠著作见情。平时受惠既多，自己出书自然要回馈。忍痛买个百把本，耗费数月薪金，分送众师友。总有人未顾及，理直气壮来索书，也总有人以为作者必定有书，不去书店转，不问出版社，来信索购，虽未必谋面，总不能拂人家美意吧。这年头，愿意看书就值得敬重了。课题结项，管理部门狮子大开口，五本六本，少一本不行。评奖报职称等，更在在需书。如这般出书买书送书，推进学术研究耶？传播知识耶？求名求利耶？真不知为谁辛苦为谁忙！

买书最伤心的是买已故友人的藏书。毕业于厦门大学、供职于同校经济系的郑志章，与我们拟订过长期合作研究计划，年仅31岁，患病遽然长逝。不久藏书散出，我在街头摊贩处购得日本名古屋大学森正夫教授送给他的《明清社会经济史旧稿选》，摩挲良久，追忆往事，不禁悲从中来。

买书最不快的是买剽窃了自己著述的书。去年转长三角书市，只见《中国商脉》一书，新书六折优惠，翻开一看居然一半篇幅抄自张海鹏先生主编的《中国十大商帮》，其中的洞庭商帮绝大部分移录自拙文，还斗胆署名范勇著。《管子》说，仓廪实然后知礼节，"著者"利令智昏，不知廉耻到如此地步，总不至于食不饱腹吧。如果不是因为忙，一时性起，与彼涉讼公堂，该君难道就不怕像广州某教授那样被褫职的下场？

买书最难忍受的是面对挖补价格的书。时下不少书店无视物价规定，标签一贴，价格乱定，但说到底只是为了钱，不干胶一揭，于书无损。昔日书坊老板刻书留一手，或者全本分册出，施行挖补术，犹如在靓女脸上活生生划一刀，简直与杀人越货差不多。这种书，买它作甚！

买书也有乐趣和得意时。常听人说国外旧书便宜，总以为与我无缘。1993年夏，客居美国爱荷华州小城格林奈尔，回国前两天，行装已整理停当，城中图书馆处理旧书，按本出售，一天三个价，上午9时30美分、11时20美分、下午1

时10美分。笔者开市即去，赫然见有《西方社会史》《西方文明的社会结构》和《东亚文明史》等一批英文原版名著。捡了几十本，放在一旁，延至下午取书，花了二三美元，足足30磅重，寄费倒有几十美元。这大概是本人买书的大手笔了。

以上《买书散记》原载《东方文化周刊》1997年第18期。后来随着时代发展和个人手头科研经费的增加，买书方式和本人买书的情形就完全不同于当年。新近较为忙杂，暂不续写买书经历。

读书絮语

我出生在20世纪50年代中期的无锡乡下，虽号称"鱼米之乡"，但在那个特殊年代，在我开始认字可以读书的时候，全家尚只能维持温饱，"贫农"之家只有几本课堂教材。上的小学、初中、高中都是校舍简陋的乡村学校，现在早已荡然无存。学校图书馆书本不多，"文革"后期看课外书又受到限制，如今人人能读的历代名著，我们很难见到。记得只在初一时，看过《钢铁是怎样炼成的》《三国演义》《七侠五义》《包龙图》《卓娅和舒拉的故事》等几种课外书，《三国演义》等书还是从同村的由上海回乡的族兄那里借看的。上高中是1972年春天，所谓邓小平路线回潮，教育恢复正规，但看课外书仍受到限制。只看了《春光大道》《沸腾的矿山》《青春之歌》《野火春风斗古城》等少数几种书，有次弄到一本《封神演义》，还被班主任发现没收了去。高中毕业之后五年，一年到头从事田间劳动，三年中兼任大队或小队干部，无书可看，出于工作需要，偶尔看点《科学种田》用于"指导"农业生产。其中1975年，在公社稻麦良种场，不知怎么看了一本《帝国主义侵华史》第一卷，好像是中国科学院近代史研究所张振鹍先生主编的。看后收获很大，但其中有一处我觉得前后交代不清楚，衔接得也不好，写了一封信给作者，居然得到张先生的回复，大加肯定。这也成为我后来考大学填报历史专业的直接动力。前后算来，上小学是正规的，读了六年书，初中两年，未学到什么，高中两年半，稍微正规点，读书并不多，所以我的知识基础真的很差。

真正系统尽情地看书，是在1979年考进南京大学之后。入学进入了新的天地，抓紧时间，不分寒暑，认认真真地读了不少书，用时下流行的俗语来说，真的是恶补了不少书籍知识。1983年考上硕士生后，师从洪先生，从事明清史专业方向的研究，那就必须面对明清文献、清代档案和民间文书等浩如烟海的材料。较有意思的是，1987年某日，到洪先生家，先生说有《金瓶梅》，每个教授可买一套，他不想买，若我要，可以将指标转让给我，我表示要买。后来买下该书，是齐鲁书社出版的王汝梅等校点本，书名为《张竹坡批评第一奇书〈金瓶梅〉》，版权页上写的是1987年1月第1版，1026千字，印数1万套，定价25元。上下两册，打开一看是个删节本。虽然花去我一个月工资的足足三分之一，但一直颇有几分得意。2016年7月，读到《作家文摘》转载的我校文学院丁帆兄的《我在"茅编室"的日子》一文，方知人民文学社在1985年5月已出过一个戴鸿森先生校点的删节本《金瓶梅词话》（上中下三卷本），印数是1万套，定价12元。2016年11月，又读到《作家文摘》转载的宋春丹先生的《〈金瓶梅〉的脱敏之旅》一文，更进一步得知该书出版时，校点者王汝梅先生是吉林大学教古典文学的青年教师，该书确是张评本第一次在大陆排印出版。此人人皆知的"淫书"《金瓶梅》，我至今仍然认为，是了解明代社会风情日常生活最优的明代文献。

开始认字近60年，从教35年，较之同龄人，读书着实少，天资又弱，悟性本差，因而读书体会不深。若硬要说有什么感悟，似有以下几点。

一是有机会有条件读书，真好！我出身农家，早年想读书而无书可读，后来通过考试，赶上了从事文化工作的末班车，感谢这个时代，感谢国家和人民，提供了读书研究的优裕条件。我自从有了属于自己的书房后，无论在高教新村，还是在现今的龙园北路，还是即将搬迁进去的仙林南大和园，窗明几净，尤其是春秋季节，风和日丽，气候宜人，阳光洒满书房，在此场景下做自己想做的事，我不烦人，人不烦我，读书作文，感觉真不啻神仙般的好。

二是从事历史研究尤其是明清史研究，有读不完的书，做不完的笔头事，真好！我读书、教书，国家和人民付我日见提高的报酬，我借此教读所得，养家糊口，丰衣足食。有时不免胡思乱想，世上还有比这般干净体面更好的职业吗？早在我留校工作不久，有次家母来宁，听她述说已经说了无数遍的困苦家史。连续三天，我一边看书一边应和她。她突然反应过来，我怎么一直在家，问我"你怎么不要上班工作的呢"？我禀复她，我现在一边听您训教，一边就在工作，看书就是我的工作。家母直到逝世也不明白，看书是自己的事，看书怎么就是工作了呢？"看自己的书"就是在工作，还有比这令人开心的事吗？

三是读书成为权利和义务，成为日常习惯，成为生活方式，真好！如果读书不是出于自愿，就会静不下心，坐不下来，读不下去，而如果读书出发点像孔子教导的那样"为己"而不断完善提高自我，读书成为责任义务，成为人生态度，成为生活方式，就会越读越有滋味，就会抵御住各种干扰和诱惑，就会荣辱不惊，心平气和。出门候车候机，我掏出明清笔记看看，一两个小时，很快就身心愉悦地过去了。平时则常常自励，读书一辈子，从事历史研究与教学，总要有所"发现"，有所贡献，能够传承既有，能够发扬光大。我悟性低，记忆力差，但掌握了查找材料的基本方法，每天读书，读人未读之书，日有所得，往往能够不断"发现"新材料，说明新问题，自己的胸襟不断开阔，相关的研究项目得以完成，同时对社会的厚赐也有回馈。曾经沧海难为水，家门口从不曾车马喧，自然不担心门庭稀，这样不是很好吗？

草于龙园北路自宅

2020年11月14日

（主体部分载程章灿、史梅主编《书房记》，上海古籍出版社，2022年）

后　记

　　去年9月中旬，在合肥出席敦煌学、藏学、徽学"三学"与中华优秀传统文化传承创新发展论坛，会间老友进宝兄送给我他新出的学术杂文集《从陇上到吴越》，连日通读，顿时心生敬意，感慨不已。或许因为较为泛杂地反映了作者的心路历程与时代风貌，对于后人作学术史总结也不无助益，因此人们都爱看同行的此类随笔式杂文，我也如此。

　　我自1983年攻读硕士学位进入明清史方向从事学术"研究"，限于能力、精力和学力，平时多看少写，大约看书时间十分之九，写作时间顶多十分之一。所看之书，主要是专业文献，逾此范围则很少涉猎，而特别喜欢翻阅学人杂记之类读物，随到随看。惭愧的是，几十年来只写专业论文，而殊少写作可能有人要看的学术杂文。因此，当进宝兄要我效仿时贤，编一本同类读物时，不免一番纠结。原以为平时偶尔草写的零文残篇，不足以裒集成书，没想到集腋成裘，稍稍扩大范围，居然一本二十万字左右的小册子还似乎容纳不了。于是，从中选出自认为有代表性的篇什，虽长短不拘，体例不一，却敷衍成书，或可以不辜负进宝兄的厚望和鼓励，也许会引起一些人的兴趣。

我平时看得最多的，当是历代文集尤其是明清文集。历代文集所收无非是诗文，而文章则不外乎序跋、碑传、信札、奏疏、游记、题识等。个人最喜欢的学术笔记类杂文，明代的是张瀚《松窗梦语》、王士性《广志绎》、谢肇淛《五杂俎》、沈德符《万历野获编》，明清之际的是顾炎武《日知录》、张岱《陶庵梦忆》、余怀《板桥杂记》，清代的是赵翼《瓯北诗话》、袁枚《随园诗话》、钱泳《履园丛话》，现代的是聂华苓《人景与风景》、郑培凯《出土的愉悦》、葛剑雄《统一与分裂》、陈支平《随风摇曳校园间》、沈卫荣《寻找香格里拉》、王振忠《日出而作》之类。这些人，或为达官贵人，或为学术名家，或为诗文大家，或为社会贤达，或为至交师友，不独天资聪颖，阅历应该都很广泛，见多识广，会说会写，所以下笔有如神助，其治学见闻，深受大众喜爱。

　　说起来，我的个人阅历较为浅陋，但如今总结，似乎也有一些可以述说者。早年遭际时艰，生在红旗下，长在苦水中，两次辍学在家，在江南水乡种田十年，担任大、小队干部三年，"战天斗地学大寨"，但人生的经历，无论甘苦，还是顺逆，晚年细细体味，毕竟都是财富。幸运的是，乘着改革开放的东风，拜时代所赐，农家子弟考上了大学，获得了读书的机会，攻读了博士学位，赶上了中国社会迅速发展的高速列车，享受着改革开放的辉煌成果，由耕而读，从农民转身为教授，终日与书本和学人为伍。后来前后两次客访美国名校，待过一年半，身处其境，稍窥西方学术门径。十数次学术交流到日本，或访学，或客座，或赴会，或考察，领略东瀛学者的风范，一年春夏秋冬四季均有感受。数次前往韩国，在高丽大学客座一个学期，寻访中华文化在朝鲜半岛的遗迹。十数次到过祖国宝岛台湾，其间两个学期先后在东吴大学和暨南大学客席讲课，十来次出席专业学术会议，参加博士论文口试，血浓于水，与台湾同道交情不可谓不深。也曾近十次到过香港、澳门，体会明中期以来中国对外交流的窗口的社会风貌。还曾到过德国一周，访问哥廷根大学；在荷兰开会一周，探寻"海上马车夫"的成因；在澳大利亚参加学术会议一周，感受已故好友黎志刚教授的盛情。如此五六十年的人生阅历，特别是最为频繁的三十多年的学术交流经历，本人大多没有专文记录，也自然不会出现在专业论著中，但不少经历挥之不去，多少会留存在记忆中，体现在了难以归类的杂文中。

本集所收零存篇什，起于上世纪90年代初，止于本世纪20年代初，大约三十年，时间上短于我所发表的专业论文，但内容上远较专业论文为广，从某种程度而言，多是我个人工作和生活的记录与体会，或许对于理解我们这个瞬息万变的时代能够提供一些参考。

甲辰新春正旦，于南大和园自在斋